어텐션 팩토리

틱톡 & 중국, 바이트댄스의 이야기

틱톡 & 중국, 바이트댄스의 이야기

어텐션 팩토리

초판 1쇄 인쇄일 2021년 4월 6일
초판 1쇄 발행일 2021년 4월 12일

지은이 매튜 브래넌(Matthew Brennan)
옮긴이 박세정 노소현
펴낸이 양옥매
디자인 임흥순 임진형
교 정 조준경

펴낸곳 도서출판 책과나무
출판등록 제2012-000376
주소 서울특별시 마포구 방울내로 79 이노빌딩 302호
대표전화 02.372.1537   **팩스** 02.372.1538
이메일 booknamu2007@naver.com
홈페이지 www.booknamu.com
ISBN 979-11-5776-680-2(03320)

매튜 브래넌

어텐션 팩토리
ATTENTION FACTORY

박세정 노소현 옮김

책나무

바이트댄스의 핵심 모바일 애플리케이션

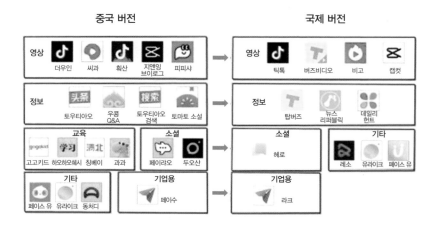

회색으로 표시된 아이콘은 이미 서비스가 종료되었음을 의미하며 더 많은 앱의 목록은 이 책의 부록 '바이트댄스의 앱'에 자세히 나와 있다.

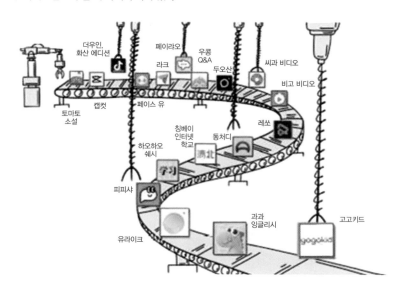

바이트댄스의 핵심 인물

개척자들
알렉스 주 & 루이스 양

알고리즘 마법사
주원자

광고 왕
장리동

대학 친구
량루보

제품개발의 여왕
켈리 장

보스
이밍

투자자
조앤 왕

바이트댄스의 임원 (2020년 중반기)

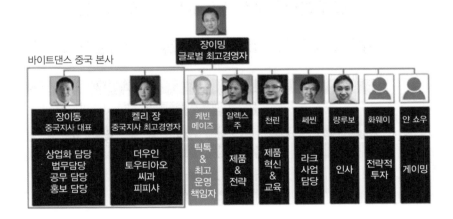

장이밍
글로벌 최고경영자

바이트댄스 중국 본사

장이동
중국지사 대표

켈리 장
중국지사 최고경영자

케빈
메이즈

알렉스
주

천린

쎄씬

량루보

화웨이

얀 쇼우

상업화 담당
법무담당
공무 담당
홍보 담당

더우인
토우티아오
씨과
피피샤

틱톡
&
최고
운영
책임자

제품
&
전략

제품
혁신
&
교육

라크
사업
담당

인사

전략적
투자

게이밍

바이트댄스의 기업 구조(개관)

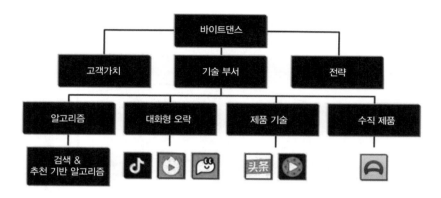

바이트댄스에는 고객 가치, 기술, 전략, 이 세 개의 핵심 부서가 있으며 각각 사용자 모집, 제품 개발 및 수익화에 중점을 두고 있다.

바이트댄스의 기술 시스템(개관)

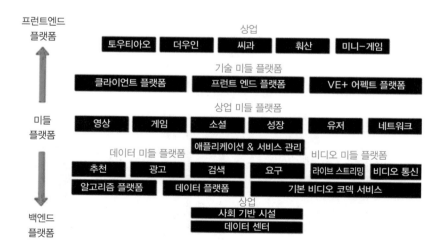

바이트댄스의 기술 시스템 인프라

개인 맞춤 비즈니스 시스템

데이터 창고 스파크 SQL/CH/바이트ETL	공통 서비스 바이트 그래프/ 바이트 캐시/ 하이퍼 검색	정보처리 서비스:IPS

개발 시스템

퍼포먼스 플랫폼

시스템 API 변경 경영/SM/TCE	경영 운영 시스템 MS/서비스 트리/BFC	시스템 API 변경 경영/SM/TCE
지능적 운영 및 지속가능한 시스템	RPC 프레임워크/ 서비스 매쉬	부하 균형

정보처리

CaaS	PaaS	FaaS	일괄 처리	스트림 처리	에지 컴퓨팅

일정관리: YARN/쿠버네티스/
바이트OS/오픈스택

저장

메시지 대기열:NSQ/로켓 MQ/카프카/BHQ

고가용성:레디스/어베이스

강일치성 NoSQL: 바이트KV/ Bytable

바이트댄스의 글로벌 직원 수(예상, 인도 퇴출 이전)

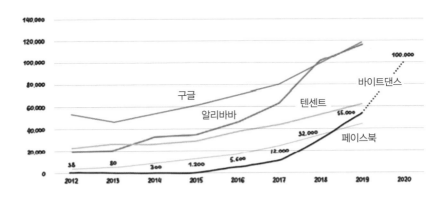

[출처] 재무 보고서, 시나닷컴(SinaTech), 로이터 통신(Reuters), 36Kr, TMT 게시물, 후시우(Huxiuwang)

바이트댄스의 법인·법률 구조

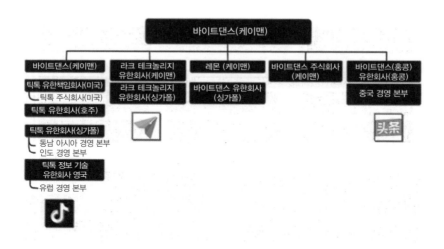

바이트댄스의 투자 라운드

일자	라운드	총액, USD	주요 투자자	평가액 USD
2012 4월	엔젤 투자	3백만	SIG 아시아	–
2012 7월	시리즈 A	백만	SIG 아시아	–
2013 5월	시리즈 B	천만	유리밀너 SIG 아시아 소스코드 캐피탈	6천만
2014 6월	시리즈 C	1억	쉐커이어 차이나 웨이보	5억+
2016 12월	시리즈 D	1조	쉐커이어 차이나 중국건설은행 글로벌	11조
2017 9월	시리즈 E	2조	제네럴 애틀란틱	22조
2018 11월	프리 IPO	2.5–4 조	제네럴 애틀란틱 프리마베라 케피털 소프트뱅크	75조
2020 3월	해당없음	미공개	타이거 메니지먼트	100조

이 책에 언급된 중국의 도시들

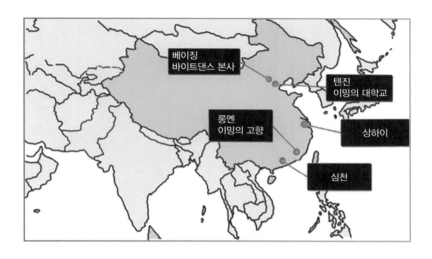

바이트댄스 본사 소재지(북경 북서부)

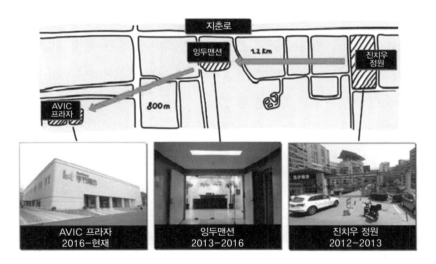

오리지널 버전의 중국 틱톡(TikTok)은 사실 이름은 들어 봤지만 금세 기억에서 사라지는 앱이었다. 그저 B급 앱으로만 알려진 늦깎이 꽃 '더우인'은 곧 시들해져 버려지기 전, 잠시나마 명성을 누릴 운명에 처한 하나의 복제품에 불과했다. 빠른 속도로 성장하고 있는 중국의 인터넷 산업에서 수천 개의 앱과 같이 버려지고 잊혀야 할 운명이었다.

그러나 모두의 예상을 뒤로하고, 더우인과 그의 글로벌 버전 틱톡은 상상할 수 없을 만큼 높은 성공을 이뤘다. 이 두 앱은 초기 개발팀의 현실성 없는 꿈을 뛰어넘어 이젠 또 하나의 세계적인 현상이 되어 버렸다. 도대체 무슨 일이 있었던 걸까?

2017년 말, 당시 중국에 본부를 둔 나는 더우인의 부상과 함께 그것이 주변 사람들에게 미치는 영향을 직접 볼 수 있었다. 사람들은 지하철을 기다리는 동안 숏폼비디오를 보기 시작했고, 거리에는 영상을 찍는 사람들이 늘어났다. 친구들은 각자 자신이 가장 좋아하는 계정에 관해 토론했고, 곧 새로운 유명 인사들이 생겨나기도 했다. 유명하지 않던 노래 또한 하루아침에 엄청난 인기를 끌게 되었는데, 모두 더우인 덕분이다. 18개월 후, 틱톡에 대한 관심이 사상 최고치로 치솟으면서, 이제 전 세계에서 이와 같은 모습을 볼 수 있게 되었다.

이 책을 집필했던 9개월은 나에겐 참 기묘한 여정이었다. 이야기를 시작하려면 2018년으로 거슬러 올라가야 하는데, 사실 바이트댄스 직원들은 미국과 다른 서구 시장에 진출하는 중국 기업으로서 앞으로 맞닥뜨릴 정치적 위험에 대해 매우 잘 알고 있었다. 그렇다고 하더라도, 일이 이렇게나 극적으로 진행될지는 아무도 상상하지 못했을 것이다.

대부분의 사람이 잘 알고 있듯이, 최근 들어 그 회사를 둘러싼 논의는 심하게 정치화되었다. 하지만 정확히 말씀드리자면, 이 책은 틱톡과 얽히고설킨 지정학적 경쟁과 '기술 냉전'을 분석하는 기사 혹은 이슈들, 이에 대한 심층 취재를 한 책이 아니라는 것이다. 대신, 이 책에서는 '왜 틱톡인가? 왜 바이트 댄스인가? 그리고 왜 숏폼비디오인가?' 하는 것에 초점을 맞춘다.

독자들은 이 책을 통해 바이트댄스와 중국의 타 인터넷 서비스 기업과의 경쟁적 역학 관계를 포함하여 민간 기업으로서 바이트댄스의 시총이 증가하고 있다는 내용을 좀 더 쉽고 유익하게 이해할 수 있다. 이 책은 기본적으로 지난 3년간의 가장 중요한 인터넷 트렌드로서 숏폼비디오 포맷과 머신러닝 추천 알고리즘에 대해 탐구한다.

처음 이 책을 쓰게 된 주된 동기는 중국과 다른 나라들 사이에 존재하는 바이트댄스에 대한 지식 격차를 조명하기 위해서였다. 책에 포함된 많은 일화는 사실 중국에선 널리 알려졌지만, 영어권에 진출하는 것은 이번이 처음일 것이다. 아울러 독창적인 연구를 통해 몇 가지 부정확한 점을 바로잡고, 루머를 반박하고, 세심한 분석과 통찰력으로 독자들이 스스로 가치를 찾기를 바라며 이 책을 쓰기 시작했다.

나는 바이트댄스를 지지하지도 반대하지도 않는다. 따라서 회사의 부정적인 측면과 긍정적인 측면을 모두 인정하고 객관적으로 회사를 묘사하려 노력했다. 이 책이 바이트댄스와 틱톡의 모든 이야기를 담아냈으면 좋겠지만, 이것은 단지 시작에 불과하다는 것을 알고 있다. 바이트댄스는 최근 몇 년간 세계적으로 가장 영향력 있는 IT 기업 중 하나이다. 나는 이 책이 틱톡, 바이트댄스, 콘텐츠 포맷으로서의 숏폼비디오, 그리고 중국 인터넷 기업 전반에 대한 더 깊은 통찰과 폭넓은 토론 및 이해를 가져다줄 수 있길 진심으로 바란다.

2020년은 모두에게 힘든 한 해였으며 좋지 않은 이유로 인해 잊기 힘든 시간이었다. 연구와 집필 과정 내내 나에게 정신적 지주가 되어 준 가족과 그들의 애정 어린 성원에 대해 감사드린다. 또한, 긴 여정 동안 저의 자문이자 가이드가 되어 준 리타 리오에게 감사의 인사를 드린다. 책을 위해 가정과 질문에 기꺼이 도전하는 편집자의 가치는 결코 과소평가되어서는 안 된다. 그녀는 숲을 보지 못하는 나를 높은 곳으로 이끌어 주었고, 이 책은 그녀의 헌신으로 큰 이익을 얻었다. 그녀의 노력에 나는 칭찬밖에 할 말이 없다.

이 원고의 초기 버전을 읽은 사람들에게 큰 감사를 표하고 싶다. 특히, 상세하고 지적인 질문을 해 주신 에드 샌더의 안목은 정말 소중했으며 이 작품으로 이어진 소중한 인연, 존 아트만, 파스칼 코펜스, 엘리야 고래리, 파비안 베른, 버나드 렁, 제프리 토슨 와 키트 하퍼드의 모든 영감과 조언, 그리고 지원에 큰 감사를 드린다.

여러 해 동안 나는 중국 인터넷 업계에 몰두하면서, 다른 사람들의 생각과 글로부터 상당한 아이디어를 얻었다. 판루안, 제이슨 은, 트레이시 샹, 리오 눅, 황하이, 세지호, 조던 슈나이더, 댄 그로버 등, 나의 사고를 풍요롭게 한 이들의 의견과 견해를 인정하고 싶다. 마지막으로, 중요한 공헌을 했지만 익명을 요청한 그 누군가에게 진심으로 감사의 인사를 드린다.

여러분은 이 책의 제목을 보면서 아마도 틱톡이 눈에 들어왔을 것 같습니다. 바이트댄스라는 이름을 들어 보지 못한 분도 많을 것 같습니다. 물론 바이트댄스라는 중국 기업을 잘 알고 있고, 그 놀라운 스토리가 궁금해서 이 책을 선택했을지도 모릅니다. 하지만 소수일 거라고 생각됩니다.

이 책을 한국에 소개하기 전, 『AI 슈퍼 파워: 중국 실리콘밸리와 새로운 세계 질서』라는 책을 한국에 출간한 적이 있습니다. 이 책은 중국 AI 기업들이 왜 미국 기업들과 다른지를 매우 흥미롭게 설명한 책입니다. 이번에는 저의 지인이자, 중국 테크 산업에서 오랫동안 뼈가 굵은 미국인, 매튜가 날카롭게 중국 AI 스타트업의 성장 스토리를 소개했습니다. 그런데 이 AI 스타트업은 이제 전혀 스타트업이 아닙니다.

바이트댄스는 AI 기업만 추려 보면, 중국 제1위의 기업 가치를 갖고 있습니다. 뉴스 검색앱에서 큰 성공을 거둔 바이트댄스는 모바일 콘텐츠 시장에 뛰어들어 큰 성공을 거두게 됩니다. 그것은 중국에서는 더우인, 글로벌 시장에서는 틱톡이라 불리는 짧은 영상 플랫폼입니다.

틱톡은 Z세대에서는 폭발적으로 많이 활용되는 모바일 앱입니다. 이 책은 숏폼(Short Form)비디오의 트렌드도 부각해서 보지만, 바이트댄스가 어떻게 그들의 AI기술을 적용하여 콘텐츠를 개인화하고, 이용자들이 더 많은 시간을 보내도록 유도하는지에 대한 인사이드 스토리를 마치 다큐멘터리 작가처럼 분석했습니다. 많은 자료를 모으고 많은 인터뷰를 했음을 금방 느낄 수 있습니다.

이 책을 통해 중국의 플랫폼 시장, AI 기반의 검색과 콘텐츠 플랫폼 시장, 그리고 공룡이 즐비한 중국 테크 시장에서 어떻게 내성적인 장이밍이라는 설립자가 중국 제1위 AI 기반 뉴스 앱과 세계 제1위의 숏폼 비디오 앱으로 기업 가치 1,800억 달러(200조 원) 기업을 만들어 가는지 매우 흥미롭게 볼 수 있습니다. 콘텐츠 홍수 속에서 살아가는 소비자의 시선을 몇 분이라도 잡기 힘든 현실 속에서, 틱톡은 어떤 추천 구조와 알고리즘으로 콘텐츠 소비자의 눈을 사로잡는지 설명합니다. 틱톡은 중국이 만든 거의 유일하게 성공한 글로벌 콘텐츠 플랫폼이어서 매우 의미가 큽니다. BAT이라는 불리는 바이두, 알리바바, 텐센트의 그 많은 플랫폼도 중국 문화권에서 포지셔닝이 강하기 때문입니다.

또 하나의 흥미로운 이유는 틱톡의 성공은 레드오션과 블루오션 시장에서 동시에 성공했다는 데 있습니다. 틱톡이 탄생하기 전, 텐센트가 먼저 유사한 앱을 갖고 있었고, 미국에서는 뮤지컬리(Musical.ly)가 있었는데, 바이트댄스는 뮤지컬리를 인수해서 틱톡에 통합시키고, 글로벌 확장을 하게 됩니다. 그렇다면 뮤지컬리는 왜 성공하지 못했을까요? 이 책의 중후반부까지 읽게 된다면, 바이트댄스가 얼마나 치밀한 전략을 실행했는지 이해할 수 있습니다.

"자신의 앱이 소셜 네트워크라고 잘못 알고 있었던 뮤지컬리는 결국 시간과 노력을 낭비해 버렸다. 하지만 더우인은 회사 문화와 기술력을 콘텐츠 플랫폼이라는 진정한 가치의 형식으로 일치시켰다. 콘텐츠 기반의 커뮤니티는 콘텐츠가 사람보다 더 중요하다는 것을 깨달았다. 더우인은 말 그대로 그저 페이스북의 영상 버전이 아니라, 모바일 세대를 위한 텔레비전 엔터테인먼트의 재탄생이었다."

2018년, 텐센트는 다시 숏폼 동영상 플랫폼에 뛰어들지만, 자본과 브랜드를 가진 텐센트의 노력도 성공을 거두지 못하게 됩니다. 이 책을 읽으면서, 경쟁에서 차별화와 브랜드 아이덴티티가 얼마나 중요한지 볼 수 있는 좋은 시간을 가질 수 있습니다.

저자는 이 책이 바이트댄스의 지원을 전혀 받은 적도 없고, 또 바이트댄스의 홍보나 틱톡의 사용 설명서가 전혀 아님을 얘기합니다. 그래서인지 내용이 매우 날카롭고, 외부 전문가의 시각에서 분석한 노력이 엿보입니다.

AI 기술과 추천 엔진, 그리고 콘텐츠의 결합과 시장 흐름에 대한 빠른 적응, 강력한 팬덤을 형성한 바이트댄스는 중국에서 가장 젊고 빠르게 성장하는 테크놀로지 기업입니다. 한국에도 유니콘을 넘어, 그 어느 대기업 못지않게 성장시킨 플랫폼들이 하나씩 늘고 있습니다. 네이버, 카카오, 쿠팡, 그리고 최근 하이퍼 커넥트까지 놀라운 성장을 해 왔습니다. 하지만 한국을 넘어선 시장에서는 혹은 특정 시장을 벗어난 진정한 글로벌 플랫폼으로 성장한 플랫폼은 없습니다. 틱톡의 성장이 언제까지 지속될지는 모릅니다. 다만 지역에서 벗어나서 글로벌 플랫폼이 되기까지의 틱톡의 전략을 한번 살펴볼 필요가 있습니다.

또한 한국에 많은 야망을 갖고 있는 젊은 혁신가들이 많습니다. 그리고 중국 테크놀로지 시장과 콘텐츠 시장에 대해서 궁금한 분도 많을 것입니다. 이 책이 여러분의 도전과 학습에 조금이라도 기여하기를 바랍니다.

2021년 4월

박세정

(DMK 대표 / AI Summit & Digital Marketing Summit 설립자 / MIT 테크놀로지 리뷰 한국 발행인)

먼저, 이 책은 바이트댄스의 그 어떤 후원도 받지 않았으며 책의 저자는 바이트댄스 혹은 그 자회사와 아무런 업무적 관계가 없음을 알려 드린다. 실제로 이 책은 어떤 단체의 후원이나 지원을 받지 않았으며, 어떠한 정치적 의도도 가지고 있지 않다. 이 책에 표현된 의견, 해석, 이론들은 제시된 명시적인 사실을 제외하고는 모두 저자 자신의 견해임을 밝힌다. 바이트댄스는 감사 정보나 사용자 번호를 공개할 의무가 없는 개인 소유의 회사이며, 이 책의 데이터는 회사가 후에 상장되는 경우 공개될 자료와 다를 수 있음을 미리 알려 드린다. 이 책은 대부분이 중국어로 이루어진 광범위한 연구의 결과물이며 수백 개에 달하는 출처에는 다음 사항이 포함되어 있다.

- ◆ 바이트댄스 전·현직 직원과의 대화
- ◆ 기사와 에세이, 그중 중요 인용문은 따로 "출처" 목록에 정리되어 있다.
- ◆ 프레젠테이션 및 심층 인터뷰 영상

- ◆ 분석 보고서 및 학술 논문
- ◆ 관련 SNS 계정
- ◆ 바이트댄스 제품군의 광범위한 개인 사용 범위(중국 및 국제)
- ◆ 중국 모바일 인터넷 산업에 대한 지식은 경쟁사 텐센트를 기반으로 한다.

링크 로트(사이트를 사용할 수 없게 되어 점진적으로 사라지는 링크)는 중국 인터넷 콘텐츠에 있어 심각한 문제이다. 제공된 링크는 콘텐츠의 이동 또는 삭제에 의해 그 효력이 없어질 수도 있다. 이 책은 보다 정확한 자료 제공을 위해 정보를 확인하기 위해 최선을 다했으며 중복된 출처가 없도록 주의를 기울었다.

이름 사용에 대한 참고 사항(3장의 킹 카드)

장이밍
바이트댄스 창립자

장리동
바이트댄스 회장

장난
(켈리)

바이트댄스의 세 명의 가장 중요한 임원은 모두 같은 성, 장(张 Zhang)[1] 씨이다. 이 혼란스러운 상황을 완화하기 위해, 나는 책 전체에 걸쳐 지나치게 친숙하거나 비공식적으로 보일 위험을 무릅쓰고 가능한 이름을 사용하는 쪽으로 선택했다. 이에 대해 먼저 사과의 말씀을 드린다. 하지만, 이름을 사용하는 것은 바이트댄스의 가치 및 문화와 일치한다. 설립자인 장이밍은 직함 사용을 금지하는 이메일을 회사 전체에 보내면서 직원들이 그를 단순히 '이밍'이라 지칭할 것을 요구한 적 또한 있다.

환율

환율 통화 가치는 미국 달러 또는 중국 위안화(런민비, RMB라고도 함)로 표시되며, 달리 명시되지 않는 한 두 통화 사이의 환율은 RMB 1 = USD 0.14로 설정하였다.

게이트키퍼의 게임

"온라인 인플루언서가 되는 것이

단순히 재미있는 영상을 만드는 문제라고 생각하시나요?

왜 그렇게 생각하십니까? 그렇게 순진하게 굴지 마십시오!"[2]

- 매니저

희미한 콧소리가 앞방에서 들려왔고, 어떤 이유에서인지 축축한 계단에서는 플라스틱 포장 냄새가 났다.

"이게 다입니다."

금속 문이 삐걱거리면서 열리자 매니저가 담배 연기 구름을 뚫고 말했다.

"모두 지하실에 보관하고 있습니다."

두 고객은 머뭇거리며 방으로 들어갔고, 모두 그 장면을 아무렇지 않은 듯 바라보며 침묵을 지켰다. 그 전에 그들은 수천 대의 스마트폰을 금속 랙[3]에 가지런히 배열했다. 화면은 분주하고 활발하며 활기가 넘쳤고, 전선은 창문이 없는 커다란 방의 콘크리트 바닥을 가로질러 미로처럼 얽혀 있었다. 고객 중 한 명이 걸어와 스마트폰을 집어 들었는데, 신기하게도 전선은 여전히 연결되어 있었다. 그는 앱을 전환하고, 뉴스 피드를 스크롤하고, 영상을 선택하는 등 스스로 작동하는 기기에 매료되어 있었다. 기기의 속도는 느렸고, 인간의 자연스러운 행동을 흉내 내도록 설계된 탓에 빈번하게 멈추기도 했다. 그 효과는 매혹적이기도 하였지만 매우 불안하기도 했다. 무수한 자동 스크린의 고요한 빛, 유령 같은 오케스트라. 그 보이지 않는 지휘자는 바로 중앙 제어 시스템 소프트웨어[4]와 같은 하나의 PC였고, 각각의 핸드폰들은 전선으로 연결되어 있었다. 매니저는 핸드폰을 들고 있는 고객에게 다가가 그의 등을 치며 말했다.

"온라인 인플루언서가 되는 것이 단순히 재미있는 영상을 만드는 문제라고 생각하십니까?"

그는 자신의 질문에 진심으로 웃으며 물었다.

"흠, 그렇게 단순한 게 아닐 텐데요. 그럼 지금은 어떤 서비스에 관심이 있으십니까?"

누가 대답해야 할지 모르겠는지 서로를 바라보던 두 고객 중 한 명이,

"더우인(抖音 Douyin)이요."

중국판 틱톡(TikTok)을 언급하며 소심하게 대답하자 매니저는 낄낄 웃으며 말했다.

"당신만 그런 게 아니에요."

그는 주머니에 손을 넣으며 두 고객을 향해 늑대 같은 미소를 지어 보였다.

"우리는 온종일 여기 있는 핸드폰의 반으로 더우인을 하며 당신 같은 사람들을 돕고 있습니다."

그는 구겨진 켄트(KENT) 담뱃갑을 꺼내 고객들에게 건넸다.

"한 대 피우시겠어요?"

사실 이 지하실은 전형적인 "클릭 농장"이다. 현재 수백 개의 이러한 지하 사업체들이 중국 전역에서 운영되고 있으며 온라인 주목 경제에서 중요한 역할을 하고 있다. 봇 트래픽 감지 시스템을 회피하며 때때로 계정 폐쇄 등 직업상의 위험요소가 존재하지만, 실질적으로 스마트폰을 모방하는 소프트웨어를 쉽게 탐지할 수 있어 장비와 전기 비용에도 불구하고 사용하는 것이 훨씬 더 안정적이다.

저가의 안드로이드 스마트폰에 USB 케이블을 연결하여 실제 사람의 탭과 스와핑을 가장하는 소프트웨어를 제어하며, 이를 통해 다른 사람들의 알고리즘을 속이고 온라인상의 관심을 조작한다. 이것은 돈벌

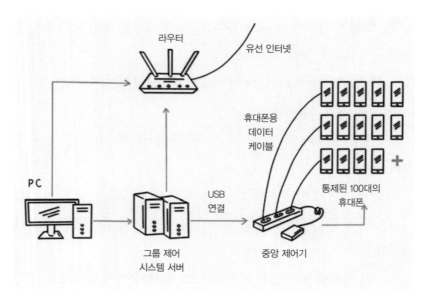

[일반적인 클릭 농장의 장비 설정[5]]

이가 되는 사업이었고, 항상 기꺼이 찾는 고객들도 있었다. 가짜 좋아요, 좀비 팔로워, 가짜 라이브 스트리밍 시청자, 자동화된 의견, 조작된 경쟁 투표, 다운을 유발하기 위한 콘텐츠의 대량 보도 등 '서비스' 목록은 사실상 끝이 없다.

매니저는 고개를 약간 뒤로 젖히고 담배 연기를 콘크리트 천장으로 날려 보냈다.

"저희 더우인 패키지는 350위안(51달러)에 10k의 좋아요, 100k의 조회수, 5k의 공유, 50개의 댓글이 달립니다."

고객들은 동의한다는 듯이 고개를 끄덕였다. 그것은 합리적인 가격이었다.

"문제는 지분입니다."

매니저는 말했다. 다시 두 고객은 무슨 말을 해야 할지 확신하지 못한 채 서로를 바라보다 마침내 그들 중 한 명이 침묵을 깼다.

"영상 시청 완료도가 가장 중요하다고 들었는데요."

매니저는 대답을 듣고서는 천천히 담배를 길게 끌며 담배꽁초를 콘크리트 바닥에 떨어뜨렸다. 한참 동안 불편한 침묵이 이어지고, 그는 고개를 들고 조금 전 대답을 한 고객과 눈을 맞추었다.

"중국의 모든 셀러는 지금 이 시스템을 사용할 방법을 찾고 있습니다. 배울 게 많잖아요."

틱톡 알고리즘 사용 방법 101

매일 수백만 개의 영상이 틱톡에 업로드되지만, 그중 대부분은 일반적인 조회 수만 받는다. 각 동영상 시청자의 규모는 시스템의 끊임없이 변화하는 신비로운 알고리즘에 의해 결정되며, 이 시스템을 컨트롤하는 데 있어 이러한 알고리즘이 어떻게 작동하는지 이해하는 것이 가장 중요하다.

틱톡에 동영상이 업로드되는 순간, 동영상 클립과 설명문은 자동 감사를 거치기 위해 대기 리스트에 올려진다. 컴퓨터 비전은 클립 내의 요소를 분석하고 식별하는 데 사용되며, 그다음 키워드로 태그가 지정 및 분류되고 플랫폼의 콘텐츠 지침을 위반한 것으로 의심되는 동영상은 사람의 검토를 거쳐야 하기에 플래그가 지정된다. 모니터링 요원은 중복된 콘텐츠가 있는지 대규모 데이터 저장소의 영상을 교차 확인한다. 이 시스템은 표절을 방지하고, 인기 있는 영상을 다운받아 워터마크 제거 후 그것들을 새로운 계정으로 다시 올리는 관행을 막기 위해 고안되었으며 이러한 중복으로 식별되는 동영상은 노출도가 크게 저하되기도 한다.

모든 심사 과정을 거친 후, 해당 영상은 수백 명의 활성 사용자들로 구성된 작은 풀에 공개된다. 수직 범주 내에서 영상의 인기도를 측정하기 위해 전체 조회 수[6], 좋아요 수, 댓글, 평균 재생 길이 및 공유와 같은 측정지표를 분석하며, 인기가 많은 콘텐츠는 다음 단계로 이동하여 수천 명의 활성 사용자에게 노출된다. 다시 한 번 더 높은 수준의 측정지표를 통해 평가된 후, 그중 제일 높은 평가를 받은 영상만 더 많은 시청자에게 노출되는 다음 단계로 진행될 것이다. 영상이 상위 계층으로 이동함에 따라 잠재적으로 수백만 명의 사용자에게 노출될 가능성이 있다.

하지만, 프로세스가 완전히 알고리즘에 의해 실행되는 것만은 아니다. 예를 들어, 100만 뷰에 이르는 영상이 담당자의 리뷰 과정을 통해 갑자기 삭제되는 사례도 존재하는 것처럼, 상위 레벨에서는 콘텐츠 조정팀 담당자가 일련의 엄격한 지침에 따라 영상을 시청하고 플랫폼의 서비스 약관을 위반하지 않거나 저작권 문제가 없음을 확인하기도 한다. 틱톡과 같이 많은 유저가 활동하는 플랫폼에서는, 시스템의 허점과 속임수를 찾으려고 애쓰는 나쁜 사람들 또한 늘 존재한다. 그들은 클릭 농장을 이용하여 계정을 면밀히 모니터링하고 새로운 영상의 인기를 판단하는 데 사용하는 측정지표를 인위적으로 과장하여 알고리즘이 유리하게 작용하도록 한다.

비양심적인 마케팅 담당자들은 한 바구니에 계란을 넣고 단 한 개의 계정에 대한 측정 기준을 높이기보다는, 수십 개의 심지어 수백 개의 유사한 계정을 운영함으로써 성공할 확률을 더욱 높이고 있다. 중복 콘텐츠 모니터링 시스템을 피하기 위해 다양한 필터와 효과를 사용하거나 긴 영상을 잘라 더 짧은 콘텐츠 섹션으로 편집하며, 플랫폼의 규정이 점점 더 엄격해짐에 따라 이에 대처해 속임수를 쓰기 위한 온갖 방법을 동원하고 있다. 그것은 마치 고양이와 쥐의 끝없는 게임과 같아 플랫폼이 한 개의 구멍을 간신히 막아 낼 때마다 곧 또 다른 구멍이 발견될 것이다.

대량 계정을 규모에 맞게 운영하면서 모니터링을 피할 수 있는 일련의 확립된 규칙이 등장했다. 그것은 바로, 플랫폼이 신뢰할 수 있다고 판단하기 전에 신규 고객을 "양성"하는 것이며, 여기에는 일반 사용자의 예상 동작을 모방하는 작업 또한 포함된다. 사전 편집된 영상을 새 계정에 즉시 일괄적으로 올리는 것은 "계정 차단"을 받을 수 있는 확실한 방법이기에 계정은 활동 제제를 받게 된다.[7] 이러한 제제를 피하기 위한 가장 좋은 방법은 무언가를 올리기 전 해당 새 계정을 사용하여 수동적으로 영상을 보고 핸드폰의 카메라를 사용하여 앱에 몇 개의 영상을 업로드하는 것이다. 이렇듯, 기계를 속이기 위해서는 세심한 주의를 기울일 필요가 있다. 각 계정에 대해 별도의 전화번호와 SIM 카드를 사용하는 것은 물론, 여러 장치를 통해 로그인하는 것을 피함으로써 계정이 전문적으로 운영되고 있다는 사실 또한 숨겨야 한다. 이 모든 것이 앱의 추천 시스템을 악용하려는 하나의 목표 아래 이루어지고 있다.

틱톡의 핵심은 추천 기능, 즉 머신 러닝을 사용하여 사용자 행동을 기반으로 콘텐츠에 대한 선호도를 추론하는 방법에 있으며 이 핵심을 이해하면 틱톡의 모회사인 바이트댄스(ByteDance)의 성공도 이해할 수 있다. 바이트댄스는 중국 IT 기업 중 가장 먼저 추천 기능 엔진을 구축하기 위해 당시 첨단 기술에 "올인"하고 인간 큐레이션 등의 힘든 작업에 전념한 기업이다. 그리고 이들의 베팅은 빠르게 결과로 나타났다. 사실상 틱톡의 성공은 앱 자체가 만들어지기 몇 년 전에 이미 예견되었으며, 바이트댄스가 이를 만든 회사라는 것은 우연이 아니었다.

오늘날 바이트댄스는 널리 뻗어 나가는 거대한 기업이다. 다른 IT 대기업과 마찬가지로 게임, 교육, 기업 생산성, 결제 등으로 구성된 수많은 온라인 서비스로 확장돼 가고 있다. 현재, 2020년 책 집필 당시

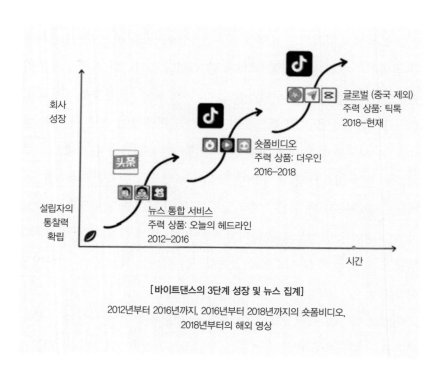

[바이트댄스의 3단계 성장 및 뉴스 집계]
2012년부터 2016년까지, 2016년부터 2018년까지의 숏폼비디오,
2018년부터의 해외 영상

토우티아오(今日头条ToutiaoToday), 더우인, 틱톡 총 3개의 플랫폼으로 해당 서비스를 제공하고 있으며, 이 플랫폼들이야말로 바이트댄스가 빠른 성장을 이루는 데 핵심 동력이라 할 수 있다.

이러한 비즈니스의 부상은 회사가 수억 명의 신규 사용자를 확보할 수 있었던 획기적인 주력 플랫폼에 의해 추진된 총 3단계의 뚜렷한 성장 단계를 보여 준다. 각 단계에는 자체 개발 및 기존 앱의 기능이 포함되어 있어 플랫폼 간의 범주를 광범위하게 다양화했으며, 단계마다 이전 단계에서 개발된 제품 및 기술을 기반으로 구축되어 있다. 틱톡의 성공은 중국 자매 앱인 더우인의 기술과 경험, 판촉 극본을 복제하는 데 있었고, 더우인의 성공은 중국 유명 뉴스 집계 앱인 토우티아오를 통해 개발한 추천 엔진과 운영 전문성, 현금 보유량에 달렸었다. 마지막으로 중요한 것은 토우티아오의 성공이다. 결국, 이 모든 성공은 회사의 설립자인 장이밍(张一鸣 Zhang Yiming)의 통찰과 결정력으로 거슬러 올라가야 한다.

2011년, 노련한 사업가 장이밍은 스마트폰이 인간이 정보를 수신하고 상호작용하는 방법을 크게 변화시키리라는 것을 예견했다. 비록 그 당시에는 아무도 이를 예견할 수 없었지만, 이 생각의 씨앗은 회사의 창립에 심어져 결국 틱톡의 글로벌 성공을 통해 열매를 맺었다. 스티브 잡스의 말을 인용하자면, "앞을 내다보는 점들은 연결할 수 없지만, 거꾸로 볼 때만 연결할 수 있다". 틱톡과 바이트댄스를 이해하기 위해 먼저 이밍의 고향인 중국 남동부의 작은 마을에서부터 이야기를 시작해야 한다.

차례

PART_ 01

백엔드

알고리즘 추천

CHAPTER 1

장이밍

"live with passion, live musical.ly"

"많은 지표와 통계가 장이밍이
세계 최고의 기업가임을 말해 주고 있다." [8]
- 타임 매거진, 2019

타임라인

1983년   중국 푸젠(福建 Fujian) 성 룽옌(龙岩 Longyan)시에서 장이밍 출생

2001년   톈진(天津 Tianjin)시 난카이대학(南开大学 Nankai) 입학

2005년   졸업과 동시에 창업, 6개월 만에 실패

2006년   온라인 여행 검색 엔진 쿠쉰(酷讯旅游 Kuxun)에 초대 엔지니어로 참여

2007년   최초의 iPhone 출시

2008년   마이크로소프트(Microsoft) 북경지사에서 근무

2008년   중국 버전 트위터(Twitter) 판푸(饭否 Fanfu)에 참여

2009년   온라인 부동산 포털, 99Fang.com의 CEO가 됨

2011년   위챗(微信 Wechat)의 탄생으로 중국 '스마트폰의 시대'가 열림

2012년   99Fang.com을 떠나 바이트댄스를 시작하기로 결정

"전 아주 어릴 때부터 책을 읽기 시작했어요."[9]

이밍은 회상했다.

"유치원 2학년 때부터 아빠는 저를 위해 주간 어린이 독서 잡지를 주문해 주셨죠."

그리고 그의 평생의 습관, 즉 소비 관련 정보를 사랑하는 습관은 거기서부터 시작되었다. 초등학교 4학년 때 몇몇 간단한 소설과 전기, 신문, 그리고 정기 간행물들을 읽기 시작한 이밍은 다른 친구들이 만화를 보는 동안 공상과학과 신화 이야기를 보는 걸 더 좋아했다.

중학교 시절, 그는 일주일에 20~30개의 신문을 읽었다고 한다. 지역 타블로이드 신문부터 전국 일간지까지 그는 기사를 한 줄도 놓치지 않고 모두 다 먹어 치웠다. 이밍은 그때를 돌이켜 보며 자신의 앞에 놓인 활자 책만 읽을 수 있었던 사실에 아쉬움을 느낀다.

"제가 만약 어렸을 때 킨들과 아이패드를 가지고 있었다면, 위키백과와 유튜브에 접속할 수 있었다면, 훨씬 더 똑똑했을 것이라고 종종 생각합니다. 지금보다 훨씬 많이요."

그의 부모님도 그의 독서를 장려했다. 사실, 그들은 아들의 이름 선택부터 탁월했다. 이밍이란 이름은 '개천에서 난 용'을 묘사하기 위해 사용된 중국어 관용구[10]를 뜻하며 결국 이밍은 부모님의 희망을 실현하는 데 성공했다. 이밍의 만년 행적을 고려할 때 완벽한 선택이라 볼 수 있다.

초등학교 시절, 이밍의 꿈은 과학자가 되는 것이었는데 이는 그의 부모님의 과학적 성향에서 영감을 받은 것이었다. 이밍의 어머니는 간호사였고, 그의 아버지는 중국 지방 도시 과학기술 위원회의 일원이었으며, 그들은 집에서 최신 기술에 대해 자주 토론하곤 했다.

이밍의 아버지인 장한핑(张汉平 Zhang Hanping) 씨는 직위에서 물러나 300마일 떨어진 남서쪽의 '세계의 작업장'인 진주강 삼각주(Pearl River Delta)에서 사업을 시작하여 선전(深圳 Shenzhen), 홍콩(Hongkong)과 가까운 산업도시 둥관(东莞 Dongguan)에 전자 공장을 세웠다. 이 사업의 수입 덕분에 이밍은 소박한 시골 환경에서 태어나고 자랐음에도 불구하고 비교적 안정적인 삶을 살 수 있었다. 그는 자기 유년 시절을 부유하지는 않지만 "편안"하였다고 묘사하였다.

가족의 고향인 콩푸(Kongfu)[11]는 타이완(Taiwan)섬 건너편에 있는 해안 지방인 푸젠(Fujian)성의 서부 지역에 있는 룽옌 지역의 한 마을이다. 이곳은 중국 내에서도 전통으로 내려오는 가업, 산맥, 차 문화로 유명하다. 이밍의 가족을 포함한 콩푸족은 모두 중국 소수민족 중의 하나인 하카족(약 700~1000년 전 중국 동남부로 내려온 한족의 한 갈래)이며 그들은 다른 대부분의 중국인이 이해하기 어려운 독특한 사투리를 구사하고, 이밍이 고향을 떠나 그리워했던 그들만의 하카식 요리 문화도 가지고 있다.

아무도 없는 대학

이밍은 한때, 사업을 시작할 무렵 두 가지 종류의 제품을 만들어 유명해졌다. 첫 번째는 소비자 대면 플랫폼이고, 또 하나는 실제 회사 그 자체였다. 그리고 우리는 이 기업가가 수년 동안 발굴해 온 세 번째 제품이 틀림없이 있을 거라 믿고 있다. 그것은 바로 그 자신이다.

실제로 이밍의 삶도 최상위에 도달하기 위해 끊임없는 테스트와 반복을 거치는 소프트웨어와 같다. 그리고 그는 더 나은 선택을 하기 위한 공식들을 만들어 냈다[12]. 여기서 한 가지 예로 들 수 있는 것이 그가 어떻게 대학을 선택하게 되었는가에 관한 것이다. 대학에 진학하는 것은 모든 젊은 중국 학생의 인생에서 가장 중요한 결정이고, 대부분의 학생은 부모와의 긴 토론과 상담을 거친 다음 신중하게 고민하여 결정한다. 하지만 이밍은 달랐다. 그는 자신에게 가장 중요한 것이 무엇인가에 대해 고민한 후 총 네 가지 조건을 답으로 내렸다. 이 네 가지 조건을 근거로, 그는 몇 분 안에 총 수백 가지의 옵션을 걸러낼 수 있었다.

"제일 중요한 첫 번째는 바로 유명한 종합대학이어야 한다는 것입니다."

이밍이 2019년[13] 모교를 방문했을 당시 난카이대학 학생들에게 한 말이다. 순수과학 중심의 이과 대학보다는 남녀 성비가 균형 잡혀 있는 종합대학이 여자친구를 찾기 쉽기 때문이라고 그는 설명했다. 실제로 이밍은 난카이대학교에서 첫 여자 친구를 만났고, 결국 그녀와 결혼하는 데 성공했다.

"둘째, 바다와 가깝지만 셋째, 고향에서 멀어야 하며 마지막으로 겨울에 눈이 오는 곳이요."라고 거의 눈이 내리지 않는 남부 해안 지방에서 자란 이밍이 말했다. 그의 모든 조건을 충족시킨 학교는 베이징에서 차로 한 시간 거리에 있는 난카이대학이 유일했고, 그곳에서 그는 4년간의 대학 생활을 보내게 되었다.

사실 이 일화를 통해 우린 이밍의 의사결정 과정 중의 통찰력을 알수 있다. 주어진 일련의 조건들을 바탕으로, 그는 복잡한 결정을 단순화할 수 있고 종종 다른 사람들이 기대하지 않는 단 하나의 "최적 결과"에 대해 확신을 가졌다. 난카이대학은 중국에서 상위 20위권 대학이었으므로 결코 나쁜 선택은 아니었지만, 대부분의 중국 학생들은 더 유명한 대학들을 열망할 것이다. 하지만 어린 이밍에게는 겨울의 눈, 여자 친구를 찾는 것, 가족과 떨어져 얻는 자유, 그리고 맛있는 해산물이 더 중요했다.

그는 생물학과에 진학하기를 원했지만 안타깝게도 그 당시 생물학은 경쟁률이 가장 치열한 과목 중 하나였으며, 그는 점수가 모자라 생물학에 진학할 수 없었다. 그는 대신 전기전자공학과에 등록하기로 결정했지만, 얼마 지나지 않아 소프트웨어공학으로 선택을 바꿨다. 전기공학은 "교과서 이론을 실무에 적용할 수 있는 몇 번의 기회"를 제공하지만 소프트웨어공학은 더 빨리, 더 많은 실무 기회를 제공했기에 그는 그런 선택을 했다고 말했다.[14]

오늘날까지 말수가 적고 어린애 같은 천진난만한 얼굴을 가진 이밍은 사실 재학 시절에는 거의 눈에 띄지 않는 학생이었다. 그의 학업 성적은 좋았지만, 교내 활동에는 전혀 참여하지 않았으며 성적이 뛰어난 다른 학생들과 달리 거창한 계획도 세우지 않았다. "저는 해외에 나가기 위해 동아리에 참가하거나 GRE[15]를 공부한 적도 없었습니다. 저는 그런 것에 대한 어떤 포부도 갖고 있지 않았죠."라고 훗날 그는 회상했다.

1학기가 시작되자마자 이밍은 기숙사에 데스크톱을 설치하고 프로그래밍을 연습하며 인터넷 산업에 익숙해져 갔다. 카드 게임을 즐기는 그의 동료들과 달리, 그는 카드게임을 거의 하지 않았고 그렇다고 해서 컴퓨터 게임에 열중하거나 영화를 보지도 않았다. 그는 자신을 '도덕성의 끝판왕'[16]이라 칭하며, 시간을 쪼개어 과제를 수행하고, 수업 후에 프로그래밍, 독서, 컴퓨터 수리 등을 하였다고 말했다. 더불어,

이는 나중에 그가 인내심, 지식, 우정이라는 세 가지 목표를 달성하는 데 도움을 주었다고 평가했다.

"단기적인 요인에 눈이 멀지 않고 장기적인 고려를 바탕으로 판단을 내리려는 인내심, 그리고 계획을 세우고 실행하려는 노력에 대한 인내심, 이러한 인내심이 여러분 자신의 스타트업을 구축하는 데 매우 중요합니다."라고 그는 단언했다.

그의 제한적 관심사와 엄격한 일정에도 불구하고 그는 더 좋은 결과를 얻기 위해 사람들을 만날 수 있는 시간을 따로 마련했다. 앞서 언급했듯이, 이밍은 코딩 외에 컴퓨터 수리도 병행했는데, 이것은 새로운 사람들을 만나는 아주 효율적인 방법이었다. 여학생들이 주로 그의 고객이 되었는데 그의 미래 아내도 그중 한 명이었다.[17]

이밍은 대학 온라인 게시판(BBS)[18]을 통해 처음 알게 된 첫 여자 친구와 결혼했다. 교내에서 그는 컴퓨터를 고치는 데 최고의 기술력을 겸비한 학생이란 명성을 가지고 있었는데, 그 명성에 알맞게 그는 여자 친구의 컴퓨터를 수리하는 데 모든 열정을 불태웠다. 이후 이밍은 자신의 첫 번째 파트너와 결혼하게 된 이유에 대해 이렇게 설명했다. "만약 이 세상에 나에게 맞는 사람이 2만 명이라면, 나는 그 2만 명 중 한 명만 찾으면 된다. 이는 수용 가능한 범위 내에서 최적의 근사치라 볼 수 있다."[19] 이 얼마나 낭만적인가!

이러한 일화들은 사람들이 이밍을 매우 이성적인 로봇이라 생각하게 하지만, 그의 기업적인 도전과 사업 세계에 대한 대담하고 야심 찬 내기를 고려할 때 항상 그렇지만은 않다. 다만 이밍의 보수적인 사생활과 그의 경력을 통해 쌓아 온 대담한 야망이 교차한다는 점에 주목할 필요가 있다. 그로부터 몇 년 후, 이밍은 바이트댄스가 대중의 인상과는 달리 매우 "로맨틱한" 회사라고 주장했고, 로맨스는 "상상을 현실로 바꾸는 것, 현실을 직시하고 변화시키는 것"이라고 정의했다.

대학 시절 목표 지향적이고 은둔적이었음에도 불구하고 이밍은 우정과 동료애를 소중히 여겼으며 이는 후에 그의 사업 채용에 상당한 도움이 되었다. 실제로 그는 대학 시절, 사업용 웹사이트를 만든 후 부업으로 컴퓨터를 수리하는 아르바이트를 하며 매달 2천3천 위안(약 285달러~430달러)의 수입을 냈다. 사실 이 정도의 금액은 2000년대 초반의 중국 학생에게는 적지 않은 돈이었지만, 이밍은 과제를 끝낸 후 그의 친한 친구 중 몇 명에게 바비큐 꼬치를 사 주는 데 돈의 일부를 쓰곤 했다.

대학 기숙사 룸메이트 인 량루보(梁汝波 Liang Rubo)가 그의 가장 친한 친구이자 수년 후 바이트댄스에 합류한 난카이대학 동기 중 한 명이다. 그 둘은 서로 PC를 공유하며 컴퓨터와 프로그래밍을 함께 공부했고 주말마다 배드민턴을 치며 깊은 우정을 쌓아 갔다.

이밍은 루보와 그의 다른 대학 친구들과 함께 꼬치를 먹었던 즐거운 추억을 가지고 있었다. 바이트댄스가 베이징에 있는 더 큰 사옥으로 이사했을 때, 그는 그가 가장 좋아하는 야식을 먹을 수 있는 바비큐 그릴을 회사 옥상에 설치할 수 있다는 것을 알고 매우 흥분하기도 했다. "꼬치는 난카이에서의 즐거웠던 시절을 생각나게 해요."[20] 이는 믿을 수 없을 정도로 침착하고 이성적이며 쉽게 흥분하지 않는 사람으로 알려진 이밍에 대한 흥미로운 일화 중 하나다.[21]

대학 4년 동안, 이밍의 성적은 꾸준히 좋았지만 그렇다고 해서 결코 주목할 만한 성적은 아니었다. 그가 4학년 시절 자동화 소프트웨어 시합에서 2등을 한 기록이 대학 시절 거둔 최고의 성적이었다. 그래서인지, 그의 반 친구나 선생님 중 그 누구도 이 눈에 띄지 않는 외부인, 심지어 약간 둔하기까지 한 반 친구가 나중에 세계에서 가장 뛰어난 기업가, 그것도 수억 명의 사람들의 디지털 라이프를 장악하게 될 앱의 배후가 되리라 생각하지 않았다.[22]

노동력의 시작

오랜 시간 이밍을 알고 지내 온 친구 루보는 그의 삶을 "최고를 향한 갈망", 또 다른 말로 표현하자면 "보통의 대중에서 벗어나기 위한 투쟁"이라고 했다. 이것은 왜 졸업과 동시에 이밍이 바로 기업가 정신으로 창업에 뛰어들어 두 명의 학교 친구들과 함께 공유 사무실 시스템 소프트웨어를 개발했는가를 이해하는 데 도움이 된다.

그러나 그 프로젝트는 빨리 실패했다. 당시 중국 시장에선 너무 앞선 개념이었다. 아무도 그 소프트웨어를 구입하지 않았는데, 그 이유 중 하나는 그 소프트웨어의 혜택을 고객들에게 효과적으로 전달하지 못했기 때문이다. 하지만 이밍은 낙담하지 않았다. 중국의 대학을 졸업한 대부분의 학생들과는 달리 안정성을 그다지 중시하지 않았던 이밍은 또다시 유망한 새 산업에 관심을 돌렸다. 사실, 그가 거의 물질적인 성공을 바라거나 개인적인 재산에 큰 걱정을 하지 않은 이유 중 하나는 아버지라 할 수 있다. 아버지가 운영하는 전자 공장의 수입으로 어느 정도의 사회적 지위, 경제적 안정, 그리고 이익을 추구할 자유까지 얻게 된 것이 그에게 큰 도움이 되었다.

이밍은 새로운 도전으로 다른 일자리를 찾기 위해 온라인 포럼에 자신의 소프트웨어 엔지니어링 자격 증명과 연락처 정보를 게시했고, 얼마 지나지 않아 쿠쉰이라는 여행산업 스타트업에서 일하고 있던 다른 난카이 동문이 그에게 면접을 요청했다. 그는 베이징으로 가 온라인 항공편과 호텔 검색 엔진 사이트를 만드는 신생 회사와 면접을 진행하였고, 유용한 기술 향상 방법을 제안하며 면접관에게 깊은 인상을 주었다. 그리고 그는 바로 회사의 다섯 번째 사원으로 채용되었다. 몇 달 만에, 이밍은 빠르게 회사의 중추적인 인물이 되었다. 그는 이후 연설에서 "초기에는 평범한 엔지니어였지만 2년이 지난 무렵에는 백엔드 기술을 관련하여 약 40~50명의 직원을 책임지는 업무를 담당하게 됐다."고 밝혔다.[23]

"그 당시 저는 어렸기 때문에 밤낮 쉬지 않고 일을 할 수 있었고 밤을 꼬박 새울 수도 있었습니다. 제가 일찍 퇴근한 날에는 보통 밤 한두 시까지 책을 읽으며 공부를 했고, 근 2년 동안 저는 밤낮으로 공부했다고 말할 수 있죠. 매우 보람찬 일이었어요."

그는 자신이 할 수 있는 모든 것을 배울 수 있는 기회를 잡았고, 심지어 영업팀을 따라 고객을 방문하기도 했다. 그는 몇 년 후 바이트댄스 첫 광고 판매팀을 설립할 때, 앞선 경험이 매우 귀중한 경험이었다고 언급했다.

훗날, 이밍은 바이트댄스에 젊고 활동적이지만 헌신적인 젊은 시절 자신과 같은 지원자를 고용하였다. 그렇게 중국 인터넷 산업 전반은 경험이 부족한 젊은 신입 졸업생들을 활용하여 구축되었다. 중국의 민간 부문 경제는 빠르게 성장하고 매우 역동적이었으며 많은 분야에서 경쟁이 치열했지만, 수익성이 높고 빠르게 확장되는 인터넷 서비스 분야는 이러한 중국 민간 경제의 특성을 완전히 다른 수준으로 끌어올렸다.

사업은 실행 속도가 전부인 힘든 일정 속에서 개발자와 기술자, 운영진이 스스로 목숨을 건 잔혹한 게릴라전처럼 진행됐다. 기업들은 대학을 급습해 젊고 야심 찬 '일선 군인'을 뽑아 30대 중반까지 기꺼이 물어뜯은 후 뱉어 내거나, 후한 보상이나 주식을 상장(IPO)[24]해 부자가 될 기회만을 노렸다.

소소한 성공에 비해 이밍의 새로운 고용주 쿠쉰은 중국 인터넷 산업에서 다소 전설적인 회사였다. 정점에 달했을 때 회사는 170명을 고용했고, 현재 그 직원들 중 30명 이상이 자신의 인터넷 회사를 창업하는 활발한 기업가가 되었다.[25] 그중 이밍은 실리콘밸리의 유명한 '페이팔(Paypal) 마피아'와 같은 '쿠쉰가의 갱단'의 가장 쟁쟁한 일원이 되었다.

쿠쉰의 공동 창업자인 천화(陈华 Chen Hua)는 "중국의 구글(Google)"이란 타이틀을 얻기 위해 거대 검색 플랫폼 바이두(百度 Baidu)와 경쟁할 야심을 가지고 있었다. 그러나 바이두는 이때부터 이미 구글로부터의 시장 점유율을 방어했고, 구글이 나중에 자발적으로 시장을 떠나면서[26] 결국 중국어 검색 플랫폼 부분에서 거의 독점에 가까운 지위를 갖게 되었다. 바이두가 나스닥에 상장되었을 무렵 이밍은 난카이대학을 막 졸업했다. 그리고 2011년 3월까지 바이두의 시장 가치는 445억 달러에 달해 경쟁사인 텐센트(腾讯 Tencent)를 제치고 중국에서 가장 가치 있는 인터넷 기업으로 부상했다.

천화는 바이두와 '일반 검색' 플랫폼에서 경쟁할 수 있는 기회가 이미 지났음을 깨달았다. 그는 항공편, 호텔, 관광의 예약을 포함하여 더 작지만 여전히 상당한 규모의 수직적 검색 시장으로 눈을 돌렸다. 그럼에도 불구하고, 천화는 언젠가 무적의 바이두에 도전하겠다는 그의 큰 야망을 쿠쉰, 특히 젊은 이밍과 같은 직원들에게 심어 주었고 결국 많은 이들의 예상과는 달리 이밍이 천화의 꿈을 실현하는 데 성공하였다.

때는 2008년, 창업자들은 쿠쉰을 떠났고 불행히도 회사는 시장에서 주도권을 잡은 직후 혼란스러운 경영 실패 위기에 빠졌다. 그 무렵, 이제 나아갈 때가 되었음을 깨달은 이밍은 세계에서 가장 영향력 있는 기술 회사들 중 한 곳으로부터 얻은 아이디어를 가지고 베이징에 위치한 마이크로소프트 리서치 아시아 연구소(MSRA)[27]에 입사했다.

그러나 현실은 그의 기대와 완전히 달랐다. 규칙과 규제로 가득 차 느리게 움직이는 대기업 환경은 또 다른 문화적 충격이었다. 이밍은 마이크로소프트에서 보낸 해를 자신의 경력에서 가장 지루한 시간이라 설명했다. 거의 반나절을 가만히 놀고 있는 자신을 발견한 그는 비효율적인 작업 방식에 좌절감을 느꼈다. 그리고 "나는 책을 많이 읽었다"는 것을 스스로 인정하며 좋은 취미를 통해 지루함을 잊었다.[28] 그 기간 동안 그는 당시 인기였던 스티븐 코비의 『성공하는 사람들의 7가지 습관』(Habities of High Effective People)부터 전설적인 미국 CEO 잭 웰치가 쓴 비즈니스 바이블 『위닝』(Winning)까지 유익한 자서전들을 많이 읽었다. "그곳은 특별한 아이디어와 동기를 가진 사람들에게는 적합하지 않다고 생각한다. 나는 여전히 도전적이지만 창의적인 삶을 선호한다."라고 그는 말했다.

마이크로소프트에서 일하는 동안 이밍은 베이징에 있는 그의 첫 아파트를 구입했는데, 이것은 그 또래들 사이에서는 이례적인 일이었다. 중국의 젊은이들에게 부동산 문제, 특히 결혼 전 주택 소유는 매우 어려운 문제이다. 수도에 집을 소유하는 것은 뉴욕이나 런던 부동산과 비슷한 가격이어서 주택담보대출을 수십 년에 걸쳐 갚아야 하는 모든 중국인들에게 평생의 목표라 할 수 있다. 중국인 들은 보통 친구 및 직장 동료, 가족과의 상담을 통해 다수의 부동산 회사를 선정한 후, 다양한 주택 단지를 직접 방문한 후 주택을 구매한다.

물론 이밍이 선택한 방법은 남달랐다. 그는 베이징의 주택 시장에 관해 모든 이용 가능한 데이터를 온라인으로 수집한 후, 이 모든 데이터를 데이터베이스에 저장하기 위한 소프트웨어 프로그램을 만들었다. 여러 개의 엑셀 시트를 만든 후, 그는 숫자와 모든 선택 사항에 순위를 매겼으며, 마침내 그는 단일 최적의 답을 찾아내 부동산 중개인에게 가져갔다. "이 범위 내의 아파트를 구해 달라."는 간단한 부탁과 함께.

그로부터 1년 후, 아파트 가격은 두 배 이상 올랐다. 물론 당시 시장 전체가 상승세였지만, 특히 이밍이 선택한 복합 아파트는 그 주변 지역 중 가장 많이 상승했다. 이 일화는 높은 지분을 결정할 때 전통적인 접근 방식을 깨는 이밍의 사고방식을 다시 한 번 부각시킨다. 그는 시간이 많이 걸리는 복잡한 결정을 단순화한 대신 데이터를 효율적이고 논리적으로 비교하여 단일 최적의 솔루션을 만들기를 선호했다. 그가 매입한 아파트는 나중에 바이트댄스를 시작하는 데 필요한 돈을 모으기 위해 매각되었는데, 이는 초기 팀원들과 투자자들에 대한 그의 강한 의지를 명백하게 보여 준다.

중국의 트위터

쿠쉰에서 일하는 동안, 이밍은 나중에 중국 재계에서 가장 영향력 있는 인물 중 하나가 될, 또 다른 스타트업의 젊은 기업가 왕싱(王兴 Wang Xing)을 알게 되었다. 왕싱과 이밍은 베이징에서 천 마일 떨어진 룽옌 출신이었으며 아버지 또한 공장장이라는 공통점을 가지고 있었다. 둘이 처음 만난 당시, 왕싱은 29세였고 이밍은 25세였다. 왕싱 또한 컴퓨터공학과 학생으로 페이스북의 성공에서 영향을 받고 델라웨어대학(University of Delaware)에서 박사과정 중퇴 후 고향으로 돌아와 인터넷 사업에 뛰어들었다. 이밍과 왕싱, 두 명의 컴퓨터 괴짜들은 고향을 떠나 와 함께 중국 인터넷 스타트업의 난잡하고 혼란스러운 세계를 헤쳐 나 갔다.

왕싱은 이밍을 설득하여 중국 시장을 위해 만들어진 중국판 트위터 판푸(饭否 Fanfou)에 함께 합류했다. 마이크로소프트에서의 경험 후, 판 푸에 합류한 이밍은 마치 물 만난 물고기처럼 그의 사업가적인 기질을 마음껏 발휘했다. 그는 판푸의 검색 기능, 동향 주제 및 소셜 분석을 담당하는 기술 파트너로 근무하며 플랫폼을 빠르게 발전시켰고 해당 플랫폼은 그 당시 중국 인터넷 부분에서 떠오르는 별로 간주되었다.

이밍은 나중에 판푸에서 일했던 시간을 회상하며 소셜 네트워킹과 정보를 얻는 일이 별개의 것임을 깨달았다고 말했다. 판푸나 트위터 같은 플랫폼에서 사용자들은 친구들과 소통하고 연락을 유지하며 그들의 생각을 공유하는 동시에, 속보나 관심 기사 등의 정보도 소비하고 있었다. 이 두 가지 활동은 서로 융합이 가능하지만 다른 두 가지 요구 사항을 나타내었고, 이 둘에 대한 명확한 구별은 나중에 그가 바이트댄스의 초기 방향을 설정하는 데 큰 도움이 됐다.

하지만 2009년 7월, 판푸의 성장은 갑자기 중단될 수밖에 없었다. 당시, 중국 극서부에 위치한 신장(新疆 XinJiang)성의 수도인 우르무치(乌鲁木齐 ürümqi)에서 현지 무슬림 위구르인(몽골 고원에서 활약한 투르크계 민족)들의 항의가 이어지자 폭동이 발생했고, 위구르 단체들이 사망자 수가 더 많다고 주장했지만 중국 당국은 200명이 사망했다고 밝혔다.[29] 그리고 온라인에서의 소통에 대한 통제를 강화하기 위해 베이징은 전례 없는 온라인 단속을 시작했다.

신장 전역에서는 무려 9개월 동안 인터넷이 중단되었으며, 트위터, 판푸, 페이스북 등 전국적으로 수천 개의 웹사이트가 금지되고 차단되었다. 판푸는 결국 1년 반 만에 다시 문을 열 수 있게 되었지만 그 무렵 이미 새로운 현지 플랫폼인 웨이보(微博 Weibo)가 들어와 마이크로블로그 시장을 훔쳐 달아나면서 결국 '중국의 트위터' 왕관을 차지했다.

트위터	판푸

[트위터와 판푸 사용자 접속의 세부 비교]

사실상 검열은 중국에 진출한 모든 미디어 관련 회사가 직면해야 하는 위험으로, 생존 열쇠는 당국의 현지 상황을 이해하고 예측하는 것에 있다. 판푸의 갑작스런 폐쇄는 이밍이 겪은 인터넷 규제로 인한 엄청난 혼란의 첫 사례였다. 그리고 그것이 마지막은 아닐 것이다.

얼마 지나지 않아, 왕싱의 관심은 그의 다음 벤처기업인 메이투안(美团 Meituan)으로 옮겨졌고, 이는 결국 음식 배달 서비스와 현지 식당 목록을 제공하는 중국 최대의 가장 성공적인 플랫폼 회사 중 하나가 되었다. 오늘날 왕싱과 이밍은 중국에서 가장 존경받는 CEO이며, 그들의 우정은 지속되고 있다.

이밍, CEO가 되다

판푸의 웹사이트가 폐쇄되면서 떠나기 두 달 전까지 이밍은 할 일이 거의 없었다. 그때 마침 벤처 투자자 조앤 왕(王琼 Joan Wang)이 기회를 노려 이밍을 설득하였고, 그는 마침내 새로운 벤처 사업에 참여하게 되었다. 미국 거대 금융회사인 SIG의 중국 벤처투자회사, SIG차이나 인베스트먼트의 전무이사던 조앤은 사실 SIG의 쿠쉰 투자 담당자로서 이미 이밍의 능력과 실력에 대해 잘 알고 있었다.

몇 년 전, 조앤은 이밍을 처음 만났을 때를 떠올리며 그의 첫인상을 보고 깜짝 놀랐다고 전했다.

"언뜻 보면 고등학생 같은 이밍을 보고 전 긴장했죠. '쿠쉰은 어떻게 이렇게 어린 사내아이에게 회사의 중요한 사업 라인을 맡겼을까?'라고요. 하지만 전체 이사회와 이야기를 나눈 직후 그의 비전, 기술에 대한 이해 및 통찰력에 저와 그 자리에 있던 모두가 깊은 감명을 받았어요."[30]

그녀가 그에게 제안했던 아이디어의 핵심은 여행이나 호텔 검색 사업보다 수익성이 높은 부동산 정보 위주의 검색 플랫폼이었다. 쿠쉰의 사이드 비즈니스 라인으로 조앤은 미국 시장의 질로우(Zillow)와 다소 비슷한 전용 부동산 검색 포털 사이트를 구축할 기회라고 생각했다.

그들은 이 사이트를 중국어로 "집"을 의미하는 한자인 "팡"(房 Fang)을 사용하여 99Fang.com으로 명명했고, 이밍은 난카이 대학 출신의 그의 전 룸메이트 루보를 포함한 작은 팀을 이끌었다. 회사는 큰 성공을 거두지는 못했지만, 이밍은 이 과정에서 팀을 잘 이끌 수 있다는 것을 증명해 냈다. 2011년 12월, 결국 99Fang.com의 일일 방문자는 30만 명으로 중국에서 세 번째로 큰 부동산 정보 웹사이트가 되었다.

99Fang.com은 이밍의 6년 만의 네 번째 창업이었고 이렇게 다양한 작업 환경, 기술 및 제품에 대한 노출은 추후 바이트댄스에서의 작업에 큰 영향을 미쳤다. 전사적 소프트웨어(Enterprise software)에서 여행 및 부동산에 이르기까지 여러 분야에서 일한 그는 콘텐츠 포털, 검색 엔진 및 소셜 네트워크를 운영하는 데 필요한 실질적인 기술 지식을 축적했다. 또 안정적이지만 모험을 할 수 없는 마이크로소프트부터 대담하고 야심 찬 창업자들과 함께 일하는 스타트업에 이르기까지 아주 다른 회사 문화와 경영 스타일도 경험했다. 그리고 마지막으로, 99Fang.com에서 그는 제일 중요한 다른 사람들을 이끄는 법을 배웠다.

직원 문제에 관련하여 이밍은 매우 온화한 것으로 유명했다. 물론 직원의 성과에 만족하지 못할 때도 있지만, 그럴 때마다 그는 직원들이 자신만의 매력을 갖고 있다는 온화한 표현과 진심 어린 격려로 상황을 타개하려 들곤 했다. 루보를 포함한 많은 사람들은 이밍이 분노를 쓸모없는 감정이자 정신적 게으름의 한 형태로 간주한다고 말했다. 대신, 그는 "가벼운 기쁨과 가벼운 우울 사이"에서 이상적인 상태를 유지하기 위해 노력했다.

모바일 앱 시대의 도래

2010년대 초, 가장 성공적인 앱인 바이트댄스에 영감이 되었으리라 예상하는 일이 일어났다. 바로 중국 인터넷 산업의 급격한 변화이다. 2011년 말, 아이폰4S의 출시는 획기적인 사건이었다. 그것은 중국 국내 소비자들이 아이폰을 손에 넣기 위해 블록 주위에 줄지어 서 있는 블록버스터로 증명되었고, 그해 중국 내에서 출하된 스마트폰은 1억 1천만 대나 되어 예년 대비 출하량을 뛰어넘는 획기적인 해라고 볼 수 있다.[31]

스마트폰 출시 이전, 도시에 사는 중국인들 대부분은 피처폰을 사용했는데, 이러한 기계들은 저해상도 화면이었을 뿐 아니라 최소한의 고가 인터넷 서비스만을 제외하고는 다른 것에 접속할 수 없을 만큼 열악했다. 이때까지 데스크톱 PC는 웹 브라우저를 통해 인터넷에 접속하는 기본 장치였으며, 보통 사무실이나 PC방 같은 실내에서 고정된 위치에 대형 화면에 표시되는 소프트웨어 프로그램을 설치하여 사용했다.

스마트폰의 등장은 중국인들의 정보 획득에 도움을 주었고, 이것은 거의 혁신이라고 볼 수 있다. 중국에서 책, 신문, 라디오, 텔레비전과 같은 전통적인 형태의 미디어는 규제가 심했고, 대부분의 경우 국가가 직접 통제했다. 이에 비해 인터넷은 정보 보급의 "야생 서부"였으며,

규제가 따라잡을 수 없을 정도로 복잡하고 빠른 속도로 발전하였다. 나아가, 개인 인터넷 미디어 플랫폼의 발전으로 이제 온라인 인플루언서는 대규모 팔로워를 구축하는 방법을 배우고 있다.

스마트폰은 인터넷을 통해 접속할 수 있는 서비스와 정보 시장을 대규모로 확대해 나갔다. 이 새로운 휴대폰은 대형 PC 모니터에 비해 매우 작아 항상 소비자의 주머니 속에 휴대되어 언제 어디서나 온라인 정보에 접근할 수 있게 했고, 중국은 빠르게 발전하여 결국 이 스마트폰에 집착하는 나라가 되었다. 중국의 수백 개의 대도시에서 거의 모든 노동인구가 데스크탑이나 노트북 기기를 소유해 본 적은 없어도 스마트폰만은 가지고 있다.

이밍은 사람들이 정보를 얻는 방식이 지각변동하는 시작점을 목격하

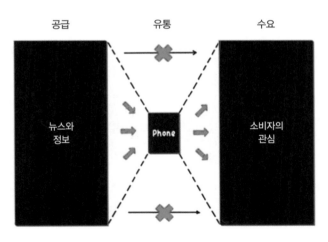

[스마트폰은 뉴스와 정보 유통의 지배적인 매체로서
뉴스와 정보 등이 소비자에게 도달하는 데 있어 관문 역할을 한다.]

고 있다는 것을 깨달았다. 2011년 초, 베이징 지하철을 이용하는 통근자들은 여전히 인쇄된 신문을 통해 뉴스를 접하고 있었지만 불과 몇 달후, 대부분이 스마트폰으로 독서를 시작했다.

"이것은 정보 보급의 혁명입니다. 휴대폰이 신문을 대체하여 정보를 전달하는 주요 매체가 될 것이며 인간과 휴대전화의 관계로 인해 개인 맞춤 추천에 대한 수요도 분명히 증가할 것입니다."라고 이밍은 평가했다.[32]

그의 관측은 뉴스와 정보를 포함한 모든 부분에서 정확했다. 사람들 주머니 속의 작은 스크린은 중국에서 가장 값지고 경쟁이 치열한 부동산처럼 사람들의 관심을 끄는 새로운 관문으로 등장했다. 다른 인터넷 산업의 선두주자들 또한 그들 주변에서 일어나는 심오한 변화를 예리하게 인식하고 있었다. 위챗의 창시자 앨런 장(张小龙 Allen Zhang)은 "핸드폰은 우리 몸의 연장선이다."라고 주장했다.

이밍은 모바일 개발을 두 배로 줄이고 99Fang.com 팀과 같이 6개월 동안 중고 부동산 및 임대와 같은 부동산 시장의 별도 범주를 대상으로 하는 5개의 모바일 앱을 출시했다.[33] 앱은 모두 150만 명의 모바일 사용자를 확보하였고, 그중 10만 명 이상이 매일 활동하며 99Fang.com은 중국 부동산 앱의 틈새 카테고리 내에서 우위를 점하였다.

대부분의 사람들에게 집을 사는 과정은 기나긴 의사결정의 순간이다. 매수자와 매도자 모두 새로운 주택 개발이나 지방 정부의 정책 변화와 같은 최신 뉴스를 지속적으로 접해야 했다. 99Fang.com은 이러한 수요를 충족시키기 위해 주요 뉴스 포털 플랫폼과 인기 부동산 웹사이트의 기사를 종합한 '부동산 정보'라는 앱을 만들었다.

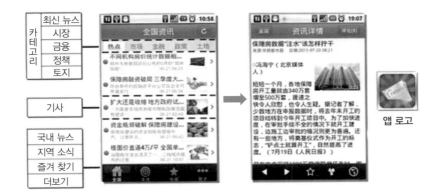

카테고리
- 최신 뉴스
- 시장
- 금융
- 정책
- 토지

기사

- 국내 뉴스
- 지역 소식
- 즐겨 찾기
- 더보기

앱 로고

[99Fang.com 의 부동산 뉴스 및 기사 집계 앱34]

이 앱은 서비스를 뒷받침하는 기술은 기본이고 진정한 요구까지 충족시켜 대중적인 인기를 얻었다. 기술은 인간이 기대하는 것보다 훨씬 더 빨리 가장 관련성 높은 정보를 추출, 필터링 및 표시하는 데 사용될 수 있다. 이렇게 수천 개의 소스에서 스마트폰의 단일 피드로 정보를 집계하는 것은 큰 잠재력이었고, 이러한 잠재력을 발견한 이밍은 부동산 분야만을 위해 이런 종류의 앱을 만드는 것은 너무 소소하고 아쉬운 일이라 생각했다.

돌이켜 보면 99Fang.com의 '부동산 정보' 앱이 바이트댄스의 초기 플래그십 앱, 토우티아오의 직접적인 전신임이 분명하다. 레이아웃, 제품의 로직, 심지어 신문 로고까지 비슷하며 앱을 구축하는 전략 또한 바이트댄스에서 인수하여 훗날 토우티아오의 등장에 상당한 효과를 발휘했다.

더 이상 부동산 분야에만 국한되어 있을 수는 없다고 판단한 이밍은

99Fang.com의 CEO 자리에서 물러나기로 결심했다. 모바일 인터넷의 등장은 그와 같은 기업인들에게 일생에 한 번 꼴로 등장하는 엄청난 기회였다. 그는 모든 사람들에게 감동을 줄 수 있는 더 큰 무언가를 시도해야 한다는 생각으로 자리에서 물러났다.

CHAPTER 2

바이트댄스의 초창기

[2013년 초창기 개조된 아파트 사무실에서의 바이트댄스 직원들]

"그들은 모두 생각했죠. 어떻게 하면 저렇게 저속한 것과 나를 연관시킬 수 있을까?
심지어 저희와 함께하지 않은 엔지니어들도 있었습니다."

- 이밍, 바이트댄스 초기 시절을 회상하며

타임라인

2012년 1월   바이트댄스의 첫 번째 앱 구피 픽쳐(搞笑囧图 Hilarous Goofy Pics) 출시

2012년 3월   바이트댄스 공식 창단

2012년 5월   두 번째 앱 네이한 돤즈(内涵段子 Neihan Duanzi) 출시

2012년 7월   SIG 차이나, 바이트댄스 시리즈 A에 투자 시작

2012년 8월   플래그십 앱 토우티아오 온라인 서비스 출시

2012년 9월   최초의 맞춤형 추천 시스템 가동

2012년 10월   토우티아오, 90일 운영 후 1,000만 사용자 확보

2013년 5월   유리 밀너(Yuri Milner) 바이트댄스 시리즈 B 투자 시작

그날따라 날씨는 몹시 추웠다. 손님이 너무 적어 카페는 불을 끈 상태였고, 밖에는 회색의 끝없는 콘크리트와 베이징의 오염된 겨울 하늘만이 수놓여 있었다. 조앤이 카페에 도착했을 때, 그녀는 검은색 재킷을 입고 구석에 앉아 날씬하고도 화려한 모습으로 책을 읽고 있는 이밍을 발견했다.

전국 모든 사람들이 가족과 함께 새해를 맞이하는 동안, 이밍은 앱을 만들기 위한 아이디어에 몰두하며 명절을 보냈다. 일주일간의 휴가가 끝나자마자, 그는 처음 그에게 99Fang.com을 하도록 설득했던 투자자 조앤에게 손을 내밀었다. 그들은 중국에서 가장 강력한 IT 기술 기업의 본거지 이자 중국이 실리콘밸리로 알려진 베이징의 중관춘(中关春 Zhongguanchun)에 있는 사무실에서 멀지 않은 카페에서 만나기로 했다.

3개월 전, 그는 조앤에게 새로운 모바일 인터넷 열풍을 잡기 위해 부동산을 떠나 할 수 있는 다른 "무언가"를 찾고 있다고 말했다. 그리고 이제 그 "무언가"에 대한 비전을 가지게 된 이밍은 조앤과 대화를 시작했다.

토론 도중, 이밍은 갑자기 냅킨을 집어 들고 테이블에 그의 아이디어를 스케치하기 시작했지만, 사실 조앤은 그의 아이디어에 그렇게 큰 감명을 받지는 않았다. 벤처 캐피털은 사람들에게 투자하는 경기와도 같고, 그녀는 오직 이밍이라는 사람을 신뢰했다. 이 새로운 스타트업에 자금을 대기 위해 기꺼이 자신의 아파트를 팔려고 하는 이밍을 보고 조앤은 다음 라운드를 이끌 추가 보장과 함께 8만 달러의 엔젤 투자를 하기로 동의했다.

이밍은 그의 개인 네트워크를 통해 더 많은 자금을 확보할 수 있었다. 두 친구 리우 준(刘峻Liu Jun)과 조우 즈징(周子敬 Zhou Zijing)으로부터 총 2백만 위안의 금액을 투자받았고, 조앤은 바이트댄스 역사상 가장 중요한 투자자이다.[35] 당시의 그녀는 몰랐겠지만 그날 이밍과의 카페에서의 만남은 모든 벤처캐피털리스트들이 꿈꾸는 일종의 거래이자 경력 결정의 순간이었다. 만약 바이트댄스가 상장된다면 SIG는 수십억 달러의 수익률을 기록하게 되는데, 이는 신규 상장 당시 무려 68억 달러에 달했던 벤치마크 캐피털의 전설적인 우버(UBER)의 초기 투자액마저 뛰어넘는다. 2013년 SIG는 바이트댄스의 약 12%를 소유하고 있으며, 가장 주요한 기관 투자자로 남아 있는 것으로 보고되었다.[36] 그리고 현재, 틱톡을 포함한 바이트댄스의 가치는 1,000억 달러가 넘는다.

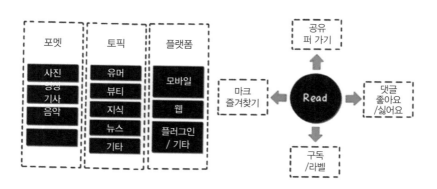

[조앤이 기억하는 이밍이 냅킨에 그린 아이디어 스케치[37]]

SIG

미국 금융서비스 기업 Susquehanna International Group(SIG)은 본질적으로 투자은행과 공공시장에 초점을 맞춘 리서치 비즈니스를 하는 헤지 펀드 기업이다. 하지만 조앤이 몸담았던 SIG 차이나는 민간 비상장기업에 투자하는 벤처캐피털의 역할을 독자적으로 수행하고 있다.[38] 2005년 중국에 진출한 SIG 차이나는 처음엔 다양한 산업에 걸쳐 공동투자를 진행했으며 심지어 광업 및 산업용 염료 회사와 같은 분야까지 진출하여 조사했다.

중국에서 자란 조앤은 뉴욕주립대에서 전기공학을 전공해 2006년 베이징을 거점으로 한 SIG에 파트너로 합류하기 전까지 13년간 IT와 통신업계에서 일하였다. 그녀가 이밍을 알게 된 첫 번째 투자였던 쿠쉰에서 말이다.

바이트댄스는 SIG 차이나의 첫 엔젤 투자 프로젝트였다. "이 초기 투자 덕분에 개발 전반에 0에서부터 1까지 모두 참여할 수 있었고 저는 지금도 진심으로 자랑스럽습니다." 조앤은 그때의 경험을 떠올리며 감격해했다.[39]

진치우(锦秋Jinqiu) 정원

바이트댄스의 첫 사무실은 개조된 아파트 두 채를 기반으로 다소 소박했다. 회사는 첫해에 진치우 정원 아파트 단지 6층 D구역 4동에서 운영을 시작하였다. 베이징 북서부 지역의 중관춘 IT기술 허브에서 자동차로 10분 거리이며 베이징 공과대학(北京理工大学 Beijing Institute of Technology)과 칭화대학(清华大学 Tsinghua University) 등 주요 연구 대학 주변에

[진치우 정원 정문 게이트[40]]

위치하고 있다. 그러나 진치우 정원만의 뚜렷한 특징은 없었다. 이곳은
끝이 없을 것 같은 베이징의 단조로운 아파트 건물들 중 하나였다.

바이트댄스팀은 방 4개, 욕실 2개짜리 대형 아파트에 회사를 차리고
이케아(Ikea) 사무용 가구로 안을 가득 채웠다. 임대료는 월 2만 위안(당
시 약 3,170달러)이었는데, 이는 초기 단계의 스타트업들이 보다 공식적
인 환경으로 전환할 만한 충분한 투자를 확보하기 전에 사용하는 전략
이었다. 마치 미국 스타트업의 지하실 차고 사무실과도 같다.

채용을 중요하게 생각한 이밍은 초기에 기술직을 뽑을 때 수백 번의
면접을 진행할 만큼 진지하게 임했다. 그는 몇 차례의 엄격한 심사를
거쳐 핵심 팀을 구성하였으며, 예전 대학교 룸메이트였던 루보를 포함
한 99Fang.com의 몇몇 핵심 인물들을 스카우트했다. 이밍은 지위를
내려놓고 옛 회사를 떠난 것에 대해 별로 후회하지 않았다. "창업은 도
박과 같다. 어쩌면 성공은 비현실적인 일일 수도 있다. 지는 것에 대해
죄책감을 느끼겠는가?" 그는 합리화하며 말했다.

진치우 정원에는 초창기 멤버들을 위해 가정적인 환경이 조성되었다. 주방장이 아파트 부엌에서 모두를 위해 조리하였고, 이는 30명 이상의 직원들의 시간과 돈을 절약해 주었다. 유일한 단점은 점심시간 직전의 떠다니는 음식 냄새였는데, 다행히도 직원들이 발코니에서 담배를 펴 냄새가 퍼지는 것을 막을 수 있었다. 또한 더운 여름날에는 반바지와 티셔츠 등을 허용하며 공식적인 오피스 룩을 거부했는데, 바이트댄스 초창기 시절, 이밍은 점심 식판을 손에 들고 샌들을 신은 채로 공식 언론 인터뷰에 참여해 기자를 놀라게 한 적도 있다. 이러한 일들 때문에 간혹 신입사원들이 일을 시작한 지 며칠이 지나지 않아 그만두는 경우도 있었다. "그들은 아마도 이 회사가 너무 작다고 생각했을 것입니다. 아무것도 표준화되지 않았기 때문이죠."라고 이밍은 회상했다.

[진치우 정원 사무실 안 이밍의 작업 공간[41]]

같은 건물 꼭대기 층에는 36Kr이라는 또 다른 소규모 스타트업이 있었는데, 이는 중국 최초의 기술 중심 온라인 출판물로 성장했다. 동시에 같은 아파트 단지에서 시작한 두 개의 거대하고도 유명한 회사는 중국 인터넷 산업에서 각자 전설적인 지위를 가지게 되었다.

여기가 혹시 댄스 에이전시인가요?

회사 이름을 정하는 과정에서, 이밍은 영어 이름을 먼저 짓고 그다음 중국어로 번역하는 정통적이지는 않지만 독특한 방법을 선택했다. 많은 고뇌와 시도 끝, 팀은 유명한 스티브 잡스의 인용문에서 영감을 받은 것으로 알려진 "바이트댄스"를 고안했다: "기술만으로는 충분하지 않습니다. 기술과 인문학을 결합해야지만 우리의 마음을 노래하게 만드는 결과를 낳을 수 있다는 것입니다."[42]

컴퓨터의 정보 단위인 바이트(byte)가 기술을 뜻하고, 댄스(dance)가 인문학의 교양 과목을 대표한다는 논리이다. 이로부터 중국어 이름인 字节跳动(Zijietiaodong)을 고안했는데[43] 이는 문자 그대로 Byte Bounce(바이트 바운스)를 번역하여 회사가 댄스 에이전시로 오인될 수 있다는 우려로 인해 일부 변경되었다. 만약 이 이름이 영어로 조금 이상하게 들린다고 생각한다면, 아마도 중국어로는 더 이상하게 들릴 것이다.

이 무렵 만들어진 중국 인터넷 스타트업들은 해외를 거의 고려하지 않고 국내 시장에 이미 존재하는 거대하고도 풍족한 기회에만 집중하는 경향이 있었다. 영어 이름을 먼저 골랐던 것은 바이트댄스의 다소 진부한 회사 슬로건 중 하나인 "시작부터 글로벌"을 정말로 생각하고 있었음을 보여 주는 믿을 만한 지표라 할 수 있다.

회사 이름에 영감을 준 스티브 잡스는 불과 몇 달 만에 세상을 떠났고, 그를 존경하던 중국 IT 기술 업계에 큰 충격을 주었다. 스마트폰 기기를 통해 제공되는 인터넷 서비스의 '앱 경제'는 잡스의 아이디어이자 바이트댄스가 전체 비즈니스를 구축할 수 있도록 도움을 준 인프라였다.

구피 픽쳐(搞笑囧图 Hilarous Goofy Pics)

2012년 초, 이밍은 중국 및 미국 시장의 모든 주요 온라인 콘텐츠 플랫폼을 조사하면서 데이터 마이닝과 정보 추천에 대한 생각에 사로잡혀 있었다. 그리고 그는 중국 앱 스토어에서 게임 외 상위 앱 중 많은 수가 가벼운 엔터테인먼트에 초점을 맞추고 있다는 중요한 사실을 발견해 냈다.

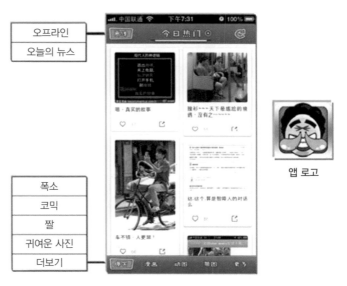

[바이트댄스의 첫 번째 앱인 구피 픽쳐의 2012년 버전 스크린 샷]

"우선 엔터테인먼트를 통해 시장을 개척하기로 결정했습니다." 앞서 99Fang.com에서 이밍과 함께 일했던 바이트댄스의 초기 모바일 앱 개발자인 황허(黃河 Huang He)는 "오락은 진정한 수요"라 말했다.

바이트댄스가 공식적인 사업체로 등록하기도 전에, 초기 팀은 "구피 픽쳐"[44]라는 이름의 첫 번째 앱을 출시했고, 이 앱은 밈과 웃긴 중독성 있는 사진을 끊임없이 만들어 제공했다.

"네이한 됀즈"[45]라는 두 번째 앱 또한 인터넷 밈에 초점을 맞추어 앞의 앱과 비슷한 위치에서 빠르게 흐름을 이어 갔다. 네이한 됀즈는 즉각적인 히트를 쳤고, 몇 달 만에 수백만 명의 사용자를 사로잡았다. 유사한 두 앱 간의 성공의 차이는 더 나은 이름과 데이터 절약 최적화에 있었다. 전반적으로, 이 신생 기업은 2012년 상반기에 수십 개 이상의 테스트용 앱을 출시하며 다양한 주제와 방향을 실험했다.

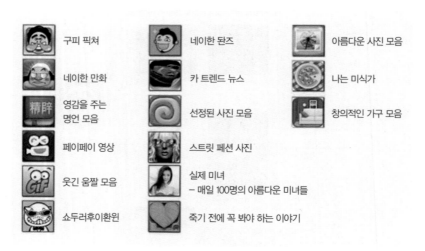

[바이트 댄스가 2012년에 출시한 초기 테스트용 앱]

ATTENTION FACTORY

최적화된 이름을 구상하기 위해, 연구팀은 중국의 트위터인 웨이보 (微博 Weibo)의 상위권 계정들을 조사했고, 가장 많이 사용되는 제목은 직설적인 언어로 표현한 중국어 이름이라는 것을 발견했다. 이에 따라, 초기 테스트용 앱들 또한 "아름다운 사진", "오늘 저녁 꼭 봐야 할 영상", "진정한 미녀 – 매일 100명의 아름다운 소녀들"과 같이 특이하지 않고 오히려 평범하고 간단한 설명 제목으로 앱의 용도를 즉시 이해할 수 있는 이름을 사용하였다.[46]

앞서 99Fang.com에서 5개의 부동산 앱을 만들어 다양한 포지셔닝을 테스트했던 이밍 사단은 이러한 전략 및 결과를 바이트댄스에서 더 다양한 테스트를 통해 발전시켰다. 새로운 아이디어는 신속하게 앱으로 출시하여 여러 기능을 테스트한 후 시장에서 어떤 것이 더 가치 있는지를 확인하는 것은 바이트댄스만의 전략이 되었다.

| 실제 미녀 | 나는 미식가 | 카 트렌드 뉴스 | 스트릿 패션 사진 | 창의적인 가구 모음 |

[비슷한 구조를 가지고 있는 앱의 스크린 샷]

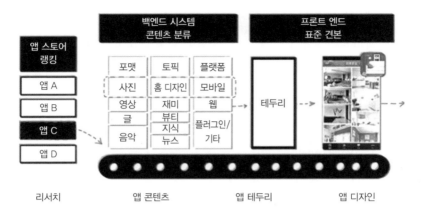

[앱을 빠르게 출시하기 위한 초기 생산 개발 라인 시스템]

99Fang.com을 통해 구축된 상당한 모바일 개발 경험을 감안했을 때, 바이트댄스만의 새로운 앱을 만드는 것은 이밍 사단에게는 어찌 보면 비교적 쉬운 일이었다. "그 당시에 앱을 만드는 데 드는 비용은 적었습니다. (UI) 프레임을 설계하고 쉘을 설정하고, 콘텐츠에 필터를 추가하기만 하면 새로운 앱이 바로 만들어졌죠."라고 개발자 황허가 설명했다.[47]

티셔츠를 입고 샌들을 신고 다니는 대표이사와 함께 쇼두러후이환원(笑多了会怀孕 Xiaoduolehuihuanyun), 즉 '임신할 정도로 웃어라'라는 뜻을 가진 이름의 앱을 만들며 재개발 단지 아파트 사무실에서 일하는 동안 겪은 안타까운 일 중 하나는 바로 채용에 어려움을 겪는 것이었다. 그들이 직접 소셜 네트워크를 통해 고용한 재능 있는 기술자들은 빠르게 떠나갔다.

"고위급인 부사장 후보들을 저희와 함께하도록 설득할 방법이 없었습니다. 그들은 모두 '어떻게 하면 그렇게 저급한 일에 참여할 수 있을까?'라고 생각했고 심지어 팀에 합류조차 하지 않는 엔지니어들도 있었습니다."[48]이밍은 말했다.

바이트댄스 입장에서는 다행히도 당시 중국의 앱 개발 수준은 아직 초보적인 수준이었고, 많은 경쟁사 앱들은 앱과 함께 대용량 콘텐츠 패키지를 번들로 제공하고 있었다. 이는 마치 앱 크기를 상당히 부풀리는 전자책을 다운로드하는 것과 비슷했다. 이에 비해 바이트댄스의 앱은 가볍고 작았으며, 몇 메가바이트에 불과했다. 그들은 백 엔드 시스템을 사용하여 서버에 연결해 정기적으로 콘텐츠를 탐색하고 분류함으로써 콘텐츠를 지속적으로 업데이트시켰다.

스마트폰에서 기사, 사진, 영상과 같은 콘텐츠를 소비하는 것은 데

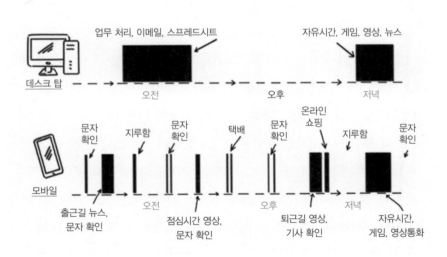

[모바일 인터넷 사용은 매우 세분화되어 있다– 하루 종일 시간은 작은 단위로 쪼개져 분산되어 있는 반면, 데스크톱 사용은 설정된 시간이 더 길어지는 경향이 있다.]

스크 탑 PC 인터넷과는 상당히 다른 경험이라 할 수 있다. 이밍은 그 이유로 작은 화면, 단편화된 시간, 그리고 정보의 과부하라는 세 가지 근거로 설명했다. 하지만 그가 본 바로는, 중국에서 이 세 가지 문제점을 동시에 이용한 플랫폼은 단 한 개도 없었다.

그들은 좀 더 야심 찬 주력 제품이 필요했다. "그 당시에 저흰 많은 비슷한 분야를 시도했지만, 결국 큰일을 해야 될 때라 생각했죠."라고 황허는 설명했다.

토우티아오 - 오늘의 헤드라인

"저커버그가 사람과 사람을 연결하기 위해 페이스북을 설립했고 트래비스 칼라닉도 사람과 자동차를 연결하기 위해 우버를 설립한 것과 같이, 토우티아오[49]는 정보와 사람을 더 폭넓고 효율적으로 연결하는 것이 주 목표이다."[50] 이것은 이밍이 훗날 설명한 이 새로운 주력 서비스의 큰 비전이다.

개발팀은 인터넷을 통해 많은 콘텐츠 양식을 집계하고 정리하기 위한 광범위한 비전을 가진 야심 찬 앱을 만들기 시작했다. 빅데이터와 머신 러닝으로 구동되는 앱으로, 개인 취향에 따라 맞춤형 피드를 제공하고 휴먼 큐레이터를 없앨 수 있는 기능을 가진 앱 말이다.

지금까지 대부분의 중국 뉴스 포털은 1990년대 야후(Yahoo)가 대중화된 이후 크게 변하지 않은 모델에 따라 편집자를 고용하고 수동으로 콘텐츠를 선별했다. 하지만 이밍은 이 같은 방식이 모바일 시대에 더 이상 해당되지 않는다고 믿었다. 기술의 발전에 따라 수동화된 뉴스 선별은 프로세스에서 완전히 배제되고, 빅 데이터와 머신 러닝을 활용한 자동화된 시스템으로 대체될 것이라고 생각했다.

"오늘의 헤드라인"이라는 뜻의 토우티아오 투데이는 후에 "토우티아오" 또는 "헤드라인"으로 약칭되어 사용되고 있다. 무려 100대 1의 경쟁률을 뚫고 선정된 이름이다. 최종적으로 선정된 이름을 생각해 낸 개발자 황허는 "헤드라인은 가장 중요한 뉴스이고 투데이는 그에 적절한 시기감을 더해 줍니다. 오늘의 가장 중요한 뉴스, 이것보다 눈에 잘 띄고, 직설적이며, 또한 놓칠까 봐 두려워하게 만드는 이름은 찾을 수 없었습니다."라고 말했다.

뉴스 앱은 수익성이 좋은 사업으로 간주되고 있다. 최신 헤드라인을 잡을 수 있는 실질적인 시간이 1분밖에 없어도 뉴스 앱을 사용하는 빈도가 높았으며, 타이틀 보유 기간이 제한된 모바일 게임과 같은 다른 인기 카테고리와 달리 유지율 또한 높았다. 사실, 정보를 유지하려는 것은 인간의 기본적인 욕구이다. 먼저 뉴스를 읽는 습관이 만들어지

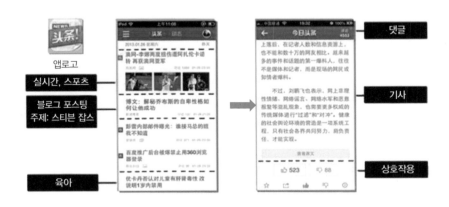

[초기 토우티아오의 상호작용]

면, 뉴스 앱은 일반적으로 삭제되지 않는다.

뉴스 앱에 새로운 기능이나 콘텐츠 카테고리를 추가하고 채택하는 것은 비교적 쉽다. 이는 높은 사용량과 높은 유지율을 가진 알람 시계와 같이 단일 사용 도구와는 대조되지만, 또 하나의 단일 사용 사례로 제한되었다. 사람들은 그들의 알람 시계가 단지 알람 시계의 역할만 하길 바라는 경향이 있기 때문이다.

그러나 토우티아오를 단지 뉴스 앱으로 생각하는 것은 다소 오해의 소지가 있다. 뉴스를 중심으로 배치된 탓에 다른 전통적인 뉴스 앱과 함께 앱 스토어에 "뉴스"로 분류되었지만, 실제로 정치, 경제 및 국제 문제 등을 포함한 하드 뉴스, 소소한 엔터테인먼트, 에세이 형식의 블로그 게시물 등 모든 종류의 정보를 전달하고 있기 때문이다. "이건 뉴스 앱이 아닙니다. 초기 단계부터 모든 종류의 콘텐츠를 포함시키고 당신을 가장 잘 이해하는 정보 플랫폼이 되기를 희망했습니다."라고 이밍은 설명했다.

이 기간 동안의 중국 인터넷 산업은 지식재산권의 열악한 제도와 만연한 콘텐츠 불법 복제에 시달리고 있었다. 원본을 찾기가 어려울 정도로 다른 사람이 작성한 내용을 악용해 자유롭게 스크랩하고 활용하는 경우가 많았다. 이런 상황에 직면하자, 기업이 돈을 부담하여 작성된 '광고'와 기사, 스토리가 중국 온라인에 넘쳐났다는 것은 공공연한 비밀이 되어 버렸다. 하지만 그렇지 않으면 어떻게 기자들이 생계를 유지할 수 있었을까? 이러한 이유로 많은 온라인 콘텐츠 양식의 광범위한 집합체로서의 토우티아오는 크게 성장할 수 있었다. 나아가, 웨이보, 위챗부터 거대한 검색 플랫폼 바이두, 심지어 웹 브라우저 앱까지 모든 콘텐츠 유통 플랫폼과 온라인 관심을 끌기 위한 경쟁을 시작했다.

토우티아오는 뛰어난 경험을 가진 사용자들을 계속해서 확보해 나갔다. 제한된 범주의 뉴스 앱들 사이에서 혁신 방면으로 다른 제품보다 앞섰고, 오늘날 당연하게 여겨지는 마이크로 최적화(micro-optimizations)를 최초로 도입했으며 경쟁사와 달리 피드를 위에서 아래로 끌면 페이지가 항상 새 콘텐츠로 업데이트되었다. 특히, 사람들의 출퇴근 시간대에 네트워크 상태가 좋지 않은 경우가 많다는 것을 알고 앱은 기사를 오프라인에서도 볼 수 있게 하며, 필요할 때 저화질의 사진으로 표시했다.

또한, 토우티아오팀은 기존의 앱 사용자들을 토우티아오로 데리고 오기 위한 교차 변환 시스템을 개발했다. 기존 앱은 기본적으로 초기 안드로이드 기기에서 추가 비용 없이 사용자에게 유입될 수 있는 채널 역할을 했고, 덕분에 바이트댄스는 첫해 홍보 비용을 좀 더 줄일 수 있었다. 그 결과, 2012년 한 해 동안의 홍보 비용은 총 백만 위안(당시 158,000달러)이었고 그해 말까지 백만 명 이상의 활성 사용자들을 얻을 수 있었으며, 활성화된 단일 사용자들의 구독 비용은 총 0.1위안(0.016달러) 미만이었다.[51] 구피 픽쳐처럼 어찌 보면 쓰레기 같은 밈 앱을 구축하는 것은 단순히 목적을 위한 수단이었다. 해당 앱들은 저렴하게 사용자를 얻을 수 있는 현명한 방법이었으며 추후 모두 토우티아오로 합쳐졌다.

기술과 성공은 무슨 관계가 있습니까?

당시 바이트댄스는 수익을 창출하지 못했는데, 이는 이밍이 투자자금을 확보해야 한다는 압력을 받고 있음을 의미한다. 앞서 말했듯이, 이 회사의 초기 자금은 조앤과 몇몇 엔젤 투자자들처럼 개인적으로 이 밍과 알고 지낸 사람들로부터 조달되었다.

토우티아오는 언론부터 직원들까지 바이트댄스라는 이름을 버리고 토우티아오라 부르기 시작할 정도로 회사의 주력 상품으로 자리매김했다. 그리고 이밍은 그들의 주력 상품을 중심으로[52] 한 사업 계획을 가지고 시리즈 B 펀딩을 시작했지만 좀처럼 투자의 기회는 오지 않았다.

조앤은 그녀의 벤처 캐피털 친구들 중 적어도 20명에게 이밍을 개인적으로 소개해 줬지만 아무도 회사를 좋게 보지 않았고, 이밍은 계속해서 외면당했다. 심지어 그중 한 명은 상담 15분 만에 자리를 떠나 버렸고, 나중엔 조앤에게 불평까지 했다. "이 친구와 그의 회사는 내 투자 스타일과 너무 맞지 않아." 동안 외모와 더불어 부드럽지만 속도감 있는 말투, 터프하기보다는 온화한 분위기를 풍기는 그는 아쉽게도 많은 중국 투자자들이 선호하는 뻔뻔하고 자신감 넘치는 '잭 마(Jack Ma) 스타일'의 사업가들과는 정반대였다. 몇몇 투자자들이 기꺼이 고려할 의사를 내비쳤지만 그들의 견적은 이밍의 기대에 못 미쳐 더 이상 투자를 진행할 수 없었다. 바이트댄스가 수집해 온 데이터와 사용 경향 모두 괜찮았는데, 도대체 무엇이 문제였을까?

그 이유는 바로 많은 VC들이 토우티아오를 단순히 모바일 버전의 뉴스 포털 웹사이트로 인식했기 때문이다. 이미 지배적인 데스크톱 뉴스 포털인 넷이즈(网易 NetEase)와 소후(搜狐 Sohu)는 모바일 앱에서 각각 2억 명의 사용자를 확보했고, 텐센트와 봉황망(凤凰网 Phonix)[53]과 같은 다른 주요 기업들도 시장 점유율을 놓고 다투고 있었으며, 유명 플랫폼의 뒤를 밟고 있는 업체들이 틈새시장을 꽉 잡고 있었다. 이곳은 경쟁이 치열한 '레드오션' 시장이자 이미 대부분의 전리품은 거물급 선수들이 나눠 가진 듯했다. 이러한 이유로, 대부분의 투자자들은 이미 광범위하게 서비스되고 있는 시장에서 사용자들을 뺏어 오는 것은 쉽지 않을 것이라 생각했을 것이다.

어느 누구도 바이트댄스가 상당한 사용자 기반을 확보한다면 어떻게 수익을 창출할 것인가에 대한 의문을 제기하지 않았다. 중국 기술계는 "트래픽이 왕이다"라는 격언을 받아들인 듯했고, 일단 목표 규모를 달성한 후에 수익을 창출하는 방법을 이용했다. 그리고 바이트댄스의 주요 문제점은 이미 분할된 시장에서 어떻게 그 목표 규모에 도달하냐는 것이었다.

지금까지 중국의 투자자들은 모바일 인터넷의 부상에 대해서는 잘 알고 있었지만, 데스크 탑 PC에서 스마트폰으로의 전환이 갖는 완전한 의미에 대해서는 아직 분명하게 알지 못했다. 이는 단순히 사람들이 정보를 소비하는 기기의 변화만이 아니라, 새로운 매체에 맞게 정보를 전달하고 소비하는 방식의 변화이기도 했다. 이밍은 이에 맞게, 인간 편집자의 기준에서 빅데이터 및 머신 러닝을 기반으로 한 인공지능으로 정보의 정보 전달 방식을 바꾸고자 했다.

조앤은 자신이 좌절했던 그 당시를 회상하며 이같이 말했다.

"모든 사람들이 이 기술이 훌륭하다고 생각했지만, 과연 이러한 기술이 성공과 얼마나 큰 관련이 있을까요? 기존 포털도 이 기술을 사용하지 않고 사용자의 요구를 만족스럽게 충족했기 때문에 기술이 사용자에게 제공하는 가치와 이점이 모든 것을 커버할 수 있을 만큼 큰지 의

문을 제기한 것입니다."

조앤의 말처럼, 중국 벤처투자자들 중 그 누구도 해당 기술의 진정한 잠재력을 파악하거나 정보 유통에 사용될 머신러닝의 강력함을 예견하지 못했다. 투자자들이 이밍과 그의 회사의 기술을 거절한 이유로 이밍이 자신의 회사를 과소평가하여 소개했다는 주장도 존재하는데, 이는 그들이 투자 확보를 위해 사용한 사업계획서를 근거로 볼 수 있다.

"정보 수집 및 소비는 높은 빈도와 많은 수요를 동반하고 있는 충분히 큰 시장이며 최고 1,000만 DAU(일일 활성 사용자) 수준에 도달할 수 있습니다."

모든 벤처 캐피탈은 그들의 베팅이 큰 성과를 거두길 바라며 초기 단계의 회사에 큰돈을 투자한다. 일일 사용자 1,000만 명은 투자자에게 제시되는 기회의 규모를 정량화한 것이다. 큰 수익을 얻기 위해 당연히 큰 시장을 필요로 하지만, 이밍은 그의 잠재적인 플랫폼 서비스 시장을 최소한 10배 이상 과소평가했다. 그는 투자자들에게 자신의 회사가 앞으로 어떻게 될 것인가에 대해 과대한 비전을 제시할 수 없었다. 불과 4년 반이 지난 2017년 9월까지 토우티아오는 1억 2천만 명의 일일 사용자를 확보했으므로 중국 벤처 투자가들이 토우티아오의 잠재력을 이해하지 못했다기보다는, 이밍이 투자자들의 기대를 뛰어넘었다고 말하는 것이 더 맞을 것이다. 조앤은 나중에 쓴 글에서 다음과 같이 언급했다.

"이렇게 오랜 시간 동안 해당 기술을 낙관적으로 생각하는 투자자가 없을 줄은 몰랐고, 토우티아오(바이트댄스)가 이런 슈퍼 유니콘 기업이 될 줄은 더욱더 몰랐다."[54]

오늘의 헤드라인-개인 선호도에 근거한 맞춤형 추천	
	• 소셜 네트워크와 선호도, 추천, 소셜 분석 통합
	• 단문 콘텐츠 • 모바일 우선

• 활성 사용자 수준에 정보 수집 및 소비는 높은 빈도와 많은 수요를 동반하고 있는 충분히 큰 시장이며 최고 1,000만 DAU 일일 도달할 수 있음

• 모바일은 기존 모바일에 적합하지 않은 뉴스 포털을 개편할 것임

• 한계점 추측: 1)대규모 사용자 기반, 2)개인화된 사용자 데이터, 3)기술 축적, 4)관심도 그래프

[2013년 바이트댄스 시리즈 B 투자 확보에 사용된 사업 계획서의 번역본]

바이트댄스에 대한 초기 투자를 거절함으로써 가장 높은 수익률 거래를 놓쳤던 투자자들의 명단은 마치 중국 벤처 캐피털 업계의 후즈후 (who's who 세계적으로 이름난 현존 인물에 관한 인명사전)와도 같다는 말이 있을 정도로 상당히 많은 투자자들이 투자를 거부했다.

6년 연속 중국 최고의 투자기업으로 선정된 젠 펀드(真格基金 ZhenFund)[55]의 공동 창업자 밥(徐小平 Bob Xiaoping Xu)은 "우린 바이트댄스의 엔젤투자 기회를 지나쳤고 아마 영원히 후회할 것"이라 전했으며, 전설적인 벤처 투자가 닐(沈南鹏 Neil Shen)이 이끄는 세쿼이아 캐피탈 차이나(红杉资本 Sequoia Capital China)는 바이트댄스를 "중국 인터넷의 절반"[56]이라 칭하며 시리즈 A라운드를 거절한 것을 후회했다. 나중에 그는 "사실 이런 상황은 투자자들의 삶의 일부이고 벤처 캐피털은 후회하는 게임의 연속이다."라고 고백하며 그들의 실수를 인정했다.

유명 투자기업인 GGV(纪源资本) 또한 이밍을 거절했고, 유명한 "유니

콘 헌터"라 불리는 GSR(金沙江创业投资)의 알렉스(朱骏 Alex Zhu) 역시 기회를 놓쳐 버렸다. 억만장자 인터넷 기업가이자 투자자인 저우훙이(周鸿祎 Zhou Hongyi)는 이후 "초기에 투자한 주식을 도중에 반값에 팔아 버린 격"[57]이라며 농담 섞인 한탄을 했다.

조앤과 이밍은 길 한가운데 갇혀 버렸다. 중국의 벤처 캐피털 업계에서 가장 유명하고 존경받는 몇몇에게 거절당한 그들은 시리즈 B를 이끌 또 다른 누군가를 한시라도 급히 찾아야 했다. 그리고 뜻밖에도 그 응답은 지구 반대편에서부터 들려왔다.

러시아에서의 구제(샌프란시스코 경유)

"이번 주 금요일 밤 9시, YC에서"

실리콘밸리의 가장 권위 있는 신규 스타트업 프로그램인 2011년 콤비네이터 스타트업 액셀러레이터(Y Combinator)에 참가한 43개 스타트업 팀 모두가 받은 미스터리한 메시지였다. 프로그램 파트너의 미스터리한 요청은 어떤 일이 일어날지 모르는 설립자들 사이에 터무니없는 추측을 불러일으켰고, 그들은 자신들이 어떠한 이유로 그곳에 가야 하는지에 대한 설명조차 듣지 못했다. 단지 중요한 일이 일어날 것만을 예상한 채, 스티브 잡스[58]와 같은 유명한 연예인이 연설을 진행할 수도 있다는 기대에 시간이 다가올수록 그들의 흥분은 커졌만 갔다.

금요일 밤이 되자 방은 금세 가득 찼고 마운틴 뷰의 Y콤비네이터 본사에 모든 청년 창업자들이 줄줄이 줄을 이어 모여 있었다. 그리고 얼마 지나지 않아, 유럽에서 화상회의 전화가 걸려왔다. 전화의 주인은 짙은 눈썹을 가진 대머리에 러시아 억양으로 말하는 중년의 남자였다.

"저흰 지금 참여한 모든 43개의 스타트업에 각각 15만 달러의 투자를 진행할 것입니다."

사람들은 충격받았다. "이 조건은 완전 미쳤어! 할인 없음이 적힌 노트[59]처럼, 사실상 현금을 무료로[60] 사용할 수 있다는 거 아니야?"라고 참가자 중 한 명이 소리쳤다. 43개 스타트업 중 36개 스타트업이 행사가 끝나기도 전에 서류에 서명했다.[61] 이 투자는 액셀러레이터의 명성만을 바탕으로 한 전례 없는 스타트업 총괄 투자였다. 그리고 이 모든 것의 배후에는 러시아의 가장 영향력 있는 기술 투자자이자 억만장자 기업가, 물리학자인 유리 밀너가 있었다.

그날 관중 속에는 샌프란시스코 출신의 젊은 중국 기업가 맷(黄共宇 Matt Huang)도 앉아 있었다. 마침 비디오 애그리게이터(Contents Aggregator)였던 그의 스타트업이 Hotspots.io라는 광고 분석 플랫폼으로 업종을 바꾸어 투자가 필요했던 차여서, 두 번 생각하지 않고 유리의 제안을 고맙게 받아들였다.

그로부터 1년 후, Y콤비네이터 프로그램을 끝낸 뒤 맷의 스타트업은 트위터에 인수되었고 그는 2주 동안 치열한 스타트업 생활을 잠시 쉬기 위해 중국을 방문하기로 결정했다. 빠르게 발전하는 기술 분야에 대해 더 알고 싶어 했던 맷은 잠재적인 엔젤 투자 기회를 찾아다닐 수 있게 되어 매우 기쁘게 생각했다. 그는 상호 연결을 통해 SIG의 조앤에게 소개되었고, 조앤은 그를 이밍과 연결시켜 주었다. 그렇게 해서 맷은 바이트댄스의 사무실인 진추 가든에 추가 오피스 4곳을 짓게 되었다.

멀리서 온 방문객을 맞이한 이밍은 그들이 하고 있는 일을 끈기 있게 맷에게 설명하기 시작했다. 12개의 앱, 뉴스 사이트와 개인 추천 시스템 등 모든 설명을 들은 맷은 놀랄 수밖에 없었다. 그들이 사용하고 있는 기술의 수준은 이미 미국과 비슷했으며, 무엇보다 기술적이고 야심차고 매우 명료한 이밍의 사고방식에 맷은 그가 미국의 알려진 기업가들 못지않은 리더가 될 수 있다고 생각했다. 그 회의는 겨우 90분 동안만 진행되었음에도 불구하고, 맷은 그가 진심으로 투자를 바라고 있다는 것을 충분히 인지했고, 조앤은 맷이 미국으로 돌아간 후 이메일을 통해 연락을 취하는 것을 도와주었다.

그 후, 모든 중국 벤처 투자가들이 바이트댄스를 거절하자, 조앤은 미국에서 관심을 가질 만한 사람을 알고 있는지 물어보기 위해 맷에게 돌아갔다. 그리고 맷의 머릿속에 바로 '유리'라는 이름 하나가 떠올랐다.

알고 보니 유리 밀러의 투자회사 DST(Digital Sky Technologies)는 이미 베이징에 사무실을 두고 있었고 알리바바(阿里巴巴 Alibaba), JD.com, 메이투안, 디디추싱(滴滴出行 DidiChuxing), 샤오미(小米 Xiaomi) 등 중국 기업들의 올스타 라인업을 지원하는 중국 인터넷 업계에서 가장 왕성하고 성공한 외국인 투자자 중 하나였다.

DST는 이밍을 만나기 위해 파트너 츄(周受资 Shouzi Chew)를 보냈고, 그는 이 회의를 굉장히 낙관적으로 평가했다. 그는 앱의 성장에 주목했으며, 회사의 리더인 이밍이 회사의 방향에 확신을 가지고 있는 강력하고 유능한 창업자라 판단했다. 유리는 6천만 달러의[62] 가치가 있는 것으로 알려진 회사의 7.2%를 순자산으로 투자하며 시리즈 B라운드를 이끌기로 합의했고, 오늘날 그 지분은 희석 후에도 수십억 달러의 가치가 있는 것으로 알려졌다. Y콤비네이터 프로그램에 참가한 43개의 스타트업에 각각 15만 달러를 투자했지만, 단 한 푼의 아웃풋도 없었다 하더라도 그러한 시도는 여전히 가치 있는 일이었을 것이다. 바로 그 관대함이 바이트댄스와의 거래를 성사시켰기 때문이다.

나중에 밝혀진 바와 같이, 바이트댄스의 시리즈 B는 많은 벤처 투자자들이 곧 유니콘이 될 기업을 투자할 수 있는 마지막 기회였다. 1년 후, 회사의 평가액은 5억 달러로 치솟게 되기 때문이다. 이밍은 자신이 원하는 투자자를 선정하고 선택할 수 있었는데, 여기에는 유명 금융회사의 데이터 및 사용자 접근과 같은 전략적 자원을 가지고 있는 다른 기성 인터넷 회사들도 포함되어 있다.

바이트댄스는 중국 인터넷 산업의 빅3라 불리는 바이두, 알리바바, 텐센트(통칭 BAT라 불린다)의 영향을 받는 운명을 피할 수 있었다. 사실, 중국 인터넷 업계에서는 일정 규모에 도달하게 되면 BAT의 투자를 받거나 거대 기업에 편승한 경쟁사에 의해 무너질 위험을 감수해야 한다는 의견이 대부분이었다. 특히 알리바바와 텐센트는 방대한 양의 트래픽과 사용자 데이터를 가지고 있으며 강력하고 광범위한 인터넷 서비스 생태계를 구축하고 있다. 이러한 이유로 대부분의 스타트업들은 빅3 회사의 포트폴리오를 이용해 기업 투자자의 대리인이 되는 길을 택한다. 바이트댄스는 중국 인터넷 기업 중 빅3을 제외한 유일하게 덩치가 큰 회사이다. 텐센트가 바이트댄스에 투자한다는 소문이 돌자 한 직원은 "텐센트 직원이 되기 위해 바이트댄스에 가입한 게 아니다."고 이밍에게 투덜거렸고 "나도 아니다."는 이밍의 퉁명스러운 대답을 들을 수 있었다.[63]

바이트댄스가 투자를 받아들인 대기업 중 하나는 투자 시리즈 C라운드에 합류한 웨이보였다. 웨이보는 앞서 말한 이밍의 전 직장인 판푸를 꺾고 "중국판 트위터" 왕관을 차지했고, 이는 곧 그들이 바이트댄스에 방대한 양의 데이터를 제공할 수 있다는 것을 의미했다. 웨이보는 다양한 앱이 상호 작용할 수 있는 중개자 역할을 하는 API[64]를 열어 토우티아오가 웨이보 사용자의 데이터와 댓글과 같은 활동에 접근할 수 있도록 했다.

만약 사용자가 시나 웨이보 계정으로 토우티아오에 로그인했다면, 바이트댄스는 몇 초 안에 그들의 웨이보 관심사와 에세이 선호도를 분석하고 그 결과를 사용하여 개인화 추천을 진행할 것이다. 바이트댄스가 경쟁자라는 사실을 뒤늦게 깨달은 웨이보는 결국 경쟁사의 데이터 접근을 차단하고 바이트댄스 주식을 매각해 버렸다.

이 글을 읽고 있는 여러분들은 어떻게 중국 인터넷 대기업 중 하나인 웨이보가 바이트댄스가 그들의 경쟁자였다는 사실을 깨닫지 못했을 수 있는지 물어볼지도 모른다. 대답은 벤처 캐피털에서 가장 뛰어난 인재들 중 누구도 바이트댄스를 진지하게 받아들이지 않았다는 것과 같은 이유이다.

토우티아오는 뉴스 제공 웹사이트로 정의되었다. 이러한 이유로, 대부분의 IT기업 및 투자자들이 우려하는 "레드오션"으로 분류되는 "모바일 뉴스 앱" 범주 내에서만 경쟁하는 것으로 좁게 인식되었다.

"파트너들과 논의하며 느낀 점은, 이 분야는 경쟁이 너무 치열하다는 것이었습니다. 바이트댄스와 같은 스타트업에게 주어지는 기회는 거의 없다고 봐야 합니다."라고 세쿼이아의 닐이[65] 설명했다. 이미 알아주는 대기업과 손을 잡아 충성도 높은 사용자들을 지휘하거나 BAT

중 하나에게 지원을 받는 부당한 이득을 누리는 등, 기술이 아닌 다른 비즈니스 요인이 승자의 관건이 되어 버렸다. 그러나 문제를 제기하는 것은 중국 투자자들만이 아니었다. 이미 기술의 한계에 대해 세계적으로 광범위한 회의론이 퍼지고 있었다.

"뉴스 집계는 사실상 매우 어려운 일입니다, 성공한 기업 조차도 어떤 뉴스/콘텐츠가 사용자를 이끌지 판단하는 데 있어 인간의 두뇌만큼 훌륭한 알고리즘은 없다는 사실과 씨름해야 합니다."[66] 미국의 유명 기술 블로그 테크크런치(TechCrunch)에서 미국 스타트업 프리즘(Prismatic)의 가능성에 대해 매우 부정적인 기사를 쓴 것이 여론의 시작이었다. 당시 프리즘(Prismatic)은 토우티아오와 비슷한 위치였고, 지금 돌이켜 보면 이러한 관점은 매우 구시대적으로 보인다.

새로운 발굴

유리 밀너의 지원을 얻은 것이 전환점이 되어 회사는 드디어 개조된 아파트를 벗어나 정식 사무실로 이전할 수 있었다. 잉두맨션(盈都大厦 Yingdu Mansion)[67]은 지춘(知春)의 주요 도로를 따라 오래된 주택가를 지나 서쪽으로 약 1㎞ 떨어진 곳에 위치하고 있었으며, 같은 동네에 이밍의 친구 왕싱이 운영하는 음식 배달 대기업 메이투안을 비롯해 스마트폰 제조업체 샤오미 등 중국에서 유명 기업이 된 다수의 대형 인터넷업체들이 입주해 있는 중국 인터넷 업계의 본거지였다. 월마트가 그들의 새 건물 1층을 가득 채웠지만 그들의 복장 규정은 캐주얼 그대로를 유지했고, 여전히 주방장이 직원들을 위한 점심을 계속해서 준비했다.

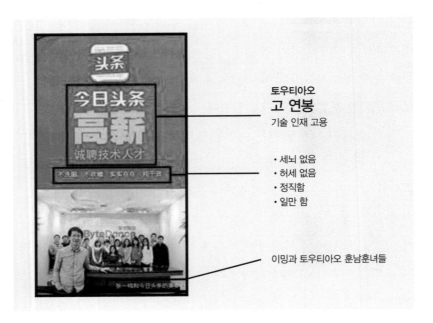

토우티아오
고 연봉
기술 인재 고용

• 세뇌 없음
• 허세 없음
• 정직함
• 일만 함

이밍과 토우티아오 훈남훈녀들

[2013 바이트댄스 채용 공고에 실린 잉두맨션[68]에서 찍은 새 사무실과 이밍의 사진!]

이 무렵, 이밍은 베이징의 한 건설현장에서 한 구호를 보았다.

"작은 곳, 큰 꿈."

"저는 이 말이 저희의 당시 상황을 요약할 수 있다고 생각합니다."

CHAPTER 3

추천, 유튜브에서 틱톡까지

2011

화면의 53%는
구독 영상 지분

화면의 24%는
추천 영상 지분

2019

화면의 7%는
체널 구독 지분

화면의 79%는
추천 영상 지분

타임라인

2009년	넷플릭스(Netflix), 영상 추천 정확도를 10% 높인 알고리즘에 100만 달러의 상금 수여
2011년	유튜브, 머신 러닝 알고리즘 추천 엔진 "Sibyl" 도입
2012년 8월	바이트댄스, 뉴스 앱 토우티아오 출시
2012년 9월	이미지넷(ImageNet)이 추진한 대회에 참가한 AlexNet의 AI 기능이 세계적인 인기를 얻음
2013년 3월	페이스북, 뉴스 피드에 "개인 추천 기능" 도입
2014년 4월	인스타그램, 개인 추천 기능이 탑재된 "검색" 탭 사용 시작
2015년	유튜브를 포함한 구글 계열사에서 구글 브레인의 딥러닝 알고리즘을 사용하기 시작

2010년, 유튜브에 들이닥친 문제

유튜브는 인터넷에서 세 번째로 많이 방문한 웹사이트임에도 불구하고, 사용자들의 엄청난 참여를 이끌어 내지 못했다.[69] 유튜브의 기술 책임자인 존(John McFadden)은 대부분의 사람들이 유튜브를 다른 웹사이트에 비디오 콘텐츠를 포함시키는 자유롭고 쉬운 플랫폼으로만 생각하고 하나의 콘텐츠가 아닌 일련의 일회성 비디오로 간주하고 있음을 인정했다.

유튜브팀은 사이트의 유지율을 개선하고 더 많은 사람들이 더 오랫동안 비디오를 시청하도록 하기 위해 다양한 전략을 테스트했다. 이러한 목표를 달성하기 위해, 그들은 일련의 비디오들을 순서대로 자동 재생할 수 있는 "Leanback"이라 불리는 새로운 기능을 도입하기 시작했다. 또한, 최고의 콘텐츠 파트너들에게 전문 카메라 장비를 제공하고 라이브 스트리밍 이벤트까지 개최했다. 그중에서도 가장 큰 변화로 말할 수 있는 것은 바로 "유튜브 채널"의 도입이다. 채널은 사용자들이 텔레비전 채널과 마찬가지로 단일 소스의 콘텐츠 모음을 쉽게 구독하고 시청할 수 있는 방법이었다.

얼마 지나지 않아, 이 새로운 기능을 중심으로 홈페이지가 재정비되었으며 파란색의 "채널 추가" 버튼을 주요 클릭 유도 버튼으로 사용하기 시작했다(3장 시작 페이지 참조). 유튜브는 마돈나와 샤킬 오닐 같은 유명인사, 할리우드 제작사, 프로레슬링 단체 WWE 등 프리미엄 콘텐츠 크리에이터들과 계약을 맺는 데 무려 1억 달러를 썼고, 이러한 파트너 선택은 당시 TV 같은 엔터테인먼트 목적지로 탈바꿈하기 위한 유튜브의 궁극적인 목표를 반영했다.

그러나 1년 후, 컴스코어(ComScore)[70]의 데이터에 따르면 유튜브에서 사용자가 보낸 평균 시간이 제자리걸음을 하는 것으로 나타났다. 어떤 변화도 큰 영향을 미치지 않은 것이다. 유튜브에 훌륭한 콘텐츠가 없다는 게 문제가 아니었기 때문에 더 나은 콘텐츠를 위해 더 많은 돈을 쓰는 것이 올바른 전략이 아니었던 것으로 드러났다. 유튜브의 엔지니어링 디렉터인 크리스토스(Cristos Goodrow)는 "저흰 지구상의 모든 사람들에게 100시간의 유튜브가 있다고 믿습니다. 그리고 저흰 이미 그에 맞는 수십억 개의 비디오를 보유하고 있습니다."[71]고 전했다.

문제는 이 방대한 양의 콘텐츠를 올바른 사용자에게 맞추는 것이었다. 채널 구독을 권유하는 것은 좋아하는 콘텐츠를 빨리 만나 볼 수 있게 하는 방법이었지만, 여전히 그들이 기대했던 것만큼 효과적이라는 것은 증명하지 못했다. "저흰 사람들이 자신이 무언가를 찾고 있는지 알고 있을 때만 유튜브에 온다는 것을 알았습니다."라고 기술 리더 맥패든(McFadden)은 말했다.

"그리고 저흰 그 무언가를 정확히 알지 못한 사람들 또한 만족시키고 싶었습니다."

사실 유튜브는 오래전부터 사용자의 행동 기록을 바탕으로 개인 맞춤 추천인 '추천 동영상'의 사이드 바를 추가했다. 하지만 유용하고도 효율적인 맞춤 목록을 생성하는 것은 쉽지 않았다. 2010년의 한 기술 논문 「유튜브 동영상 추천 시스템」[72]에 당시의 어려운 기술적 문제점이 깔끔하게 요약되어 있다.

"사용자가 업로드하는 동영상은 메타데이터[73]가 없거나 부족한 경우가 대부분이다. 게다가, 유튜브의 영상은 대부분 짧은 형태(10분 미만)

라 상호 작용이 불가할 때도 있을뿐더러 잡음 또한 많았다. 영화를 빌리거나 살 수 있는 넷플릭스나 아마존과는 달리, 유튜브는 재미있는 콘텐츠들 중 상당수가 지속적으로 최신 추천을 받아야 할 정도로 수명 주기가 짧다."

업로더는 종종 내용을 정확하게 암시하지 못하는 영상 제목이나 미리 보기 화면을 선택했다. 유튜브 엔지니어들은 모니터링 중 예외적인 영상 제목 하나를 발견하고는 고개를 가로저었는데, 그 비디오의 제목은 검색조차 불가능한 "이것 좀 봐!"였고 이러한 제목 때문에 입소문도 날 수 없었다. 많은 실험과 검사 끝에, 유튜브 추천팀은 유튜브의 알고리즘 시스템이 1998년 아마존이 처음 개발한 12년 된 필터링 알고리즘 버전에 여전히 의존하고 있다는 사실을 알게 되었다.[74]

혁명의 시작

2011년, 구글이 유튜브에 "Sibyl"[75]이라는 새로운 머신 러닝 시스템을 구현하면서 돌파구가 마련되었고 그 효과는 대단했다. 유튜브 엔지니어들은 새로운 시스템 도입으로 인해 사이트 조회수가 마치 로켓 우주선 부스터를 단 듯 폭풍 증가했음을 발견했다. 곧 더 많은 사람들이 검색이나 입소문을 통해 영상을 시청하기보다 "추천 동영상" 목록에서 시청할 동영상을 고르고 있었다.

구글은 추천 시스템을 계속 업데이트하며 시스템을 최적화한 후, 스탠포드대학(Stanford University) 교수 앤드류(Andrew Ng)가 이끄는 유명 문샷 연구소 그룹, 구글 X가 개발한 구글 브레인(Google Brain)으로 전환했다. 그리고 구글 브레인의 딥 러닝은 획기적이고도 새롭게 발전해 나갔다. "Sibyl"의 영향은 이미 인상적이었지만, 구글 브레인 결과는 놀라웠다. 2014년부터 2017년까지 3년 동안 유튜브 홈페이지에서 동영상 시청에 소요된 총 시간은 20배나 증가했으며, 이 중 유튜브의 "추천 시스템"을 통해 소요한 시간이 70%[76] 이상을 차지했다. 소셜 미디어 전반에 걸쳐 유튜브의 추천 비디오가 나의 흥미를 끌 만한 영상을 추측하는 데 있어 섬뜩할 만큼 정확하다는 인식 또한 증가했다.

"딥 러닝"으로 알려진 획기적인 돌파구를 포함하여 AI 분야의 급속한 발전은 이러한 콘텐츠 유통 방법이 급속히 발전할 것임을 의미했고, 바이트댄스와 같은 회사 입장에서는 이러한 새 시대의 발전이 보다 더 좋을 수 없었을 것이다. 그들은 알고리즘 추천의 효율성과 정확도가 도약과 경계 사이에서 앞으로 발전해 나갈 새로운 시대의 초입에 서 있

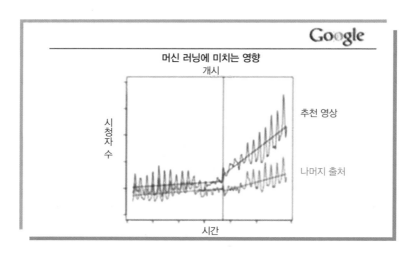

[2011년, 유튜브의 머신 러닝 알고리즘 추천 엔진 "Sibyl" 사용으로 인한 영향[77]]

었다. 유튜브가 가장 먼저 혜택을 받은 것처럼 보이지만 사실 이러한 발전은 아마존의 제품 추천에서부터 틱톡 동영상에 이르기까지 모든 종류의 온라인을 발전시킬 것이다.

바이트댄스와 같은 새로운 IT 대기업의 등장에는 많은 것들이 필요하다. 방대한 시장을 공략하는 인기 제품, 성공하는 팀을 이끌 수 있는 용감하고 똑똑한 리더, 그리고 행운 또한 빠트릴 수 없다. 이렇게 엄청난 변화의 물결에 올라타려면 적절한 시기에 적절한 장소에 있어야 한다. 중국의 전설적인 기업 샤오미의 최고경영자(CEO) 레이쥔(雷军 Lei Jun)은 오랜 경력에서 얻은 교훈을 되새기며 "기회의 순간을 포착하는 것은 다른 어떤 전략보다 훨씬 어렵지만 훨씬 뛰어난 결과를 가져올 것이다."[78]고 판단했다.

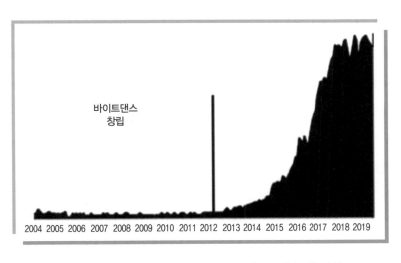

바이트댄스
창립

2004 2005 2006 2007 2008 2009 2010 2011 2012 2013 2014 2015 2016 2017 2018 2019

[2004년부터 2019년까지 구글 트렌드가 조사한 "딥 러닝"에 대한 관심]

중국의 많은 업계 베테랑들은 개인화된 추천이 모바일 경험을 향상 시킬 수 있는 큰 잠재력을 가지고 있음을 인식했다. 그러나 이밍은 기회를 감지했을 뿐만 아니라 단호하게 행동했기 때문에 그 누구보다 앞설 수 있었다. 결국 바이트댄스의 성공을 이끈 가장 중요한 요인은 그 결정의 타이밍에 "올인"하기로 약속한 이밍의 초기 비전의 명확성이었다. 이에 따라 바이트댄스는 스마트폰의 부상과 AI의 부상이라는 한 시대가 아니라 두 시대를 규정하는 트렌드 섹터로 자리매김할 수 있었다.

그것은 기차표와 함께 시작되었다

이밍은 "추천"의 효과와 중요성을 2000년대 후반부터 깨달았다고 회상했다. 구정이 다가오고 있던 어느 날, 이밍은 대도시에서 일하는 수백 명의 다른 이주자들과 같이 고향으로 가는 기차표를 찾기 위해 온라인으로 검색을 거듭하고 있었다. 매년 이맘때 항상 부족한 기차표를 사는 것은 너무나도 힘든 일이었고, 사람들은 표를 구하기 위해 온라인 여행 웹사이트에서 지속적으로 새로고침 버튼을 누르거나 암표상으로부터 몇 배의 부풀린 가격으로 표를 구매하기도 했다.

하지만 이밍은 둘 다 하지 않기로 결심했다. 대신, 그는 티켓팅 사이트를 자동으로 파악하여 자리가 생기면 알려 주는 컴퓨터 프로그램을 만들기 시작했다. 그는 점심시간을 활용해 프로그램을 단번에 만들었고, 30분도 채 되지 않아 티켓팅에 성공했다.

"그건 계시였습니다. 검색엔진은 사람들이 정보를 스스로 찾도록 요구합니다. 물론, 저 포함 모든 사람들은 엔진을 이용하여 검색하고 있지만, 여기서 우리는 트리거 조건을 지정할 수 있고 만약 조건이 충족

밀기: "정보를 찾는 사람들" 자동

당기기: "사람을 찾는 정보" 수동

["정보를 찾는 사람들"과"사람을 찾는 정보"의 비교 모델]

된다면 사람들에게 정보가 전달될 것입니다. 이것이 바로 정보를 찾는 사람들에서 사람들을 찾는 정보로의 전환입니다."라고 이밍은 나중에 검색과 추천의 차이점에 대해 생각하며 말했다.

"추천 엔진과 그의 적용에 대해 생각하게 된 계기였습니다." 이 아이디어는 완전한 개념과는 거리가 멀었지만, 그 씨앗은 이밍의 마음속에 심어졌다. 바로 인터넷에서 적극적으로 정보를 끌어내는 것이 아니라, 개인의 필요에 따라 정보를 그들에게 권장하거나 추천할 수 있다는 개념 말이다.

2013년 말, 1주년이 된 바이트댄스와 함께 이밍은 소규모 산업 컨퍼런스[79]에 연사로 초청받았고, 그곳에서 그는 더욱 발전된 자신의 생각과 아이디어에 대한 완전한 그림을 제시했다.

"인터넷에 대한 세분화된 타임라인에 이렇습니다. 초기의 포털 웹 사이트에서 시작하여, 검색, 마이크로 블로그, 추천 엔진 순으로 정보를 주고받는 다양한 방법이 있고, 이를 통해 저희는 각 세대의 기술 변화가 중요한 역할을 한다는 것을 알 수 있습니다."

또한, 그는 인터넷 시대에 정보를 전달하는 방법의 진화를 상세히 기술하는 프레임워크[80]를 제시했고 그가 주장한 가장 초기의 방법은 "포털 웹사이트"이다.

인간 큐레이션 - 포털 사이트, 야후! AOL

포털 웹사이트는 편집자가 업데이트를 담당하며 메인에 집중되어 있는 콘텐츠 모음이라는 점에서 활자 신문과 유사하다. 포털 사이트의 특징은 편집자들이 어떤 콘텐츠를 메인에 걸 것인지를 결정하는 것인데, 이러한 인간 큐레이션의 등장은 수동으로 큐레이션된 단일 디렉토리에 인터넷 사이트를 나열할 수 있었던 인터넷의 초기 시대로 거슬러 올라간다.

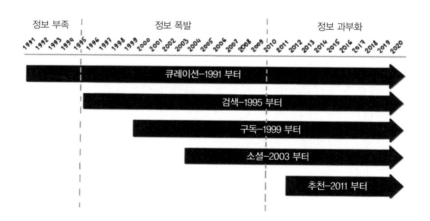

[정보 전달에 관한 인터넷 사용 권한[81]]

중국에서는 1990년대 중후반 세 개의 주요 포털 웹사이트 넷이즈, 소후, 봉황망이 생겨났는데, 이는 모두 야후의 포털 사이트 모델을 모방한 것이다. 3사 모두 2000년 상반기 나스닥에 상장해 알리바바와 텐센트가 부상하기 전 중국 1세대 인터넷 시장을 주름 잡았다. 포털 사이트 모델을 계속 유지하며, 콘텐츠 순서를 선택하고 큐레이션하기 위해 편집자를 사용하는 것이 대부분의 토우티아오의 전임자들이 선호하는 방식이었다.

그러나 편집자에 의한 큐레이션은 인터넷 모드에 최적화된 콘텐츠 전달 방식이 아니라 제한된 상호 작용 혹은 일방적 방송이라는 점에서 신문이나 TV와 같은 인터넷 이전의 전달 형태의 연속일 뿐이다.

검색엔진 - 우위를 점령하다

1990년대 중반, 이제는 수동으로 색인을 생성하기에는 웹이 너무 크다는 인식이 분명해졌고 그건 인터넷 정보의 폭발적 증가를 증명하기에 충분했다. 어느 순간부터 사람들은 자신의 블로그 사이트를 개설하고 온라인에 게시하기 시작했다. 검색 엔진은 상상할 수 없을 정도로 방대한 네트워크를 통해 정확한 정보를 찾는 데 매우 효과적으로 사용되었다.

최초의 인기 검색 엔진에는 알타비스터(AltaVista)나 야후와 같은 이름이 포함되어 있으며, 구글은 나중에 더 발전된 기술과 함께 등장해 검색 엔진 카테고리를 지배했다. 검색은 찾고자 하는 용어를 알아야 한다는 주요 약점을 가졌음에도 불구하고, 사용자와 콘텐츠를 일치시키는 매우 효율적이고 정확한 방법이다. 사용자는 자신의 필요를 이해하고 검색창에 관련 용어를 입력한 후, 제시된 옵션 중에서 가장 적합한 답을 선택하기 위해 심혈을 기울여야 한다. 따라서 광범위한 검색 요소를 보유한 뉴스 및 엔터테인먼트에는 검색 기능이 적합하지는 않다.

검색 사업은 매우 수익성이 높은 것으로 드러났다. 검색 결과에 광고를 게재하는 구글과 중국의 인터넷 검색 시장을 장악하고 있는 바이두를 각각의 시장에서 가장 가치 있는 거대 인터넷 기업으로 성장시켰다.

구독 - 이메일과 RSS

대부분의 사람들은 이메일을 단지 업무 커뮤니케이션을 위한 도구로 간주한다. 하지만 1990년대의 1세대 디지털 마케팅 담당자들은 이메일이 홍보 콘텐츠를 배포하고 기존 고객과 직접적인 관계를 유지하는 강력한 채널이라는 사실을 알고 적극적으로 사용하기 시작했다. 특히, "뉴스레터 구독"은 20년 넘게 웹사이트의 주요 클릭 유도 장치로, 이를 클릭한 후 받은 편지함의 메일은 점점 더 쌓여만 간다.

밀레니엄 시대가 시작될 무렵, 사람들은 인기 있는 구글 리더와 같은 RSS(Rich Site Summary)가 형성되어 있는 피드 리더 소프트웨어를 구독하여 웹 사이트의 새로운 콘텐츠를 직접 업데이트받기 시작했다. 30개의 서로 다른 사이트에 일일이 들어가 새로운 콘텐츠를 확인하는 대신 모든 것을 한곳에서 집중으로 관리할 수 있어 큰 인기를 끌었지만, 같은 시대의 또 다른 잊힌 서비스 "Web 2.0"과 마찬가지로 RSS도 이제는 대부분의 사람들에게 이 용어를 설명해야 할 정도로 인기가 시들해졌다. 하지만 팟캐스트는 여전히 RSS 피드 표준을 사용하며, 아직 많은 팟캐스트 앱은 해당 구독 모델을 선호하고 있다.

콘텐츠 유통의 한 형태인 구독 서비스[82]는 검색과 같은 방식으로 또 다른 인터넷 대기업을 탄생시키지는 못했다. 이는 RSS와 이메일 등 어느 한 개인 조직에서 제어하지 않는 개방형 표준 포맷이 되지 못한 탓도 있다. 구독 서비스에서 거대 기업을 낳지 못한 또 다른 이유는 구독이 다른 방식의 콘텐츠 유통으로 빠르게 대체되었기 때문이다. 그래서 새로운 방식의 구독 서비스가 확장되기 시작했다. 바로 이 질문 때문이다.

'만약 우리가 특정 사람들을 구독할 수 있다면 어떻게 될까?'

소셜 - 드디어 메인에서 벗어나다

소셜 네트워크는 사람들 사이의 연결과 의사소통을 이어 가게 하는 것뿐만 아니라 정보를 전달하는 데 있어서도 매우 인기 있고 효과적이라는 것이 입증되었다. 특히 소셜 네트워크를 이용하는 사용자들은 기본적으로 콘텐츠를 올리고 공유하는 개인의 "사람"을 구독하는데, 이것은 "오늘 아빠랑 찍은 사진" 같은 자체 제작 콘텐츠일 수도 있고, 다른 출처에서 공유된 "꼭 봐야 하는 여행 기사"라는 내용일 수도 있다.

이러한 형태의 콘텐츠는 공유 방식이 고도로 분산되어 있다. 사용자에게 표시되는 모든 콘텐츠는 전체 네트워크에 있는 데이터를 통해 다른 사람의 피드와 일치한지 분석 후 개별 작업을 거쳐 개인화된다.

갖은 뉴스 피드가 업로드되는 페이스북과 트위터부터 신흥 시장에서 널리 소모되는 콘텐츠 유통의 보편적 형태인 대규모 왓츠앱(WhatsApp) 그룹에 이르기까지, 다양한 소셜 콘텐츠 유통 플랫폼이 존재한다. 또한, 레딧(Reddit)이나 딕(Digg)처럼 업보팅을 기반으로 콘텐츠를 유통하는 플랫폼도 존재한다. 이 모든 플랫폼의 요점은 콘텐츠 유통이 플랫폼 규칙의 제약 내에서만 작동하며, 이 모든 작업은 사용자 자신에 의해서 결정된다는 점이다.

추천 - 토우티아오와 틱톡

추천은 가장 최근에 완성된 서비스이다. 추천이 완전히 수용된다면 채널을 적극적으로 구독하거나 친구 추가 혹은 '좋아요' 버튼 없이도 놀라운 접근성을 보여 줄 것이다. 좋은 추천은 높은 기술 요건을 동반하는데, 검색창에 입력하는 내용에 따라 명확한 옵션을 제공하는 검색엔진과 달리 권고에는 명확한 의사 표시가 없다. 오직 사용자의 이전 행동에 따라 사용자의 선호도를 추론해야 하기 때문이다.

온라인 콘텐츠 추천의 초기 개척자는 2001년에 설립된 스텀블어펀(StrumbleUpon)[83]으로, 추천을 기반으로 하는 브라우저 툴바 확장 프로그램이다. 넷플릭스도 2009년 추천 시스템의 정확도를 10% 높인 알고리즘으로 100만 달러의 상금을 수여하기도 했다. 온라인 추천의 중요성은 "이 제품을 구입한 고객의 다른 제품 목록…"[84]과 같은 메시지를 통해 전자 상거래에서도 분명해지기 시작했다.

전반적으로 추천 시스템은 "콘텐츠 기반 필터링"과 "보편적 필터링"이라는 두 가지 주요 프로세스에 의존한다. 이 두 개념은 비교적 이해하기도 쉬운 프로세스에 속한다. "콘텐츠 기반 필터링" 시스템은 사용자가 이미 소비하고 싶어 하는 콘텐츠와 유사한 콘텐츠를 사용자에게 추천하는 것인데, 예를 들어 강아지가 나오는 영상을 보는 것을 즐기고 "강아지 애호가"라는 태그가 달려 있는 사용자에게 시스템은 더 다

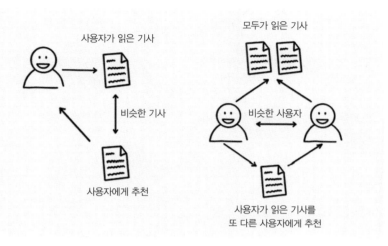

[콘텐츠 기반 필터링(좌)과 보편적 필터링(우)]

양한 강아지 영상을 추천할 것이다.

이에 반해, "보편적 필터링"은 유사한 콘텐츠를 즐기는 사용자 그룹을 찾는 데 중점을 둔다. 자, 지금 제인과 트레시의 이해관계가 매우 밀접하게 관련되어 있다고 가정해 보자. 만약 제인이 관심 비디오를 끝까지 여러 번 시청한다면, 시스템은 트레시에게도 그 비디오를 추천할 것이다.

인터넷 정보의 유통

이러한 다양한 방법들은 상호 배타적이지 않아 모든 방법을 활용하는 것이 가능하다. 오히려 플랫폼이 콘텐츠 유통에 대한 단일 접근 방식에 의존하는 경우가 드물다고 할 수 있다. 사이트나 앱에서 어떤 형태로든 검색을 사용하지만 대부분의 플랫폼은 1차적 방법 중 하나로

	수동 – 하위제한	활성 – 고도제한
인간 주도	**소셜** 사용자가 분산된 방식으로 콘텐츠 공유	**구독** 사용자가 콘텐츠를 수동으로 선별
기계 주도	**추천** 활동내역에 따라 선호도 유추	**검색** 사용자의 검색을 통해 콘텐츠 제공

기울어진다.

플랫폼은 시간이 지나면서 변화하는 방법에 따라 진화될 수 있다. 채널 구독에 크게 의존하는 것에서 추천 시스템을 완전히 수용하는 것으로 발전한 유튜브가 그 좋은 예이다. 이 장의 시작 페이지에 있는 스크린 샷은 이러한 변화를 시각화한 것이다. 채널 구독은 여전히 유튜브에서 대중적이고 접근이 용이한 유튜브 환경의 일부이지만, 추천은 콘텐츠를 발견하는 더 눈에 띄는 방법이다.

지식인이나 언론인과 같이 정보에 대한 열정적인 욕망을 가진 사람은 최고 수준의 정확도와 제한성을 갖춘 구독과 검색을 선호할 것이다. 사용자가 보다 능동적이고 적극적으로 참여해 검색어를 입력하고 구독 목록을 선별해야 하기 때문이다. 반대로, 정보에 대한 수요가 적은 사람들은 접근성이 용이한 뉴스와 엔터테이먼트가 중심인 소셜 및 추천에 대한 선호도를 가질 가능성이 더 높다.

활성 방법(가입 및 검색)은 세션 시간이 더 길고 키보드를 사용하여 정확하고 빠른 입력을 필요로 하는 작업이나 연구 등에 자주 사용되는 대형 화면에 더 적합한 반면, 수동적인 콘텐츠 유통 방법은 일반적으로 스마트폰의 단편화된 시간과 작은 화면에 더 적합하다.

바이트댄스를 시작하기 전부터 이미 이밍은 다양한 콘텐츠 유통 방법에 대해 깊은 실무 경험을 쌓았다. 여행 검색 엔진 쿠쉰(2006~2008)과 트위터와 유사한 소셜 플랫폼 판푸(2008~2009) 그리고 검색엔진과 추천 기능을 모두 응용한 부동산 포털 99Fang까지, 그는 한 인터뷰에서 자신이 가진 깊이 있고 폭넓은 전문지식을 인정했다.

"정보의 효율적인 흐름은 제가 사업에서 가장 중요하게 생각하는 주제입니다. 전 정보 전달은 인간 사회의 이익, 협력, 인식에 큰 영향을 미친다고 생각하며, 특히 다양한 정보에 관심이 많습니다. 검색 엔진의 키워드든, 사람을 통해 전달되는 소셜 네트워크 사이트든, 관심사를 세분화하여 사용하는 추천 엔진이든 그 모두 정보 기반 말입니다."[85]

RSS가 사라진 이유 - 이밍의 기사 중

2013년, 구글은 거의 10년간의 운영 끝에 인기 RSS 피드 리더 서비스인 구글 리더를 폐쇄할 계획을 발표했다. 물론, 이러한 발표는 해당 서비스를 사용하고 있는 충성도 높은 사용자들로부터 온라인상의 항의와 강한 반발을 불러일으켰고[86] 격분한 팬들은 온라인 탄원서를 만들어 몇 시간 만에 50,000명이 넘는 서명을 받아 냈다.

이밍 역시도 구글 리더를 사용하는 얼리 어답터였지만 미래에 대해서는 비관적이었다. CEO로서의 치열한 일정에서 벗어나 그는 시간을 내어 자리에 앉아 구글의 결정을 칭찬하는 기념 기사를 작성했다. 구글의 갑작스러운 발표는 비난을 불러일으켰지만 구글 리더는 결코 주류 제품이 아니었다는 것이 그의 주장이었다. 구글 리더의 마니아 사용자들은 대부분 미디어와 인터넷 산업에서 일했으며, 그곳에서 정보를 수집하고 소비하는 것은 일상 업무에 매우 중요했다. 이에 대해 이밍은 "그들 또한 자신이 지속해서 자기 개발을 하며 뛰어난 정보 관리 능력을 갖추어야 했다."고 주장했다.

"구독은 사용자들에게 너무 많은 부담을 주고 있습니다. 그래서 사람들은 '내가 무엇을 좋아하고 무엇을 구독할 것인가'를 정확히 알아야 흥미롭고 그렇지 않는 콘텐츠가 뒤섞인 출판물 속에서 무엇을 구독해야 하는지에 대해서도 빠르게 결정할 수 있습니다."[87] 그리고 그는 토우티아오 같은 활동 기록을 기반으로 한 콘텐츠를 추천하는 알고리즘을 사용하는 것이 대중에게 제공할 수 있는 더 좋은 솔루션이라 믿었다. 이밍은 "사람들의 활동은 화면이 작아지고, 시간이 쪼개지고, 콘텐츠 소비가 적어지고, 정보에 대한 접근이 풍부해짐에 따라 변화한다."고 지적했다. 그리고 구글은 같은 이유로 리더 서비스를 종료했다.

구글 뉴스&소셜 담당 수석 이사 리차드(Richard Gingras)는 "뉴스가 일정하게 소비되는 이유는 이미 우리가 그것을 하나의 문화로 생각하기 때문입니다."[88]라고 말하며 "스마트폰과 태블릿을 사용하는 사용자는 하루 종일 뉴스를 조금씩 소비하고 아침 식사 대신 뉴스를 읽는 것으로 대체하는 사람들도 있습니다."고 주장했다. 또한, 그는 "구글은 가장 적절한 수단을 통해 적절한 정보를 사용자들에게 전달하기 위해 [구글] 제품 전반에 걸쳐 뉴스를 표면화할 수 있는 가장 적절한 방법을 모색하고 있다."고 덧붙였다.

구글의 새로운 비전과 마찬가지로, 토우티아오는 머신 러닝 기능을 활용하여 사용자의 취향을 예측하고, 사람들이 원하는 때에 원하는 것을 기본적으로 제공하며 자극적인 뉴스 소비보다는 좀 더 여유로운 독서 경험을 제공했다. 이렇듯, 정보는 콘텐츠 출처에 중점을 두고 사람들의 관심사에 새로운 초점을 맞추면서 끝없는 흐름으로 제시되었다.

글로벌 경관

바이트댄스가 설립 직후 사용한 인터넷 정보 배포 프레임 워크 "추천" 기능은 사실 다른 글로벌 기업인 페이스북이 이미 사용하고 있었던 방법이었다.

2013년, 마크 저커버그는 페이스북 뉴스 피드에 중대한 변화를 예고하며 "세계 모든 사람들에게 세계 최고의 개인 맞춤형 신문을 선물하고 싶다."[89]라고 말한 바 있다. 미국의 IT 대기업은 머신러닝을 사용하는 것이 경쟁력을 유지하는 핵심이라고 생각했다.

페이스북 뉴스 피드는 이미 친구와 가족, 뉴스 미디어, 광고, 브랜드 등의 콘텐츠를 최적화하여 추천하는 정교한 기술을 적용하고 있었으며 인스타그램은 2014년도부터 인기 탭인 "탐색" 탭을 각 사용자에 맞게 정확하게 맞춤화된 콘텐츠를 표시하도록 조정했다. 유튜브 또한 2011년부터 참여율을 높이기 위한 가장 효과적인 전략으로 추천 동영상을 최적화하는 데 집중하기 시작했다.

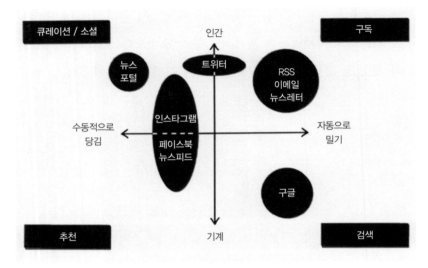

[2013년, 다양한 미국 플랫폼에 의해 사용된 주요 콘텐츠 유통 방법]

무르익은 중국 시장의 기회

바이트댄스 설립 직후 중국 시장의 경쟁 역학 분석을 위해 동일한 프레임워크를 적용해 본 결과, 우린 토우티아오의 포지션이 다른 주요 플랫폼과 근본적으로 다르다는 것을 알 수 있었다.

데스크톱과 모바일 두 개의 매체에서 모두 강력한 기술력과 높은 브랜드 인지도를 가진 바이두는 중국 검색 시장의 선두 주자이다. 미국인들이 "내가 구글 해 볼게!"라고 말하는 것과 마찬가지로 중국인도 바이두를 동사로 사용한다. 돈벌이가 되는 검색 시장에서 바이두의 목을 조르는 도전을 하기는 쉽지 않을 것이다.

또한, 중국 모바일 인터넷의 거대기업은 '슈퍼앱'으로 불리는 위챗이다. 이는 당시 미디어 콘텐츠 유통 방식으로 구독을 기반으로 하는 공식 계정과 '모멘트'라는 이름의 뉴스 피드, 이 두 가지를 모두 수용한 앱이다.

'모멘트'는 여러 면에서 위챗의 창시자 앨런 장의 철학을 구현한 것이다. 당시 그는 알고리즘 추천 시스템의 기술력을 의심하며 해당 알고리즘을 무시했던 것으로 묘사될 수도 있다.[90] 단순히 사용자의 연락처에서 역순으로 정리된 게시물로, 사진에 필터를 사용하는 것조차 허용하지 않는 위챗의 "모멘트"를, 그는 사람들 사이의 진정한 의사소통을 위한 장소라 생각했기 때문이다.

반대로, 중국의 또 다른 모바일 인터넷의 거대 기업인 웨이보는 미디어 중심의 조직이었다. 그들은 최고의 기술이나 사용자 경험을 통해서

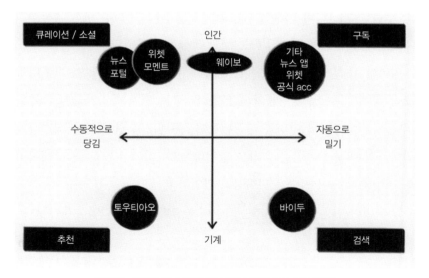

[2013년, 다양한 중국 플랫폼에 의해 사용된 주요 유통 방법]

가 아닌 유명 연예인들과 언론 매체들의 플랫폼을 확보함으로써 소위 "중국의 트위터"라고 불리는 마이크로 블로깅 세계를 장악하는 데 성공할 수 있었다.

앞서 웨이보는 이미 가입한 계정을 기반으로 사용자에게 태그를 지정하게 하고 이를 통해 어떤 콘텐츠를 추천할지 결정하는 일반적인 선호도 지표로 활용했다. 그들은 이 조잡한 추천 기술을 더 개선하는 것에 주력하지 않고 오히려 인플루언서의 플랫폼을 보다 효과적으로 관리하고 가치를 창출하는 데 주력했으며, 이제 막 고성장 시장의 막을 여는 중국의 하위 계층 도시의 방대한 사용자 풀로 영역을 확장했다. 더 좋은 기술로 간주되는 추천 기능에 투자하는 것은 우선순위가 낮았다.

시장을 선도하는 많은 뉴스 플랫폼들은 여전히 편집 담당자들에게 의존하여 콘텐츠를 부각시키는 일을 했고, 당시 대부분의 스마트폰 뉴스 앱은 그저 PC의 복제품으로 관심사(예: 금융, 라이프스타일, 스포츠)에 기반한 콘텐츠 채널에 가입하는 것만 가능한 정도였다.

이러한 뉴스 앱들은 경쟁적인 부분에서 격차가 거의 없어 토우티아오가 공격할 수 있는 빈틈이 충분했다. 모든 벤처 투자가들이 그들의 라운드 B 투자에서 이밍을 거절했듯이, 콘텐츠 추천 기능을 심각하게 받아들인 대형 플랫폼은 하나도 없었다. 모바일에서 가장 큰 플레이어인 위챗마저도 이 기술을 의심하고 있었다.

그리고 마침내, 바이트댄스는 그들이 틀렸다는 것을 증명하기로 했다.

CHAPTER 4

중국에서는
뉴스가 당신을 읽는다

[대형 중앙 "물고기 어항" 유리 회의실, 바이트댄스 베이징 본사,
구 항공 박물관 AVIC Plaza]

"저희는 저희의 무기인 콘텐츠를 위한 가장 큰 머신,
러닝 플랫폼을 구축했습니다"

- 레이(Lei Li), 바이트댄스 AI 연구소

타임라인

2012년 9월 토우티아오의 맞춤형 추천 시스템 가동

2013년 8월 장리동(张利东 Zhang Lidong), 바이트댄스에 합류하여 상용화 주도

2014년 양정웬(杨震原 Yang Zhenyuan), 기술 부사장으로 바이트댄스에 합류

2015년 1월 오키나와 연례 회의 개최

2016년 2월 새 사무실 AVIC Plaza로 이전

2012년 중반, 바이트댄스 기술팀은 "추천 엔진 총회"라는 불길한 제목의 이메일을 받았다. 회사의 미래를 결정짓는 주제에 대한 회의를 추진하기로 결심한 이밍은 아래와 같은 이메일을 기술팀에보냈다.

"정보 플랫폼이 되기 위해서는 개인화된 추천 엔진을 잘 다루는 것이 필요합니다. 지금 이 일을 시작해도 되겠습니까?"

토우티아오의 초기 추천 시스템, 이른바 "개인화 기술"은 그 당시엔 아무것도 완성되어 있지 않은 기초 단계에 머물러 있었다. 앱을 열면 상위 기사가 쏟아져 사용자를 사로잡았으며 그다음에는 특정 인구에만 의존하지 않고 미리 타기팅된 클릭 미끼 기사를 혼합하여 더 다양한 사람들을 독자로 만들 계획이었다. 미리 보기에 여성 레이싱 모델의 사진이 있는 기사는 아마 남성들이 주로 클릭할 것이고, 매우 도덕적인 느낌이 나는 『내 영혼의 닭고기 수프』관련 기사는 노인이 주 구독자일 것이다. 그리고 이러한 추측을 보완하기 위해서는 사용자의 스마트폰 모델, 지리적 위치, 앱을 사용하는 시간 등의 기본적인 정보 또한 필요로 했다.

이것은 분명 괜찮은 시작이었지만, 이밍이 바라는 회사의 기술과는 거리가 멀었다. 업계 최고가 되어 다른 회사들보다 지속적으로 우위를 점할 수 있는 기술을 만들고 그 잠재력을 극대화하기를 원했던 그가 현재 수준을 넘어서기 위해서는 위협적인 기술적 장벽에 도전해야 했다. 그러나 안타깝게도 그의 소규모 기술팀은 검색 엔진과 모바일 앱 개발 경험은 있지만, 누구도 최첨단 개인 맞춤형 추천 엔진을 개발할 수 있는 깊은 전문지식이나 능력을 갖추지 못했다. 이러한 이유로, 팀 내 많은 이들은 기술적 능력이 부족하여 목표를 달성할 수 있는지에 대해 깊은 우려를 표했다. 고가의 외부 전문가들을 스카우트해 오는 것은 개조된 아파트에서 일하는 스타트업 입장에서 너무나도 비현실적인 일이었다. 물론, 중국에는 그들이 찾고 있는 전문지식을 가진 사람이 거의 없다는 것도 문제였다.

하지만 그 누구도 이밍의 완강한 고집을 꺾을 수 없었다. 그가 생각했던 것처럼, 그들은 혁신적으로 모바일 인터넷의 물결에 타 올라 적당한 성공을 이끌 수도 있고, 아니면 가치 창출의 근본적 돌파구를 달성하기 위해 총력을 기울일 수도 있다.

"저흰 지금 당장 추천 기능을 만들어 낼 수 없지만 지금부터 배울 수는 있습니다. 그리고 이 회의가 끝나면, 당장 저부터 그 배움에 앞장서겠습니다."라며 이밍은 직원 앞에 모범을 약속했다.

이러한 '배움 운동' 중, 이밍은 곧 출간될 책 『Putting In Practice Recommender Systems』[91]에 대해 알게 되었다. 그 당시 중국의 머신러닝의 선두주자 중 한 명인 전문가 샹량(项亮 Xiang Liang)이[92] 쓴 이 책은 딱 그들에게 필요한 책이었고, 이밍은 당시 동영상 스트리밍 사이트 훌루닷컴(Hulu)에서 연구원으로 재직하던 샹에게 개인적으로 연락하여 사본을 요청했으나 책이 아직 출판되지 않았다는 이유로 거절당했다.

당황한 이밍은 결국 온라인에서 해당 자료들을 수집하며 공부를 시작했고 운명의 장난처럼 몇 년 후, 샹은 바이트댄스에 합류하여 회사의 AI 연구실의 주요 머신 러닝 연구원 중 한 명이 되었다. 후에 이밍은 샹이 자신의 책을 끝내 보내지 않아 추천 기능의 개발이 지연되었던 당시를 떠올리며 "추천 엔진을 만들기 위해 진정으로 결심한 기업은 몇 개 안 되고 그중에서도 대부분이 실패를 경험했다."[93]고 전했다.

그의 순수한 결단력과 독학도 어느 정도 효과가 있는 것으로 입증되었지만, 결국 바이트댄스에 가장 효과적인 방법은 외부 인재를 스카우트하는 것이었다. 이밍은 동급 혹은 더 좋은 추천 엔진을 만들기 위해서는 다른 회사의 숙련된 전문가가 필요하다는 것을 깨달았다. 그리고 그들에게는 최고 수준의 인재를 보유하고 있는 대기업 바이두가 있었다.

베이징에 본사를 둔 바이두는 중국 최대의 인터넷 기업 중 하나로, 최고 수준의 기술 인재를 보유하고 있는 것으로 알려졌다. 중국 검색 시장에서 구글이 퇴출되면서 사실상 경쟁 상대가 없던 바이두는 비교적 안전하게 시장에서의 지위를 누릴 수 있었다. 바이트댄스 초기에 이밍은 바이두를 가장 중요한 경쟁자로 여겼다. 그는 바이두의 알고리즘 기술을 몹시 의식했으며 중국에서 그가 주력하고자 하는 지역에 위치한 가장 유능한 회사라고 생각했다.

다행히도 바이두는 개인화 추천의 중요성을 일찍이 깨닫지 못했고, 이것은 이밍의 바이트댄스에 큰 도움이 됐다. 사실상, 검색 영역에서 타의 추종을 불허할 만큼 독보적인 바이두는 모바일 영역에서조차 밀리고 있는 바이트댄스로부터 기습 공격을 당한 것이나 다름없었다. 언론에서 "중국의 구글"이라 홍보했음에도 불구하고 구글과 달리 바이두는 스마트폰 운영체제인 안드로이드를 통제할 수 있는 권력을 누리지 못했고, 파벌 싸움과 진영 내부의 경영 문제에 시달리고 있다는 이미지도 도움이 되지 않았다. 또한, 회사의 대표이자 설립자인 로빈 리(李彦宏 Robin Li)의 부인이 회사의 중요한 결정에 입김을 불어넣었다는 소문도 끊이지 않았다.

이러한 상황 속에서 2014년 바이트댄스가 9년간 바이두에서 재직 중인 양정웬 검색 부서 차장을 스카우트하면서 혁신이 이루어지기 시작했다. 양은 즉시 바이트댄스의 기술부사장으로 임명되었고 대대적인 기술 업그레이드 조정에 착수했다.

바이두의 풍부한 기술 인재 풀을 싹쓸이하기 위해 거액의 연봉 인상과 넉넉한 스톡옵션 제도로 총력을 기울인 바이트댄스에 양이 합류하자, 그를 따르는 많은 바이두 엔지니어들이 바이트댄스를 찾아왔다. 바이트댄스는 2015년에서 2016년까지 천위창(陈雨强 Chen Yuqiang), 주원자(朱文佳 Zhu Wenjia)[94] 등 바이두의 거물급 인재들을 영입한 뒤 기존 추천 포맷에서 벗어나 지속 가능한 추천 기술을 창출하기 위해 나섰다.

[2014년 초, 당시 재직하고 있던 100명의 직원들과 함께 찍은 사진]

ATTENTION FACTORY

그 후 주원자는 더우인과 틱톡이 사용하는 오리지널 추천 시스템을 개발하는 팀을 이끌었다.

2016년, 회사의 기술 전문성은 알고리즘으로 콘텐츠를 생성하는 방법을 실험할 수 있는 수준에 도달했다. 그해 올림픽 기간 동안, 바이트댄스 개발 봇은 독창적인 뉴스 보도를 작성하여 기존 미디어보다 더 빨리 주요 사건에 대한 기사를 게재했는데, 작가들이 작성한 기사에 버금가는 수준의 필적으로 상당한 참여도를 이끌어 냈다.

이러한 추천 시스템은 바이트댄스의 핵심 기술이 되었으며, 틱톡의 단편 영상부터 토우티아오의 기사, 그리고 그들의 앱 네이한 돤즈의 코믹 짤에 이르기까지 이 모든 것을 뒷받침했다.

추천 101

2018년 1월 바이트댄스는 베이징에서 공개회의를 열어 그들의 알고리즘 작동 방식을 공개했다.[95] 이번 회의의 목표는 음란물 유포에 대한 국영 언론과 인터넷 감시자들의 구체적인 비판을 잠재우는 데 있었다. 행사에는 회사의 수석 알고리즘 설계자 카오(Cao Huanhuan)가 나와 바이트댄스의 추천 시스템 원칙을 자세히 다루었다. 그의 발표 내용은 아래와 같다.[96]

바이트댄스의 시스템은 콘텐츠 프로필, 사용자 프로필과 환경 프로필, 이 세 가지 프로필을 중심으로 한다. 카오는 리버풀과 맨체스터 유나이티드의 잉글랜드 프리미어리그 축구 경기에 관한 뉴스 기사를 예로 들어 콘텐츠 프로필을 설명했다. 기사는 자연어 처리를 이용해 키워드를 추출하며 '리버풀 풋볼 클럽', '맨체스터 유나이티드 풋볼 클럽',

'영국 프리미어 리그' 및 게임의 주요 선수 '다비드 데 헤아(David de Gea)' 같은 이름도 추출하게 된다.

그런 다음 키워드의 관련성을 계산하게 되는데 "맨체스터 유나이티드 풋볼 클럽"은 0.9835, "다비드 데 헤아"는 0.9973으로 예상대로 매우 높았다. 또한 콘텐츠 프로필에는 기사가 게시된 시기도 포함되어 있어, 시스템에서 기사가 작성된 시간을 계산하고 오래된 기사는 추천을 중지할 수도 있다.

사용자 프로필은 사용자의 인터넷 사용 기록, 검색 기록, 사용 중인 기계 유형, 기계 위치, 연령, 성별 및 행동 특성을 포함한 다양한 소스로부터 구축된다. 사용자는 소셜 데이터와 사용자 행동 특성에 따라 수만 개의 위도로 나뉘어 서로 다른 프로필을 구축했다.

플랫폼에서 추천하는 게시물을 읽을 때, 사실 그 플랫폼은 우리가 무엇을 읽기로 선택하는지, 무엇을 무시할지, 어떤 내용에 얼마나 시간을 투자하는지, 어떤 기사에 댓글을 달지, 어떤 이야기를 공유할지 등 사용자 행동을 추적함으로써 사용자들의 선호도를 학습한다.

마지막으로, 환경 프로필은 다양한 상황에 따라 사람들의 선호도가 다르기에 사용자의 직장, 가정 또는 출퇴근 중의 지하철 등 위치를 기반으로 한다. 다른 특성으로는 날씨와 심지어 사용자의 네트워크 연결 안정성, 사용자의 네트워크 환경(예: Wi-Fi 또는 China Mobile 4G)이 있다. 시스템은 읽은 기사 비율과 그 소요 시간의 백분율을 최적화하는 콘텐츠 프로필, 사용자 프로필 및 환경 프로필 간의 가장 정확한 통계를 계산한다.

콘텐츠 유통 작업 과정에는 품질과 잠재적인 독자층을 바탕으로 새로 게시된 각 스토리에 "추천 가치값"을 할당 및 계산하는 작업이 포함된다. 값이 높을수록 해당 기사는 더 적합한 사람들에게 전달될 것이며, 사용자가 스토리와 상호작용하며 스토리의 추천값이 변경된다. 좋아요, 댓글, 공유와 같은 긍정적인 상호작용은 추천 가치를 증가시키고, 싫어요, 짧은 가독 시간과 같은 부정적인 행동은 그 가치를 낮추는데, 콘텐츠의 작성 시간에 따라 값도 변경된다. 스포츠나 주가와 같은 빠른 뉴스 주기 카테고리의 경우 하루나 이틀 정도면 가치가 크게 하락하는 방면, 라이프스타일이나 요리와 같은 꾸준한 범주의 경우, 그 과정은 더 느릴 수 있다.

해당 작업 이후 유지율은 크게 감소하는 것으로 나타났기에 결국 새로운 사용자에게 추천하는 최초 100개의 기사에 초점을 맞추는 것이 매우 중요한 것으로 여겨졌다.[97] "노스 스타"의 핵심 성장 지표를 파악하고 수량화하면 초기 페이스북 개발팀이 10일 이내에 새로운 사용자들이 7명의 친구를 추가하도록 하는 데 어떻게 초점을 맞추었는지를 알 수 있는데, 전 임원인 차마스(Chamath Palihapitiya)에 따르면, 페이스북의 초기 개발팀은 "이 성장 지표 외에는 다른 것을 언급하지 않았다."고 한다.[98] 바이트댄스의 이러한 초점은 45%[99] 이상의 높은 유지율로 이어졌으며, 일반적으로 대표 소셜 네트워크와 관련되어 전 세계적으로 사용자당 앱에 소요되는 평균 시간 중 가장 높은 것으로 나타났다.

토우티아오로 작성된 기사를 추천하는 이 핵심 시스템은 후에 업그레이드되어 틱톡 및 더우인의 숏폼비디오에 적용되었으며, 바이트댄스의 모든 앱은 동일한 백엔드 권장 엔진 시스템을 사용한다. 하지만 긴 영상의 경우, 키워드 태그나 정확한 제목 혹은 설명 없이 업로드되어 추천 시스템을 적용하기에는 어려우며 영상이 실제로 무슨 내용인

[기사의 추천값에 영향을 미치는 몇 가지 요인]

지 알아내는 것은 또 다른 컴퓨터 비전이 될 수 있다.

추천 시스템에 의존하여 참여도를 높이는 것의 장점은 "데이터 네트워크 효과", 즉 시간이 지남에 따라 지속적으로 개선되는 선순환을 만드는 것이다. 앱을 사용하는 시간이 많을수록 사용자 프로필이 더욱 풍부해져 콘텐츠 매칭이 더 정확해지고 사용자 경험도 향상되어 자연스럽게 앱에서 더 많은 시간을 보내게 되며, 이는 사용자 프로필 등을 더욱 풍부하게 한다.

이러한 선순환은 영향력은 있지만 무한히 지속되지는 않는다. 사용자 경험의 개선 속도는 처음에는 빠르지만, 시간이 지나 사용자의 프로필이 완전히 정확해지고 상세한 관심 그래프가 형성되는 지점까지 점점 더 상승하다가 한계 지점에 다다를 것이다.

ATTENTION FACTORY

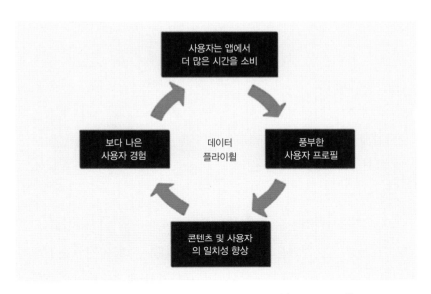

[바이트댄스 콘텐츠 플랫폼의 핵심 데이터 플라이휠(Data Flywheel)]

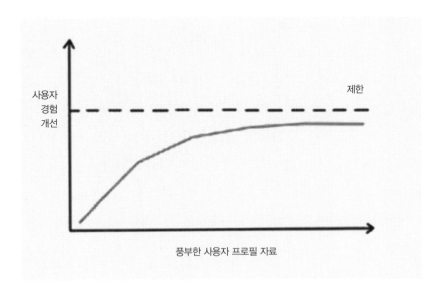

시스템의 또 다른 한계는 필수 인간 요소이다. 토우티아오는 인간 편집자들을 없앤 순수 기술 주도적인 회사라 주장했지만, 이러한 설명에는 다소 오해의 소지가 있었다. 시스템은 여전히 기사 태그 지정과 내용 검토와 같은 기본적인 반복 작업을 수행하는 노동력에 크게 의존하여 머신 러닝을 지원했다. 정확한 추천을 위해서는 핵심 용어를 안정적으로 추출하는 것이 중요했지만, 자연어 처리와 같은 기술은 제한된 정도까지만 가능했다.

그럼에도 불구하고, 추천이 아무리 정확하더라도 경쟁자들보다 더 좋은 제품을 갖는 것만으로는 충분하지 않았다. 사용자 기반을 빠르게 확장하고 회사를 유니콘회사의 가치로 높이기 위해 토우티아오 개발팀은 그로스해킹(Growth hacking 한정된 예산하에 빠른 성장을 해야 하는 스타트업에 효과적인 마케팅 기법) 기술을 마스터해야 했다.

그로스해킹 - 중국식으로

중국 심천(深圳 Shenzhen) 공항 창고 3A는 수십만 대의 전화기로 가득했다. 벽에서 벽까지, 화물 운반대에서 또 다른 화물 운반대까지, 모두 공장 생산 라인에서 바로 나온 것처럼 보이는 한 무더기의 새 스마트폰으로 가득 차 있었다. 그날 오후 늦은 시간, 스마트폰들은 비행기에 실려 중국의 주요 도시들을 가로질러 운송될 것이며, 지방 유통업체, 하위 유통업체, 매장 네트워크의 복잡한 비잔틴 시스템(byzantine system)을 거쳐 마침내 소비자의 손에 들어갈 것이다.

회색 작업복 차림의 젊은 남녀들이 아침 일찍부터 출근하기 위해 줄을 섰다. 평범한 사람들에게 이들은 하루 종일 화물을 싣고 내릴 준비가 된 창고 직원들로 보였지만, 이 그룹은 사실 매우 다른 작업을 수행하고 있었다.

"좋아요, 여러분! 아시다시피 시간은 12대의 전화 한 묶음당 5분이고 추가 시간은 없으니 빨리빨리 작업하세요. 자 그럼 시작합시다!"

그룹 리더의 외침에, 그들은 즉시 일을 시작했다. 다음 순서를 따라 반복 작업이 진행됐다.

먼저, 특수 장치를 사용하여 테이프가 떨어질 때까지 포장 박스 씰에 뜨거운 공기를 불어 넣는다. 폰은 조심스럽게 꺼내서 모든 것을 깨끗한 상태로 유지해야 하며, iPad 크기의 화면과 12개의 USB 포트가 줄지어 있는 두꺼운 플라스틱 상자 같은 기계에 폰을 연결한 후,[100] 올바른 옵션을 선택한 다음 "확인" 버튼을 누른다. 잠깐 기다리다가 기계가 일을 마치면 폰을 풀고 처음 상태처럼 다시 원래 상자 안에 넣은 다음 테이프로 봉해야 한다.

5분도 걸리지 않는 이 모든 과정은 매일 매시간 반복되었다. 8시간의 근무 시간 동안 계속 작동하는 이 기계는 86대만 있어도 10만 대의 안드로이드 기기를 처리하기에 충분하다. 목표는 각 스마트폰에 십여 개의 추가 앱을 일괄 설치하는 것이었는데, 그중 하나가 바로 토우티아오이다.

베이징으로 돌아온 이밍과 임원 정챵(曾强 Zeng Qiang)은 이미 보편화되어 버린 사전 설치와 관련된 내역을 스프레드시트로 만들었다. 각 유통 채널과 제조업체의 설치 및 활성화 총횟수는 깔끔한 행으로 정리되었으며 30일간의 유지율, 장치 모델, A/B 테스트, 중국의 수많은 도시와 마을의 서비스 제공률 등 여러 요인을 세분화하여 상세하게 분석했다. 그 결과, 그들은 가장 효과적으로 신규 사용자를 발굴하고 회사를 빠르게 추적하기 위해 예산을 최적화하고 복잡한 시스템을 적용하기로 결정했다. 바로, 공장에서 출고된 후 유통업체와의 거래를 축소하고 소비자에게 도달하기 전 전화기에 애플리케이션을 사전 설치하기 위해 회색 시장을 찾은 것이다.[101]

  중국 표준 인터넷 산업에서도 스마트폰에 앱을 미리 설치하는 시장은 어수선하고 황량한 서부지역이라 불렸다. 그러나 안드로이드 기기는 가장 효율적인 비용으로 대규모 사용자에게 도달할 수 있는 채널이

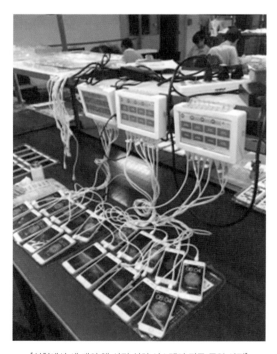

[심천에서 세 대의 앱 사전 설치 시스템이 작동 중인 사진]

어서 항상 수요가 많았다. 바이트댄스가 앱 사전 설치에 예산을 할당하기 시작했을 때, 그들은 설치당 약 0.4위안(0.06달러)을 지불했는데, 이는 당시 시장가격보다 높았지만 4년 후 다른 곳의 가격이 12위안(1.68달러) 이상으로 올랐을 당시에도 이 가격을 유지한 점을 감안하면 여전히 믿기 어려울 만큼 저렴하다.

대부분의 소비자들은 스마트폰의 가격, 브랜드, 스펙에만 관심이 있을 뿐, 어떤 소프트웨어를 설치해야 하는지에 대해 무지하거나 무관심했기 때문에 앱 사전 설치 관행은 효과가 있었다. 안드로이드 운영체제 외의 기기에 있는 기본 앱들은 대부분의 사람들에게는 전혀 문제가 되지 않는다. 미리 설치된 대부분의 앱들은 그저 호기심에 한 번만 사용되었거나 삭제되었지만, 토우티아오는 다른 앱들과는 달리 한 번의 사용만으로도 꾸준한 활성 사용자로 전환시킬 수 있는 장점을 가지고 있었다.

뉴스와 기타 웹 콘텐츠를 읽는 것은 대부분의 사람들에게는 필수 요소이자 매우 빈번한 활동이었다. 밝은 빨간색 배너와 "헤드라인"이라는 글자가 쓰인 신문, 토우티아오의 로고는 이 앱의 용도에 대해 의심할 여지를 남기지 않았다. 사용자가 사전 설치에서 이를 시험해 볼 수 있다면 데이터 플라이휠을 실행하여 사용자 프로필을 풍부하게 하며, 개인화된 콘텐츠를 표시할 수 있는 기회를 얻게 된다. 그래서 사용자가 토우티아오를 사용하는 습관을 들인 경우, 일반적으로 앱을 삭제하지 않는다.

사실상 해당 관행이 만연한 상황에서 앱 사전 설치에 의문을 제기하는 매장은 거의 없었고, 경쟁이 치열하고 마진이 희박한 업계에서 사전 설치는 반가운 부수입이었다. 사전 설치 앱의 수익성이 높아짐에 따라, 유통망의 여러 단계별 유통업체들은 에이전트를 고용해 이 관행을 수용했다. 제조업체는 앱 세트를 설치했고, 1단계 유통 에이전트는 작업을 추가했으며, 2단계 유통 에이전트는 또 다른 추가 작업을 실행했다. 심지어 매장 자체에서도 몇 개의 앱을 추가하기도 했다.[102]

이러한 관행이 지속되자, CCTV 뉴스는 60개가 넘는 앱이 설치된 새 스마트폰의 사례를 집중 조명하기도 했다. 너무나 많은 프로그램이 실행되고 스마트폰의 메모리가 수백 메가바이트에 불과했기 때문에, 성능에 심각한 영향을 주었다. 설상가상으로, 스마트폰의 전체 운영 체제를 재설치하는 방법을 사용하여 앱을 미리 설치하는 경우도 드물지 않았다. 이러한 방식으로 스마트폰에 설치된 앱은 종종 시스템 루트 권한이 부여되어 제거하고 싶어도 제거하지 못하는 상황 또한 발생했다.[103]

또한 유통 체인의 모든 단계에서 기존에 설치된 앱의 일부 또는 전부를 제거하는 결과를 초래할 가능성이 있어, 바이트댄스와 같은 앱 개발자들에게 심각한 위험성을 안겨 주었다. 화웨이나 샤오미 같은 상류 제조업체와 스마트폰에 토우티아오를 사전 설치하기로 한 거래는 나중에 다운스트림 유통업체가 자체 앱 세트로 운영체제를 재설치하는 것으로 부결될 수 있다. 시장에 자리 잡은 해결책은 개발자들이 활성화된 앱에만 돈을 지불하는 것이었다. 이것은 일명 상류층이라 불리는 제조업체들에게는 불리했다. 반대로, 다운스트림에서 발생한 배포 채널은 제어가 거의 없었고, 사전 설치된 앱을 열어 사용하기로 한 사용자의 결정에 대한 제어도 훨씬 낮았다.

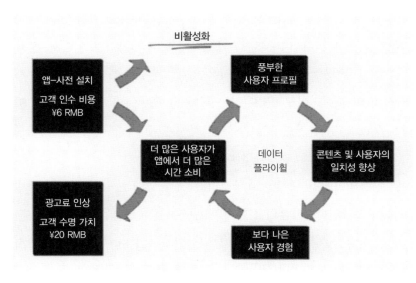

[앱 사전 설치 모델(화폐성 가치 설명)]

바이트댄스 같은 개발자들은 더 작은 유통업체와 현지 창고를 찾아가게 되었으며, 마침내 개별 매장과 협력하여 앱을 삭제하지 않고 최종 소비자에게 제공하도록 했다. 이렇게 하면, 중국 하위 계층 도시의 매장 관리자들은 상당한 수익을 올릴 것이며, 한 매장의 도매 및 소매 판매를 합치면 보통 한 달에 2,000대의 스마트폰이 팔릴 것이다. 스마트폰에 25개의 앱을 평균 2위안의 가격으로 사전 설치한다면, 매장 매니저의 매출은 월 10만 위안(1만4천 달러)이 될 것이고, 그들은 구매 과정의 일환으로 고객의 전화 설정, SIM 카드 삽입, 암호 설정, 보증 서명, 단축키 소개, 사전 설치된 앱 활성화 등의 작업을 도와주면 된다. 이러한 방식으로 매장 관리자들이 앱을 직접 활성화하기 때문에 거의 완벽한 활성화 속도가 보장될 것이다.

바이트댄스는 사전 설치에 대부분의 투자를 하기로 결정했다. 바이트댄스는 업계 최고의 파트너를 확보하기 위해 시장가보다 더 높은 요금을 지불하면서까지 업계의 균형을 바꿔 다른 앱 개발자들로부터 사전 설치 비용을 높이고 있다는 등의 불평을 들어야만 했다. 반대로 이밍은 최초로 정품 인증 횟수가 아닌 설치 횟수 기준으로 비용 청구를 수락하여 제조업체의 호감을 샀다.

덜 정통적이지만 여전히 효과적인 설치 방법에는 광고 회사의 서비스 또한 포함된다. 그들의 전형적인 전략은 여대생들을 모집하여 길거리에서 사람들을 멈추게 하고 선물이나 작은 상금의 대가로 앱을 설치하도록 권장하는 것이다. 이 방법은 젊은이들에게는 잘 먹히지 않았지만, 나이 든 남자들에게는 호감을 얻었다.

토우티아오 설립 초기 당시, 바이트댄스는 사전 설치를 통해 수천만 명의 사용자를 확보할 수 있었다. 이로 인해 회사의 핵심 사용자들은 저가의 안드로이드 기기를 사용하는 사람들이었고, 그중 상당수는 이미 토우티아오가 사전에 설치된 스마트폰을 구입했다. 그리고 시간이 지나면서, 이 핵심 그룹의 콘텐츠 선호도는 회사를 향한 대중의 인식에 큰 영향을 주기 시작했다.

사실, 해당 앱은 사람들에게 무의미하고 교양 없는 쓰레기를 제공한다는 평판을 얻었다.

"저흰 사람들의 요구 중 96%는 저속한 것이라는 사실을 직시해야 합니다."[104]

수석 UI 디자이너이자 바이트댄스의 22번째 직원이었던 가오(高寒 Gao Han)의 설명이다. 하지만 그는 앱의 평판이 예상외로 좋다는 것을 확인하며 이렇게 말했다.

"토우티아오는 당연히 쓰레기일 수 있죠. 클릭 한 번이면 모든 종류의 지저분한 뉴스들이 쏟아져 나오니까요. 맞아요, 인정하겠습니다."

모든 사람들은 정크 푸드가 몸에 나쁘다는 것을 알지만, 사람들은 여전히 정크 푸드를 즐겨 먹는 것처럼 바이트댄스는 저속한 내용을 적극적으로 밀고 나가는 것을 강력히 부인했지만,[105] 사람들이 원하는 것을 제공해 주는 사업은 부정할 수 없었다. 마침 그들은 중국 대중들이 매일 기름진 빅치즈버거와 같은 자극적인 제목의 뉴스, 유명인사의 스캔들, 예쁜 여성들의 사진 등을 원한다는 것을 알았다. "중국 전체가 사회 엘리트들로 구성되어 있다고 생각하십니까? 대학 교육률은 4%에 불과합니다."라고 가오는 덧붙였다.

하지만 이러한 현실조차 일일 정보 섭취량의 60%를 바이트댄스의 자체 제품, 주로 토우티아오에서 얻는다고 주장하는 이밍을 설득하진 못했다. 심지어 그는 한 언론 인터뷰 도중 자신의 휴대폰을 꺼내 토우티아오 앱을 열어 기자와 해당 앱에 대해 이야기를 한 적도 있다.[106] 그는 직접 피드를 스크롤하며 시스템의 추천 정확도를 높이 평가했으며 산업 합병 보고서, 증권 시장 목록, 각 회사 임원들의 소식 등이 포함된 피드가 그의 개인적인 선호도를 정확하게 만족시켰고 상당한 가치를 제공했다고 주장했다.

뉴스 기사 업계에서는 "농구 치어리더"와 "레이싱 모델" 이 두 개의 사진 헤드라인을 악명 높은 저품질 기사라 불리고 있었다. "혹시 이 사진 헤드라인들 역시 시스템에 의해 정확히 계산된 거였나요?" 기자는 망설이며 물었다.

드디어 돈을 벌 때가 오다

신규 사용자를 발굴하고 클릭 미끼로 유인하면서 성장세는 잘 유지되고 있었다. 이제는 기어를 바꿔 다음 과제인 제품의 수익화에 초점을 맞출 때가 온 것이다. 바로 일반 콘텐츠와 함께 토우티아오의 뉴스 피드에 광고를 게재하는 것 말이다.

이 방법은 생각 외로 간단했다. 앱의 콘텐츠 타기팅 뒤에서 동일한 독점 기술을 활용하는 사용자 데이터를 기반으로 개인화된 광고를 통합하는 것인데, 이 방법은 확장성이 뛰어났고 자동화될 가능성도 있으며 사용자를 크게 방해하지도 않는 방법이었다.

하지만 바이트댄스에게는 문제가 있었다. 그것은 바로 간단한 모바일 광고의 효과에 대한 국내 시장의 회의론이었다. 지금은 믿을 수 없겠지만, 당시 많은 업계 종사자들이 스마트폰 화면이 너무 작아 광고에 적합하지 않다고 생각했다. 당시 모바일 광고는 대부분 전환율이 낮고 사용자 경험이 부족한 배너나 스플래시 스크린 광고와 같은 포맷을 사용했고, 페이스북이 개척한 뉴스 피드 광고는 중국보다 미국 시장에 훨씬 먼저 자리 잡아 광범위하게 사용되고 있었다.

데스크톱 시대에 대부분의 중국 브랜드 광고주들은 온라인 광고를 신뢰하지 않았다. 그들은 중국이 디지털 광고 분야에서 미국에 뒤처지는 것을 안 이상 정통적인 매체에서 모바일로 전환하기를 꺼렸다. 2010년대 중반까지 중국에서 가장 인기 있는 모바일 뉴스 피드는 위챗의 '모멘트'로, 사용자 경험을 보호하기 위해 광고를 적극적으로 기피했다. 모회사인 텐센트 또한 위챗에 간접적으로 제휴한 기업에 의존하는 검증된 비즈니스 모델을 통해 게임 내 소액결제, 프리미엄 음악 및

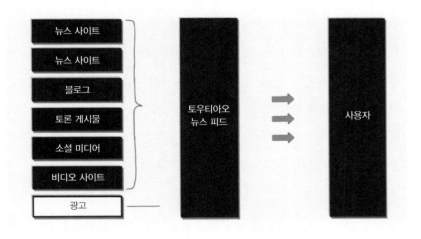

[토우티아오는 인터넷을 통해 다양한 형태의 콘텐츠를 집계하여
간헐적 광고와 함께 하나의 개인화된 뉴스피드를 사용자에게 제공]

비디오 콘텐츠 가입 등으로 수익을 창출했다.

바이트댄스의 수익화를 이끌기 위해, 이밍은 광고에 대한 깊은 경험과 접점을 가진 매우 능력 있으며 야심이 가득한 인재를 찾을 필요성을 깨달았다. 그는 오늘날 바이트댄스 중국 지사의 회장직을 맡고 있는 장리동(張利東 Zhang Lidong)으로, 당시 36개의 바이트댄스 지사에서 법정 대리인으로 활동하며[107] 이밍의 절대적인 신뢰를 얻고 있었다. 바이트댄스의 전 부사장은 그를 회사에서 두 번째로 중요한 인물로 뽑으며 이렇게 말했다.

"바이트댄스에는 두 명의 대체 불가능한 사람이 있는데 한 명은 이밍이고, 또 다른 한 명은 장리동이다."[108]

이밍보다 4살 연상인 리동은 건장한 체격으로 넓은 코와 짧은 검은 머리를 가지고 있었다. 그는 중국의 가장 가난한 지역들 중 하나인 린 펜(临汾 Linfen)에서 올라왔으며, 그의 고향은 산시 북부 내륙 지방에 4백만 명 이상의 주민이 살고 있는 도시였다. 산시성은 중국에 있는 모든 석탄 매장량의 약 3분의 1을 보유하고 있었으며 이러한 이유로 2000년대, 린펜은 세계은행의 대기 오염 순위[109]에서 최하위를 차지하며 지구상에서 가장 오염된 곳으로 선정되는 불운을 겪기도 했다.

리동은 8년 이상 언론에서 활동한 배테랑 기자였다. 그는 야심차게 베이징에 올라와 국영 신문인 베이징 타임즈(北京时报 Beijing Times)의 경제 뉴스부에 합류해 자동차 산업 전문기자로 활동했다.[110] 그 후 그는 급부상하여 편집장이 되었고, 후에 부사장 직급을 얻으면서 국내 최연소 광고 총책임자 중 한 명이라는 명성도 얻었다. 그러나 당시 신문업계는 급락을 겪고 있었으며 중국 신문 산업에서 가장 큰 유통 및 건강 사업 중 하나를 가지고 있는 베이징 타임즈 또한 크게 흔들려 결국 그의 전 고용주는 2017년[111] 설날에 출판 활동을 전면 중단할 수밖에 없었다.

리동을 스카우트하고 싶었던 이밍은 리동을 회사 사무실로 초대했다. 이밍은 회의장에 들어서자마자 작은 화이트보드에 '사용자 볼륨, 클릭율, 전환율, 단가, CPM, CPC'라는 글자를 적고 복잡하고 난해한 계산식을 길게 나열했다. 그 후 엔지니어가 나와 몇 시간 동안 이 방정식의 유도 과정을 설명했다. 리동은 나중에 자신이 하나도 이해하지 못했다고 고백했지만, 광고 수익모델을 추론하기 위해 수학을 사용하는 이밍의 접근법이 자신에게 큰 충격을 주었기 때문에 별문제가 되지

않았다고 털어놨다.[112]

리동이 들어온 지 얼마 되지 않아, 리동은 회사가 광고에 첫발을 내딛도록 이끌기 시작했다. 그가 바이트댄스의 광고를 시험해 보고자 한 첫 고객은 중국 소매 브랜드 궈메이(国美 Gome)가 운영하는 가전제품 매장으로, 베이징 북부 사무실에서 자동차로 10분 거리에 있었다.

아직 광고 삽입을 지원하는 백엔드 시스템이 구축되지 않았기 때문에 테스트는 뉴스 피드에 직접 하드 코딩하여 진행되었고, 바로 이 테스트에 사용된 첫 번째 광고는 매장 내 프로모션을 위한 쿠폰이었다. 뉴스피드에서 광고를 발견한 사람은 매장에 방문하여 계산 시 직원들에게 광고를 보여 주고 무료 식용유 한 병을 교환하는 식이었다. 식용유는 중국 가정에서 볶음 음식을 할 때 많이 사용되었기에 일반적인 판촉 선물로 제격이었다.

처음엔 매장 반경 3㎞ 이내 이용자만 광고에 노출되도록 설정했지만, 그다음 날 아무도 가게를 방문하지 않았다. 결국 반경을 10㎞까지 확장한 결과 12명 이상의 사람들이 쿠폰을 교환하게 되었고, 계속해서 범위를 넓힘에 따라 결국 모든 식용유가 소진될 때까지 100명이 넘는 사람들이 왔다. 홍보팀은 첫 번째 위치 기반 타기팅 광고의 작은 성공에 흥분했다. 이밍은 당시 상황이 마치 스티브 잡스의 자서전에서 그가 17번째 생일에 아버지로부터 받은 고장 난 낡은 차를 떠올리게 했다고 말했다. "아무리 고장 나고 오래된 차여도 그것은 여전히 차입니다."라고 잡스는 낙관적으로 생각했고 "우리의 첫 번째 광고에 대해 저도 이렇게 느꼈어요."라며 이밍은 우스갯소리로 말 했다.

리동이 자리를 잡으면서, 토우티아오의 영업부서는 2년 만에 5명에서 수백 명으로 커져 갔다. 리동은 구 신문광고업계에서 시도하고 테스팅한 많은 기술을 취합해 온라인 광고 사업에 적용했고, 중국 전역의 홍보 담당자들과 직접 고객들을 만나기 시작했다. 사실 그들이 확보한 첫 번째 주요 핵심 고객들은 바로 리동의 예전 협력 파트너로 오랜 시간 동안 알고 지낸 베이징의 자동차 제조업체들이었다.

바이트댄스의 전체 인력 중 상당수는 영업 사원과 리동이 감독하는 사업전략팀의 직원들로 구성되어 있다. 특히 그의 팀은 광고 판매를 비롯하여 모든 바이트댄스 앱에 대한 상용화 전략을 세우는 일도 했었는데 이는 회사의 자원 낭비, 업무 중복, 팀 간의 내부 경쟁을 감소시킨 아주 효율적인 방법이었다.

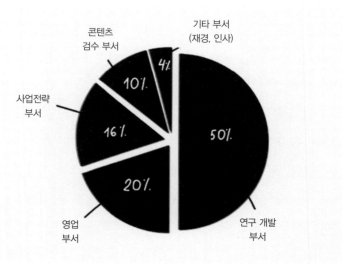

[바이트댄스 중국지사 직원 최근 추정치로 영업 및
사업전략팀의 합은 총 인원의 36%를 차지한다.]

보고된 광고 수익은 2014년 3억 위안, 2015년 15억 위안에서 2016년 80억 위안 정도로 급증하면서 바이트댄스는 중국의 거대 BAT기업들과 함께 광고 빅리그에 뛰어들기 시작했다. 이런 급속한 성장은 각 회사 설립 이후 동일한 기간을 비교했을 때 구글이나 페이스북 같은 광고 헤비급들을 능가하기도 한다.[113]

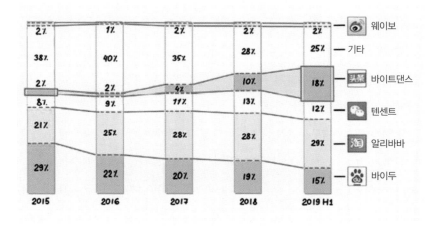

[중국 온라인 디지털 미디어 시장에서 바이트댄스가 차지하는 비중은 2015년 2%에 불과했지만 2019년 상반기에는 18%로 동종업계의 2위로 성장했다. 같은 기간 바이두의 시장 점유율은 29%에서 15%로 거의 절반으로 떨어졌다.[114]]

TMD, 새 시대의 BAT가 될 수 있을까?

바이트댄스는 더 이상 작은 물고기가 아니었다. 이미 중국 인터넷 생태계의 필수적인 부분이 되었고, 이밍은 중국의 가장 권위 있는 산업 모임에 초대되었다. 직원이 늘어 사무실은 늘 붐볐으며 공간이 계속 부족해지자 7-8곳의 오피스로 흩어져 업무를 보기 시작했다. 너무 작아서 "5명만 들어와도 꽉 차는 사무실"[115]이라 묘사되었던 이밍의 사무실까지. 결국, 그들은 새로운 사무실을 찾아 옮겨야만 했다.

다른 사람들과 공유하며 사용했던 오피스 건물을 벗어나 이사 온 새로운 본사 건물인 AVIC 플라자는 전체 건물이 모두 그들의 소유였고, 예전 사무실에서 서쪽으로 1킬로미터도 떨어지지 않은 베이징의 지춘로에 위치해 있었다. 벽은 세련된 그래피티로 가득 찼으며, 체육관, 게임 룸, 그리고 잘 갖춰진 구내식당까지 실리콘 밸리 회사와 견주어도 손색이 없었다. 새로운 본사인 이곳은 높은 천장과 건물 중앙에 있는 상당한 규모의 개방형 공간이 특징인데, 광대한 항공 박물관에서 이제는 "주목받는 공장"이 되었다.

"TMD"라는 새로운 용어는 무적이었던 바이두, 알리바바, 텐센트에 도전하는 떠오르는 인터넷 스타트업들로 중국 기술 매체에 처음 등장하기 시작했다. T는 토우티아오의 약자로 2018년까지 중국 언론은 항

[중국 최고 권위의 인터넷 컨퍼런스인 2015 우전 서밋(2015 Wuzhen Summit)의 지도자들의 단체 사진. 가장 왼쪽 끝에 자리하고 있는 이밍의 위치는 그가 참석자 중 가장 중요하지 않은 사람임을 보여 준다. 이와는 대조적으로 알리바바 최고경영자 잭 마, 텐센트 대표 포니 마(马化腾 Ma Huateng), 바이두 CEO 로빈 리, 링크드 인(Linked in) 창립자 리드 호프만(Reid Hoffman)은 중국 지도자인 시진핑 주석의 바로 옆을 차지하고 있다.[116]]

상 바이트댄스 자체를 "토우티아오"라 불렀다. M은 이밍의 친구 왕싱이 설립한 대표적인 온라인 음식 배달 및 레스토랑 예약 플랫폼인 "메이투안"을 나타냈다. D는 우버에 버금가는 중국 버전 차량 서비스인 "디디추싱"의 약자이다.

이밍은 자신의 외모를 더 잘 가꾸는 법에 관심을 갖기 시작했다. 직원들은 그가 "잠자는 자세가 좋지 않아 그의 머리카락이 몇 가닥 삐져 나온 채로 회사에 온 적도 있다."고 언급하기도 했다.[117] 결국 그는 마크 주커버그의 유명한 효율적인 복장 습관에 영감을 받아 99일 동안 중국 의류 브랜드 뱅크(Vanke Thomy)의 똑같은 티셔츠 99장을 구입해 차례로 착용했다.[118] 이제 그의 머리는 깔끔하게 정리되었고 옷은 더 잘 차려입었으며, 때때로 사람들 앞에서 정장을 입기도 했다.

인터넷 산업 포럼에 참석차 미국으로 여행을 간 이밍은 마이크로소프트의 빌 게이츠 옆에 편안하게 앉아 있는 모습을 보여 주기도 했다. 이밍의 대학 시절 룸메이트였던 루보는 그 모습을 보고 깜짝 놀라 어떻게 이렇게 빨리 적응했냐고 물으니, 그는 전혀 그렇지 않다고 반박했다.

하지만 동시에 바이트댄스가 어느 정도 그들의 성공의 희생양이 되고 있음은 분명했다. 중국의 인터넷 회사들은 그들의 경쟁업체의 앱과 기술을 복제하는 것에 있어 전혀 주저하지 않았으며, 이제 모든 중국 전통 인터넷 대기업들은 토우티아오의 사소한 제품의 혁신 기술들까지 열심히 모방하고 있었다. 모든 콘텐츠 플랫폼의 표준이 된 개인화 기술이 가진 힘을 모두가 이해했고, 이는 토우티아오가 가진 장점을 현저히 약화시켰다. 중국에서 토우티아오가 개척한 기능인 뉴스 및 엔터테인먼트 콘텐츠의 스크롤 피드는 결국 검색 엔진에서 브라우저 앱에

이르기까지 모든 종류의 콘텐츠 기반 애플리케이션에 나타나기 시작했다. 이렇듯, 시장이 포화에 이르면서 몇 년 안에 토우티아오의 성장이 상당히 둔화될 수밖에 없다는 점도 더욱 분명해지고 있었다. 이제 회사는 성장하기 위한 다른 방법들을 생각해 내야만 했다.

영상, 그 새로운 개척지

이밍이 2015년 사내 연례 회의가 오키나와의 작은 섬에서 개최될 것이라고 발표하자, 직원들은 매우 기뻐했다. 며칠 동안이지만 그들은 스모그와 추운 베이징 거리에서 벗어나 일본 남동쪽에서 거의 2,000㎞ 떨어진 낭만적인 곳에서 신선한 공기와 온화한 기후를 즐길 수 있었다. 중국 기술 산업의 "996"[119] 문화를 대입해 보았을 때, 사실상 직원 전체가 포상 휴가를 위해 비행한다는 것은 전례가 없는 일이었고, 오키나와 여행 소식이 전해지면서 업계 매체에도 실렸는데 "나른한 햇볕을 즐기는 것이 정말 최고의 보상이 될 것"이라고 언론은 평가했다.[120]

회의가 끝난 후, 이밍은 몇몇 매니저들과 일본 선술집에서 만나기로 했다. 특산품 요리를 먹으며 현지 사케를 마시는 중 화제는 자연스럽게 회사의 미래 방향으로 향했고 이밍은 "이젠 숏폼비디오를 볼 때가 된 것 같다."며 자신의 생각을 꺼냈다.

당시 2015년에도 모바일 앱의 숏폼비디오 카테고리는 새로운 기술은 아니었다. 지난 12개월 동안 대부분의 업계 유명 인사들이 숏폼비디오 앱을 홍보하는 데 많은 투자를 했고, 지하철역에는 텐센트의 웨이시(Waishi 腾讯视频), 웨이보가 투자한 메이파이(美拍 Meipai)의 광고가 도배되었다. 메이파이, 콰이쇼우(快手 Kuaishou) 등의 로컬 앱은 이미 대규모 활

[2015년, 오키나와섬에서 바이트댄스 직원들이 사진 촬영을 위해 포즈를 취하고 있다.[121]]

성 유저 베이스를 잘 구축하여 숏폼비디오계의 승자로 알려졌으며 많은 사람들은 바이트댄스가 이미 때를 놓쳤다고 평가했다.

한편, 숏폼비디오는 이미 뉴스 앱에 대한 대규모 참여를 유도하고 있었다. 전년도부터 토우티아오는 전문적으로 생성된 비디오 콘텐츠를 추가했는데, 일반적으로 1분에서 5분 정도의 비디오가 시청률이 높았다. 토우티아오팀은 비디오 크리에이터들을 유치하기 위해 몇 가지 성공적인 인센티브 프로그램을 출시하기도 했다.

숏폼비디오는 중국 내 네트워크 연결성과 인프라가 크게 개선된 상황에서 등장했다. 4G 네트워크가 표준이 된 시점에서 카페와 레스토랑 등 어디서나 무료 와이파이 사용이 가능해지고, 해상도가 향상됨에 따라 스마트폰의 화면이 점점 커지는 등 모바일 동영상 콘텐츠가 번창할 수 있는 조건이 갖춰지고 있었다. 그리고 바이트댄스에게, 이 모든 상황은 회사를 완전히 재정의하는 새로운 시대의 시작이 될 것이다.

PART_ 02

프론트 엔드

전체 화면의 숏폼비디오

CHAPTER 1

파리에서 상하이까지
- 뮤지컬리

[2017년, 뮤지컬리의 인플루언서 레노(Laeno)의 스크린 샷(당시 12세)]

*"하나 확실한 것은 여태 우리가 본 적 없는
가장 어린 소셜 네트워크라는 것입니다."*

- 게리 바이너척(Gary Vaynerchuk)

타임라인

2013년 1월 　6초짜리의 짧은 동영상 앱인 바인(Vine), 출시 직후 흥행 성공

2013년 6월 　인스타그램, 15초짜리 동영상 공유 기능 도입

2013년 7월 　파리의 소규모 스타트업팀, 풀 세로 모드의 음악 숏폼비디오 콘셉트 기획

2013년 10월 　민디(Mindie), 애플 앱스토어에 출시

2014년 1월 　민디, 초기 투자를 받은 것을 발표한 후 캘리포니아로 이전

2014년 4월 　뮤지컬리의 초기 버전 출시

2015년 1월 　립싱크 앱인 덥스매쉬(Dubsmash), 전 세계적으로 흥행

2015년 4월 　방송 프로그램 립싱크 배틀(Lip Sync Battle), 미국 Spike TV에서 첫 방송

2015년 7월 　"날 멋대로 판단하지 마" 챌린지 인기에 힘입어, 뮤지컬리 미국 앱스토어 1위
　　　　　　　등극

2016년 5월 　뮤지컬리가 시리즈 C 투자로 1억 3,300만 달러를 확보, 5억 달러 이상의 기
　　　　　　　업 가치를 지니게 됨

2016년 10월 트위터, 바인 서비스 중단 발표

2013년 어느 무더운 여름날, 파리 중심부에 위치한 라가레 드 리옹 기차역 근처의 작은 지하실에서 네 명의 젊은이들이 열정적으로 맥북 프로에 타이핑하고 있었다. 그레고이어(Gregoire), 클레먼트(Clément), 사이먼(Simon), 그리고 스탠이슬라스(Stanislas)는 프랑스 국립 예술대학교(National School of Fine Art)에서 함께 공부한 친구들이었고, 그중에서 사이먼은 에피텍공업대학교(Epitech Engineering School)에 진학해 기술에 가장 밝은 친구였다. 영화와 기술에 대한 열정으로 뭉친 이 소규모 스타트업팀은 이제 처음으로 아이폰 앱 개발을 시도하고 있었다.

곧바로, 그들의 첫 시도인 에버(Ever)는 사람들이 서로 함께 스토리 앨범을 만들 수 있는 앱이었다. 하지만 아름다운 디자인에도 불구하고 독창적이지도, 특별히 유용하지도 않은 앱이었고, 결국 앱은 실패로 끝나고 말았다. 몇 달 동안 노력을 쏟아부었지만, 냉혹한 현실을 직시할 때가 온 것이다.

그들은 영감을 찾기 위해 인기 있는 앱들을 분석하기 시작했다. 불과 몇 달 전 출시된 바인(Vine)이라는 6초짜리 동영상 공유 플랫폼은 하룻밤 사이에 돌풍을 일으킨 적이 있다. 바인의 데모 버전은 너무 많은 화제를 불러일으킨 나머지, 트위터의 공동 창업자 잭 도시(Jack Dorsey)가 앱이 정식 출시하기도 전에 3천만 달러를 들여 앱 제작사를 인수하는 일도 있었으며 같은 시기에 인스타그램도 15초짜리 동영상 포스팅을 추가했다.

그들은 바인을 비롯한 다른 숏폼비디오 앱들[122]을 사용해 본 결과, 개선의 여지가 여전히 많다는 것을 알게 되었다. 바인과 인스타그램의 영상은 사각형 모드였는데, 아이폰 화면이 세로로 길다는 것을 생각해

 바인

- 뉴스피드 스크롤
- 1:1 비율 영상
- 영상은 대략 화면의 반을 차지
- 계정 정보, 댓글, 좋아요는 영상과 별도로 표시
- 홈 아이콘 왼쪽 상단의 드롭다운 메뉴

[바인의 2013년 로고와 인터페이스]

보면, 동영상들도 세로로 길어야 스크린 전체를 활용할 수 있다는 것이 분명했다.

마침내, 그들은 데모 버전을 만들어 개념을 테스트해 보고자 했다. 영상이 화면 전체를 차지하게 되면서 다음 동영상으로 건너뛰기 위해서는 스크롤하는 형식이 더 이상 통하지 않았다. 그들은 화면을 위로 밀어 올리는 '스워핑 업' 방식을 시도하기로 했고, 결과는 훌륭했다. 화면을 밀 때마다 어떤 영상이 나올지, 기대감과 놀라움이 생겼다.

또한, 그들은 아직 기초 기능밖에 없던 아이폰의 카메라 사진들을 업그레이드해 줄 인스타그램 필터가 무척 마음에 들었다. '동영상에도 동일한 기능을 적용할 수 있을까?'라는 의문을 갖게 된 그들은 음악에서 해답을 찾게 되었다. 영상에 음악을 추가하는 것은 사진에 필터를 적용하는 것과 같은 결과를 낳았다. 사용자들이 만든 시각 자료에 전문 가들이 만든 음악을 넣으면서, 쉽고 빠르게 동영상들을 흥미롭게 만들 수 있었다.

그레고이어는 후에 인터뷰 중, "음악은 창의성의 촉매제입니다."라 고 설명했다. "재밌는 영상을 찍는 것은 매우 어렵지만, 끔찍한 동영 상에 음악을 끼었으면 흥미라도 돋울 수 있죠."[123] 처음에는 인스타그 램에서 사진을 올리고 필터를 선택하듯이, 영상을 먼저 찍어야 음악을 추가할 수 있게 했었지만 나중에는 그 반대가 더 나을 수도 있다는 것 을 깨닫고, 음악을 먼저 선택한 다음 영상을 찍는 동안 음악을 크게 재 생할 수 있게 했다. 스탠이슬라스도 "이 기능을 통해 카메라를 노래방 기계로 바꿀 수 있었다."고 설명했다.

좋은 소식은 더 있었다. 그들은 개발자 API를 사용하면 아이튠즈 (iTunes)의 모든 음악을 30초 미리 듣기를 사용할 수 있다는 것을 발견했 다. 심지어 아이튠즈 독점 음악을 포함해 방대한 음악 범위 안에서 사 용할 수 있었으며, 음악 미리 듣기는 하이라이트 부분 직전에 시작하 게끔 맞춰져 있어서 이보다 더 완벽할 수는 없었다.

이즈음, 시제품이 완성되었다. 팀은 다시 지하실에서 중대한 결정을 내려야 했다. 동영상이 화면 전체를 차지한다면, 메뉴와 기타 정보들 을 어디에 표시해야 한단 말인가? 그들이 찾은 답은 화면상단에 오버 레이로 처리하고, 표시되는 정보를 영상 제목, 제작자, "좋아요"와 "공 유" 버튼, 음악 트랙의 아이콘, 새 영상 만들기 버튼 등으로 최소화하 는 것이었다.

그들은 시제품을 사용해 직접 영상들을 만들어 보면서, 시각 요소들

[2014년 1월 민디 동영상. 파리의 세인트 게르만 축구팀 셔츠를 입은 축구선수가
드레이크의 노래 "Worst Behavior"에 맞춰 머리에 공을 올린 채로 균형을 유지하고 있다.]

보다 음악이 사용자 경험에서 더 중요한 역할을 차지한다는 것을 깨달았다. 즉 동영상이 밈이 되고, 노래가 주가 되는 것이었으며 콘텐츠가 음악 위주가 되면서 노래는 콘텐츠 검색을 위한 해쉬태그가 되었다. 그들은 스스로의 작품을 감상하면서 엄청난 것을 만들어 냈다는 것을 느꼈고 앱은 최소한만 남겨 놨기 때문에 상쾌하며 깨끗했다. 음악 위주의 세로 모드 숏폼비디오를 곁들인 콘텐츠는, 기존의 앱들과는 완전히 다른 경험을 제공했다.

그다음 단계는 앱에 이름을 붙여 주는 것이었고, 결국 클레멘트의 아이디어인 메인스트림과 인디의 합성어 "민디(Mindie)"로 결정됐다. 또한, 처음의 민디앱은 영상 길이를 7초로 제한했는데, 이는 당시 시장 선두자인 바인의 영상 길이가 대부분의 노래에는 너무 짧다고 느껴 1초 늘린 것이었다.[124] 10월에 민디가 앱스토어에 조용히 런칭되었고, 몇몇 IT업계 언론들밖에 관심을 보이지 않았지만,[125] 받은 리뷰들은 모두 굉장히 긍정적이었다. 한 기사에서는 "짧고 공유 가능한 마이크로 팝 비디오를 만들 수 있는 재밌는 앱"[126]이라고 소개되기도 했다.

초기 사용자들의 반응은 매우 좋았고, 이제 투자를 제대로 노려 볼 만한 결과물이 되었다. 먼저 유럽의 근처 투자자들에게, 대서양을 가로질러 뉴욕으로, 그리고 마침내 샌프란시스코까지 가서 투자를 유치했다. 그들은 1월까지 초기 투자자금으로 120만 달러를 확보했고, 파리를 떠나 화창한 날씨가 기다리는 캘리포니아로 옮길 준비를 마쳤다. 하지만 그들이 지구 반대편, 중국의 작은 투자 그룹과 얽히게 될 것이라는 건 그들 중 아무도 몰랐을 것이다.

[2013년 12월, 민디의 공동 창립자 그레고이르가 민디 앱을 파리에서 열린 르웹(LeWeb) 컨퍼런스에서 시연하고 있다. 시연되는 앱이 틱톡의 전신이라는 것이 확연히 드러난다.[127]]

알렉스 주 @헛소리

길게 흘러내린 머리카락과 옅은 콧수염, 스카프를 사랑하는 알렉스 주(朱骏 Alex Zhu)는 스타트업 창업자보다는 예술가가 더 어울릴 것 같아 보인다. 상해에서 서쪽으로 수백 마일에 위치한 가난한 마을인 안후이(安徽 Anhui)에서 태어난 알렉스는 최근 실리콘 밸리의 소프트웨어 대기업 SAP에서 근무하기 위해 미국으로 간 이민자이다. "교육 미래학자"라는 거창한 직책이었지만, 그는 쉽고 따분한 일이었다고 말한다. 알렉스는 "기업(소프트웨어)은 좋은 사업이지만, 섹시한 사업은 아닙니다. 저는 섹시하고 싶거든요."라고 행사 무대에서 농담한 적도 있다.[128]

링크드인(LinkedIn) 근무지를 화성으로, 트위터 닉네임을 @헛소리(Bullshitting)라고 작성한 알렉스의 온라인 프로필에는 그의 반항심과 독특함이 묻어나 있다. 회사의 블로그 포스팅을 작성하는 것과 교육의 미래 트렌드를 예측하는 슬라이드 덱을 만드는 일은 그에게 공허함만을 남길 뿐이었다. 불만족이 쌓이던 그는 2012년 말, 트위터에 다음과 같은 글을 올렸다.

"이제 나 스스로를 반기업화하고 의미 있는 일을 시작할 때이다. 인생은 모험을 빼면 아무것도 남지 않는다."[129]

알렉스는 그 당시 교육업계에서 열풍이 불었던 "온라인 대중 공개 강좌"인 MOOC에 흠뻑 빠졌었지만, 교육 미래학자라는 직책에 걸맞게 체계적으로 조사한 결과, MOOC은 그가 기대했던 것만큼 교육을 변화시키지 못할 것이라는 치명적인 결함을 발견했다. 왜냐하면 과정에 등록한 사람들 중 90% 이상은 과정을 끝내지 못했기 때문이다.

알렉스는 자신에게 해결책이 있다고 느꼈다. 수업을 짧고 모바일 친화적으로 만드는, 자칭 10억 달러짜리 아이디어였다. 그의 설명에 의하면 "트위터와 코세라(Coursera)의 조합"이었으며 그는 사람들이 요리, 요가, 미술 등 여러 주제에 대해 짧은 강좌들을 휴대폰으로 만들고 듣는 활기찬 개인 간 통신(peer to peer) 플랫폼에 대한 비전이 있었다.

알렉스는 그의 친구 루이스 양(阳陆育 Louis Yang)의 도움을 받아 이 비전을 더욱 명확히 할 수 있었다. 그들은 상해에서 보험 회사를 상대로 서비스를 제공하는 이바오(易保软件 eBaoTech)라는 회사[130]에서 함께 이사로 재직했었다. 루이스는 이바오의 전 세계 클라이언트들을 만나느라 여러 국가들에 방문해야 했고, 그러다가 우연히 캘리포니아에서 알렉스와 재회하게 되었다. 이때 루이스는 알렉스의 아이디어에 감명한 나머지 이바오에서 사임하고 알렉스의 새로운 교육 앱의 공동 설립자로 합류했다.[131]

루이스는 중국 남쪽의 후난 지방 출신으로, 알렉스보다 한 살 젊었고 실제로도 넓고 살짝 통통한 얼굴과 웨이브가 들어간 머리카락을 지닌 동안의 소유자였다. 알렉스처럼 루이스도 IT업계에서 7년간 근무한 베테랑이었고, 기업가 정신을 어느 정도 지니고 있었다. 그는 대학에서 열에너지와 전력 공학을 공부하는 동안 여가 시간에 "시노 네트워크(Sino Network)"라는 학생 스타트업 웹사이트를 만든 적이 있었고[132], 2005년에는 온라인 커스텀 티셔츠 서비스를 만든 적이 있다. 아쉽게도, 그 당시에는 중국의 물류 시스템이 충분히 발전되지 않은 탓에 비싼 비용이 필요했고, 티셔츠 서비스는 실현되지 못했다.

알렉스와 루이스는 시카다 교육(Cicada Education)이라는 회사를 함께 설립하고, 초기 자금은 차이나 록 자본 운용 벤쳐(华岩资本 China Rock Capital

Management Ventures)에서 25만 달러의 투자를 유치하여 조달했으며[133] 2013년에는 6개월 동안 팀을 구성하고 시제품 앱을 제작했다. 베타 버전의 앱이 나오자 알렉스는 신나게 '커피의 역사'라는 가벼운 주제로 강의를 제작했는데, 3분짜리 강의를 만드는 데 2시간이 넘는 시간 동안 고통받아야 했다.

유용하고 쉽게 접할 수 있는 지식을 짧은 강의로 압축시키는 것은 알렉스가 생각했던 것보다 훨씬 더 어려운 일이었다. 강의를 줄인다고 연구와 교과 과정 개발이 더 쉬워지는 건 아니었다. 만드는 데 두 시간이 걸린 강의는 그림들과 내레이션으로 이루어진 지루한 영상이었고, 알렉스의 마음에 들지 않았다. 초기 투자금의 8%밖에 남지 않은 상황에서, 그들은 투자자들을 더 찾아 나서기보다는 완전히 다른 방향으로 선회하는 것이 더 나은 선택이라고 느꼈다. "우리가 이 앱을 시중에 출시한 날, 이 앱이 절대 성공하지 못할 거라는 것을 깨달아 버렸습니다."라고 알렉스는 말했다. "시작부터 실패할 수밖에 없었던 거죠."

뮤지컬리의 탄생

알렉스는 언론 인터뷰와 각종 행사들에서 뮤지컬리를 만들게 된 동기에 대한 질문을 여러 차례에 걸쳐 받았지만 그의 답변은 항상 다음과 같았다.

"샌프란시스코에서 마운틴뷰까지 청소년들이 가득한 기차를 타고 가던 어느 날이었습니다. 그들을 유심히 관찰했는데, 절반 정도는 음악을 듣고 있었고, 나머지 절반은 사진과 동영상을 찍으면서 스피커를 통해 음악을 틀고 있었죠. 청소년들은 소셜 미디어, 사진, 동영상, 그리고 노래에 매우 열정적이었고, 이는 저에게 많은 생각을 하게 했습니다. '이 세 가지 강력한 요소들을 합쳐 음악과 영상을 위한 소셜 네트워크를 만들 수 있을까?'[134] 라는 생각 말이죠.”

그의 팀은 이 생각을 기점으로 새로운 시제품 앱을 만들며 완전히 새로운 방향으로 나아갈 수 있었다. 30일 내에, 노래와 짧은 영상들의 결합을 기반으로 하는 완전히 새로운 경험을 만들어 냈다. 젊은 사람들을 위한 소셜 네트워크 말이다. 뮤지컬리 1.0은 매우 짧은 개발 시간을 가진 후 2014년 4월에 출시되었다.

이 앱은 “Forever Young” 노래와 함께 해변에서 노는 두 젊은 여성들의 영상이 반복 재생되면서 시작된다. 홈페이지 로고 아래에 앱의 구호가 적혀 있다. “뮤지컬리 – 인스턴트 뮤직 비디오”.[135] 이 소설 같은 역전 실화는 언론 인터뷰에서 대단한 인기를 끌었지만, 그의 만행을 보기 좋게 포장했을 뿐이다. 그의 팀은 사실 민디를 베꼈을 뿐이다. 민디 제작팀은 새로운 경쟁자를 발견하기까지 그리 오랜 시간이 걸리지 않았다. 앱스토어에서 “민디”를 검색하면 바로 옆에 뮤지컬리가 나왔다. 두 앱들은 심지어 같은 키워드를 공유했다.

“우리는 처음에 굉장히 놀랐어요. 앱스토어의 앱 정보와 로고 색깔 심지어 그러데이션까지 모든 것이 동일했기 때문이죠.”고 공동 창업자 스태니슬라스(Stanislas)가 말했다. 민디팀은 자신들의 코드의 일부를 개발자용 웹사이트인 깃허브(Github)에 남겨 놓는 큰 실수를 했고, 뮤지컬리는 이를 놓치지 않고 자신들의 개발 속도를 높이는 데 사용했다는 것을 깨달았다. 그들은 유저 프로필을 검색하며 알렉스 주의 계정을 찾았고, 그가 매우 활동적인 얼리 어댑터라는 사실을 발견했다.

다른 더 창의적인 팀의 아이디어를 베껴다가 사용하는 것은 뮤지컬리의 시작에 불과했다. 이것이 성공한다는 보장은 없었고, 알렉스와 루이스의 스타트업은 여전히 위태로웠다. 그들은 자금이 떨어져 가는 10명 미만의 팀이었고, 이런 팀에 합류할 재능 있는 공학도들은 없었다. 그들이 선택한 것은 한 시장에 집중하기보다는 중국을 포함해 전 세계에 여러 지역과 언어로 출시하는 것이었다. 이름 또한 '맘마미아(Mamma Mia)'로 바꾸기로 결정했는데, 그 이유는 "중국 사람들이 뮤지컬을 생각할 때 가장 처음 생각하는 것이 맘마미아기 때문"[136]이라고 루이스는 설명했다. 하지만 이름을 바꿨음에도 불구하고, 중국에서의 실적은 좋지 않았다.

루이스는 이후 인터뷰에서 "우리가 미국 시장을 선택했다고 말하기보다는 미국 시장이 저희를 선택한 거라고 말하고 싶다."고 설명했다.

[기존 뮤지컬리 사용자 인터페이스와 민디의 비교 사진.
뮤지컬리의 초기 출시 시기의 두 앱들의 앱스토어 설명 사진이 첨부되어 있다.
특이하게도, 두 사진 모두 시간(오후 4:21)과 배터리(22%) 비율이 같다.]

"미국은 음악을 사랑하는 나라이며 미국 사람들은 모두 음악에 빠져있죠."[137] 앱을 가장 처음 사용한 미국인들은 수업이 끝나고 여가 및 오락시간이 많은 중학생, 고등학생들이었다. 이와는 대조적으로, 중국 청소년들은 방과 후 과외와 시험공부에 많은 시간을 쏟느라 앱을 사용할 시간이 없었다. 소셜 미디어는 자신의 삶을 공유하는 공간인데, 중국 청소년들은 공유할 것이 별로 없었던 것이다. "내 사촌은 하루에 열두 시간씩 공부한다. 그런 사람이 어떻게 뮤지컬리에서 창의적인 콘텐츠를 만드는 데 시간을 쓸 수 있나?"고 인터뷰에서 루이스는 말했다.

초기의 호응과 나쁘지 않은 사용자 유지율에도 불구하고 자금 조달은 어려웠다. 20명이 넘는 투자자들에게 퇴짜를 맞았다. 루이스는 투자자들이 "해외에 소셜 상품을 구축한 중국팀을 하나라도 예시로 들 수 있다면 투자를 고려해 보겠다."고 했다고 한다.[138] 성공한 팀이 하나

[2014년 말, 상해 아이캠프 스타트업(iCamp Startup Accelerator)[139]의
기존 사무실에서 촬영한 초기 뮤지컬리팀(앞쪽 중앙에 위치한 루이스 양)의 사진]

도 없었기 때문이다. 이는 팀에게 마케팅 예산이 하나도 없다는 것을 의미했다. 치열한 경쟁 때문에 막대한 돈을 들여 인플루언서 캠페인과 대형 마케팅팀을 대동하는 것이 일반적이었던 중국 시장에 큰 기대를 하지 않았던 이유다.

대신 뮤지컬리는 바이럴 마케팅과 무료 성장 해킹 기술에 의존했다. 그 당시 iOS 앱스토어는 검색어에 높은 우선순위를 두었기 때문에, 그들은 앱의 이름 옆에 여러 유행어들을 끼워 넣어 검색 순위를 높이는 방식을 이용했다. 얼마나 길었냐 하면, 한때 앱 이름이 "뮤지컬리 – 인스타그램과 페이스북 메신저에 올릴 여러 필터를 사용하여 멋진 뮤직 비디오를 만드세요"였을 정도다.

또한, 그들은 앱의 초기 버전에 첫 사용자들이 피드백을 보낼 수 있게 눈에 띄는 링크를 넣었다. 덕분에 매일 미국 사용자들로부터 "뮤지컬리에 대해 내가 가장 좋아하는 3가지", "뮤지컬리에서 내가 가장 싫어하는 3가지" 등의 이메일을 받을 수 있었는데, 이는 한 달 만에 200통을 돌파할 정도였다.

알렉스는 사용자들의 심리를 이해하기 위해 많은 시간 동안 앱을 사용했고, 일반 사용자인 척하는 가짜 계정들을 여러 개 생성했다[140]. 이는 중국 IT기업 사장들이 많이 사용하는 사용자 연구 전략으로, 다른 사용자들의 영상에 댓글로 왜 영상을 만들고 공유하는지 물어봤다. 그들은 초창기에 충성도 높은 사용자들 수백 명을 위챗(WeChat) 메시지 그룹으로 초대해 매일 대화를 나누었다. 새로운 기능을 도입할 때마다 시험 버전을 공유해 즉각적인 피드백을 받았다. 이러한 방법으로 적용한 첫 변화는 영상 길이를 15초로 늘리는 것이었는데, 이는 청소년들이 영상을 공유하고자 하는 플랫폼인 인스타그램의 길이 제한에 맞추기 위한 것이었다.

#창의적인 챌린지

알렉스의 팀은 그들의 얼리어댑터들에게 공동체 의식을 고취시키기 위해 노력하던 중, 가장 효율적인 방법은 "챌린지"를 주기적으로 홍보하는 것임을 발견했다. 챌린지는 사용자들이 스스로 만들어 내는 동영상 밈이다[141]. 챌린지는 누구나 참여하고 자신의 버전을 만들 수 있는 템플릿으로 구성되어 있으며, 이는 단순한 춤동작에서부터 장난까지, 다양한 종류가 있다.

뮤지컬리 이전에도 바이럴 동영상 밈들은 다른 소셜 미디어 플랫폼들에서 꽃피우고 있었다. 유명한 예시로는 여러 사람들이 열광적으로 춤을 추는 "할렘 쉐이크"[142]나 유명인들이 ALS 인식을 높이기 위해 서로에게 찬 얼음물을 끼얹도록 도전을 보내는 "아이스버켓 챌린지"[143]가 있다. "챌린지"라는 용어는 이러한 종류의 콘텐츠의 참여적이고 재미 중심적인 성격을 명시적으로 전달한다.

뮤지컬리는 유저들이 유행하는 챌린지들에 참여하고, 자신들만의 버전을 만들도록 추천한다. 챌린지는 사용자들에게 배움과 동시에 동영상을 만드는 새로운 방법을 보여 줄 기회였다. 챌린지들은 사용자들에게 단순히 다른 사람들의 영상을 수동적으로 소모하는 것을 넘어, 자신만의 버전을 만들고 유행에 참여할 목적을 주었다.

"뮤지컬리와 바인의 가장 중요한 차이는, 뮤지컬리는 콘텐츠 제작의 장벽을 낮췄기 때문에 콘텐츠 소비자들이 곧 생산자라는 것입니다."라고 알렉스는 설명한다. 그는 뮤지컬리에서는 모든 콘텐츠들이 유저들에 의해 생산되었기 때문에, 성공하기 위해서는 콘텐츠 생산의 장벽을 낮추는 것이 매우 중요하다고 생각했다. 하지만 사람들이 영상을 만드는 데 있어 가장 큰 장벽은 기술적인 장벽이 아니었다.

새로 출시되는 모든 짧은 동영상 위주의 모바일 앱들에는 사용하기 쉬운 미니 스튜디오가 내장되어 있다. 젊은 사용자들은 음악과 텍스트를 추가하고 영상을 촬영하는 방법에 대해 곧잘 알아냈다. 특히, 바인의 녹화 기능은 간단함의 끝을 달리고 있었다. 카메라 방향을 맞추고 버튼을 누르면 6초 동안 녹화를 하는 것이 끝이다.

수줍음 또한 큰 문제는 아닌 것이, 많은 젊은 사용자들은 스스로를 찍는 것을 좋아했다. 실질적이고 가장 큰 장벽은 새로운 콘셉트를 고안하는 데 필요한 창의성과 영감의 문제였다. 대부분의 사용자들은 스스로 영감을 얻는 것을 힘들어한다. 디지털 편집 기술로 마술 효과를 만들어 내는 유명한 바인 스타인 잭킹(Zach King)처럼 시간과 재능, 열정을 모두 갖춘 사람들은 드물다.

음악은 하나의 창조적 영감이 될 수 있다. 민디나 뮤지컬리에서 사람들은 좋아하는 음악을 쉽게 선택해 따라 하거나 춤을 출 수 있었다. 하지만 뮤지컬리팀은 일일 챌린지를 홍보하는 것이 정기적인 콘텐츠 제작 습관을 들이는 데 더 효과적이라는 것을 발견하였고, 사용자들은 생각할 필요 없이 다른 사람들을 따라 익숙한 테마에 자신만의 색채를 입히기만 하면 됐다. 다른 사람들을 모방하는 것은 괜찮은 것뿐만 아니라 적극적으로 장려되었다.

또한, 챌린지는 가장 큰 장벽인 동기부여를 넘어서는 데 큰 도움이 되었다. 챌린지는 사용자들에게 긴박감을 부여하는데, 챌린지가 아직 유행할 때 참여하지 않으면 놓칠 수도 있기 때문이다. 사용자들은 챌린지에 참여함으로써 더 큰 커뮤니티에 소속된다는 느낌 또한 받을 수 있다. 저우빙준(周秉俊 Zhou Bingjun)은 2016년에 "각 뮤지컬리 사용자들은 평균적으로 매일 콘텐츠를 하나 이상 만든다."고 발표했다.[144]

2014년 말, 뮤지컬리는 충성도 높은 핵심 사용자들의 그룹을 구축했다. 위챗 그룹을 통해 팬들과 매일 끊임없이 소통하는 것은 개발팀이 지구 반대편의 유저들과도 가깝게 지낸다는 것을 의미했다. 그들은 미국 청소년 문화의 뉘앙스를 배울 수 있었고, 팬들과의 소통을 통해 챌린지를 통해 홍보 및 확대시킬 아이디어를 제공받았다. 또한, 개발팀은 플랫폼에서 어떤 영상이 인기 있는지를 지속적으로 모니터링했고, 다른 사용자들의 참여를 유도하거나 영감을 줄 콘텐츠들을 홍보했다.

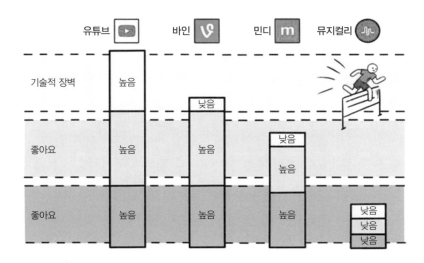

[유튜브, 바인, 민디, 뮤지컬리의 콘텐츠 생산 장벽]

이렇게 매일 직접적으로 개입하는 작업은 시간을 많이 소요하고, 수동적이었으며, 자동화하기 어렵다. 미국 인터넷 기업들은 확장성 있고 데이터와 기술 기반 성장 방법을 선호했지만, 뮤지컬리는 낮은 수준의 기술의 일반적인 중국식 "운영" 전략을 택했다.[145]

탄탄한 기반을 확보할 수 있었지만, 규모를 키울 수 있는 임계점에 도달하는 것에는 실패했다. 창립자들은 자금 확보의 어려움을 감안했을 때 사업을 계속할지 망설였고, 개발팀은 7명으로 줄었다. 알렉스는 이 시기를 회상하며 "어떨 때는 느린 성장이 빠른 실패보다 더 무서울 수도 있습니다."라고 말했다.

덥스매쉬(Dubsmash)

"립싱크가 유행입니다!" 뉴스 리포터가 카메라를 향해 몸을 돌리며 진지한 목소리로 외쳤다. "맞아요, 제인. 덥스매쉬라는 새로운 앱이 세상을 뒤흔들고 있어요!" 뉴스의 공동 진행자가 끼어든다. "이 앱은 10월 출시 이후 천만 번 이상 다운로드 됐어요. 대단하지 않나요?"

2015년 초, 덥스매쉬에 관한 소식이 전 세계 주류 언론에 급속도로 퍼지고 있었다. CEO 조나스 드루펠(Jonas Druppel)을 포함해 3명의 독일 엔지니어들이 만든 이 앱은 하룻밤 사이에 유명해졌다. 덥스매쉬의 기능은 딱 하나였다. 사용자들이 10초짜리 립싱크 동영상을 만들게 해주는 것. 반응은 폭발적이었다. 덥스매쉬는 출시 7일 만에 독일 앱스토어 1위를 기록했고, 40개가 넘는 다른 지역들에서도 유튜브와 페이스북을 제치고 1위를 달성했다.

음악을 골라주세요   당신을 촬영하세요   트렌드를 공유해 주세요

[2015년, 앱스토어에 기재된 덥스매쉬의 스크린샷들]

덥스매쉬를 차별화시킨 것은 바로 하나의 간단한 목적을 중심으로 한 정교한 위치 선정이었다. 립싱크 영상들을 만들기 위한 간단한 도구로서, 유명한 영화 대사들과 노래 클립 등 모든 사람들에게 어필할 수 있는 방대한 오디오 라이브러리를 보유하고 있었다.

그러나 안타깝게도, 덥스매쉬는 초기에 예기치 않게 큰 성공을 거둔 소규모 팀들이 흔히 겪는 문제에 직면했다. 덥스매쉬의 백엔드 시스템은 폭발적인 성장에 전혀 대비되지 않은 상태였다. 유저 계정[146], 로그인 및 회원 가입, 친구 추가, 다른 사용자와의 상호작용 등의 시스템이 전혀 없었고, 앱 내 포스팅 기능이 없어 영상들을 휴대폰으로 다운받은 뒤 다른 소셜 미디어 플랫폼을 통해 공유되었다. 이런 문제 때문에 사용자 이탈이 심각했고, 유행은 결국 지나갔다. 하지만 이 하룻밤 사이 거둔 성공은 립싱크의 매력적인 사용법을 제시했고, 이는 뮤지컬리의 다음 목표가 되었다.

립싱크 배틀 - 전환점

2015년 4월 초, 상해의 뮤지컬리 개발팀은 다운로드 숫자에서 특이점을 발견했다. 매주 목요일 저녁마다 설치가 비정상적으로 급증했던 것이다. 상해 개발팀은 이 현상의 원인을 이해하기 위해 인터넷과 사용자 피드백 그룹을 통해 폭넓게 연구했고, 결국 '립싱크 배틀'이 그 원인이었음을 밝혀냈다.

'립싱크 배틀'은 래퍼 LL 쿨 J(LL Cool J)가 지금은 폐쇄된 채널인 스파이크 채널(Spike TV)[147]에서 공동 진행하던 새로운 TV 대회였다. '지미 펄론 쇼(Jimmy Fallon Show)'의 스핀오프로, 4월 2일 방영된 첫 방송이 채널 역사상 가장 평점이 높은 방송이 되는 등 엄청난 인기를 끌었다. 방송이 진행되는 중과 끝난 후에 일부 시청자들은 방송을 따라 하는 것을 녹화할 앱을 찾았고, 많은 사람들이 뮤지컬리를 접하게 되면서 다운로드 수가 급증했던 것이다.

개발팀은 덥스매쉬의 성공에 영감을 받아 '립싱크'라는 단어를 뮤지컬리의 굉장히 긴 이름과 설명란에 추가했었는데, 이 기회에 립싱크 기능을 더욱 부각시키며 앱의 이미지 전환을 꾀했다. 짧은 시연 영상 클립들을 앱 튜토리얼에 추가해 신규 사용자들도 립싱크 영상을 만드는 법을 빠르게 배울 수 있도록 했다. 개발팀은 플랫폼의 최고 립싱크 콘텐츠를 추려서 신규 사용자가 가장 처음 보게 되는 영상들에 추가했다. 또한 알렉스가 "정체 구간을 극적으로 변화시켰다."고 느낀 방안으로, 앱에서 신규 사용자들에게 "첫 립싱크 영상을 올리게" 알림을 보내

7월 6일 # 날 멋대로 판단하지 마/ 챌린지 흥행

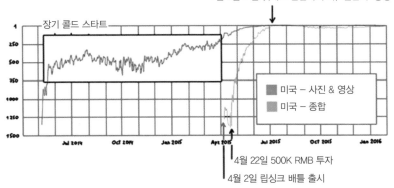

장기 콜드 스타트

미국 – 사진 & 영상

미국 – 종합

4월 22일 500K RMB 투자

4월 2일 립싱크 배틀 출시

[2014년 초에서 2016년 초 사이 뮤지컬리의 미국 애플 앱스토어 랭킹[148]]

기 시작했다. 얼마 후 두 유저들이 하나의 동영상에서 공동 작업을 할 수 있는 듀엣 기능도 추가했다.

4월 초, 뮤지컬리의 iOS 앱스토어 순위는 1400위였다. 이제는 매주 차트를 100위씩 올라가고 있었고, 아직 희소식은 더 남아 있었다.

#날 멋대로 판단하지 마 챌린지

2015년 7월 5일, 뮤지컬리의 운영팀은 몇몇 사용자들이 게시한 새로운 종류의 영상을 발견했다. 영상들은 헝클어진 머리, 여드름처럼 보이는 메이크업, 이상한 옷을 입은 보기 흉한 사람에서 시작해, 몇 초 후에 단정한 머리, 자연스러운 메이크업, 좋은 옷을 입은 같은 사람의 장면으로 바뀐다. 영상들의 메시지는 간단했다: 외모로 남을 판단하지 말라. 운영팀은 이 밈에 대해 농담을 나눴다. 몇몇 영상들은 의외로 재미있었고, 미국 청소년들의 창의성이 잘 나타났다.

루이스는 저녁 7시에 퇴근하기 전에 이 영상들 중 몇 개를 노출 우선도가 높은 주요 콘텐츠로 등록했고, 별 생각 없이 집으로 향했다. 다음 날, 루이스는 그의 행동이 지구 반대편에서 전혀 예상치 못한 일을 일으켰음을 알게 되었다. 그날은 그의 생일이었고, 중국의 사무실 문화대로라면 팀원들에게 케이크와 작은 선물들 몇 개를 받게 될 것이었다. 하지만 그가 사무실에 들어섰을 때, 그런 일 대신에 동료가 "아직 소식 못 들었나요? 우리가 1위예요!"라고 미친 듯이 소리쳤다.[149]

밈이 입소문을 탄 것이었다. #날 멋대로 판단하지 마(Don't Judge me Challenge)라는 해시태그가 붙은 수만 개의 동영상들이 플랫폼을 휩쓸었고, 페이스북, 인스타그램, 트위터 등 다른 소셜 미디어 플랫폼에도 퍼졌다. 일주일 만에 밈은 40만 번 이상 사용되었고, 총 10억 회 이상의 조회 수를 기록했다.[150]

미국 앱스토어 1위를 달성하는 등 새로운 성공으로 인해 자금 확보가 훨씬 쉬워졌다. 어려운 초기 단계부터 2015년 돌파구를 찾을 때까지, 이 기간 동안 뮤지컬리는 중국 모바일 앱 개발회사 치타 모바일(Cheetah Mobile)에 500만 위안(70만 달러)을 받고 회사 지분의 상당 부분을 양도했었다.[151] 이번 성공 이후 그들은 늘어난 가치를 토대로 더 큰 거래를 준비해 1,660만 달러의 자금을 회사에 투입하는 작업에 착수했다.

규모가 급속도로 커지며 소수의 마케팅, 비즈니스 개발, 콘텐츠 라이선스 전문가들이 근무할 새로운 사무실을 미국에 마련했다. 그들은 샌프란시스코의 위워크(WeWork) 사무실에서 일하면서, 새로운 북미 영업부 사장이 될 알렉스 호프만이 이끌 소규모 팀에서 함께 일할 인재들

Numa Numa
립싱크 영상 흥행
2004년 12월

The Harlem Shake
비디오 밈 흥행
2013년 2월

좌 [2004년, 유튜브가 없던 시절 인터넷의 첫 바이럴 립싱크 영상 "Numa Numa"[152]]
우 [2013년, 바이럴 영상 챌린지 밈, Harlem Shake[153]]

을 알렉스의 옛 회사인 SAP에서 고용했다. 창업자들 외에도, 호프만은 여러 언론 행사들과 인터뷰에서 뮤지컬리의 새로운 얼굴이 될 것이었다. 사업 자금을 확보했고, 인력도 충원했고, 수천만의 사용자들을 바탕으로 뮤지컬리는 새로운 개발 단계에 들어섰다.

아리엘(Ariel)

아리엘 레베카 마틴(Ariel Rebecca Martin)은 여행가방 속에서 살고 있다고 해도 과언이 아니었다. 홍수로 인해 플로리다 남부 자택이 거의 파괴되었고, 이제 그녀의 가족은 그녀의 조부모님 자택의 방 하나에서 살고 있었다. 아리엘은 초록색 눈동자와 긴 갈색 머리, 그리고 무한한 에너지를 가진 14살 소녀였다. 그녀는 지루한 나머지 친구들 몇 명을 초대해 할머니의 소파에서 뒹굴고 있었다.

아리엘은 평소처럼 인스타그램을 확인하기 위해 휴대폰을 켰는데,

갑자기 뮤지컬리 워터마크가 박힌 영상 하나가 그녀의 눈길을 끌었다. 흥미를 느낀 아리엘은 친구들과 함께 앱을 다운로드 후 살펴보기로 했고, 그녀의 친구들은 "퀸", "댄서"라는 닉네임을 정할 때 그녀는 "베이비"라는 이름을 쓰기로 했다.[154] 아리엘은 첫 영상에 어떤 노래를 사용할지 궁리하다, 동영상 효과 사용법을 알아낸 후 가사에 걸맞는 손동작들을 고안하느라 바쁘게 움직였다. 한 시간 정도 연습한 뒤, 아리엘은 자신이 가장 좋아하는 노래 중 하나인 니키 미나즈(Nicki Minaj)의 "Stupid Hoe"를 첫 영상으로 올릴 준비를 끝냈다.[155]

나중에 자신이 올린 영상들 중 하나가 앱의 주요 영상에 선정되었다는 것을 알게 되자, 그녀는 흥분해서 비명을 질렀다. 주요 영상 선정은 플랫폼이 그녀를 공식적으로 인증해 준 것과 다름없었고, 그 과정에서 수천 명의 팔로워들이 생겼다. 아리엘은 즉시 프로필 이름을 바꾸고자 하는 충동을 느꼈고 이름을 "베이비"라고 지은 것을 후회했지만, 그건 이미 늦은 일이었다. 그녀의 팬들에게 그녀는 이미 베이비 아리엘이었다.

그해 여름, 다음 몇 달 동안 그녀는 할머니의 연보라색 침실에서 립싱크 영상들을 계속해서 올렸다. 온 가족이 집을 수리하는 일에 매달리고 있었기 때문에 아리엘은 원래 계획처럼 남동생과 여름 캠프에 갈 수 없었다. 대신, 그녀는 남는 시간 대부분을 뮤지컬리에 사용했다. 그녀의 영상들은 계속해서 주요 영상에 선정되었고, 이미 팔로워들은 수십만에 달하게 되었다. 아리엘은 그녀가 노래 가사에 맞춰 손동작을 만드는 데 재능이 있다는 것을 알게 되었고, 그녀의 무한한 에너지와 빛나는 미소는 짧은 영상 제작에 최적화되어 있었다. 몇 달 만에 14살짜리 소녀 아리엘은 뮤지컬리에서 가장 유명한 계정의 소유자가 되어 있었다.

아리엘이 인터넷에서 대성공을 거두자 그녀의 어머니는 아리엘을 위해 웹사이트를 만들었고, 아리엘은 다른 플랫폼으로 확장하며 엄격한 콘텐츠 제작 스케줄을 따라가기 위해 홈 스쿨링을 시작했다. 5년 후인 지금, 아리엘은 3,300만 틱톡 팔로워, 900만 인스타그램 팔로워, 300만 유튜브 구독자, 그리고 100만 명의 트위터 팔로워를 가지고 있다.[156] 그녀는 노래를 발표하고, 영화에 출연하고, 타임즈 선정 인터넷에서 가장 영향력 있는 사람들 중 하나에 꼽혔다.

아리엘의 성공은 꿈과 같은 이야기이자 실제로 많은 청소년들의 꿈이 실현된 것이기도 하다. 그녀의 성공은 너무 자연스럽고 빠르게 이루어져서, 마치 미리 정해진 것처럼 느껴지기도 한다. 사실 이는 크게 틀린 말은 아니다. 아리엘의 성공은 훨씬 큰 계획의 일부였는데, 아리엘을 포함한 몇 명의 사람들이 그 계획의 엄청난 수혜자이다. 뮤지컬리는 관심 경제를 구축하고 있었다.

뮤지컬리가 경제를 구축하는 법

사용자들이 모든 콘텐츠를 생성하는 플랫폼을 유지하기 위해 알렉스와 루이스는 활발한 커뮤니티를 육성시킬 방법에 대해 신중하게 생각했다. 잠깐 반짝했다 사라지는 소셜 미디어 플랫폼이 되지 않기 위해서는 사용자들의 충성도를 높여야 했고, 장수하기 위해서는 정기적으로 고품질 콘텐츠를 만드는 크리에이터들이 필요했다. 알렉스는 이 전략을 '국가 건설'에 비유했다.

"우리는 이민자들을 끌어들여야 하고, 이를 위해서는 먼저 소수의 사람들이 부자가 되는 모습을 보여 줘야 한다."

알렉스는 뮤지컬리를 새 이민자들을 끌어들여야 하는, 새로 발견된 신대륙으로 보았다. 마치 한때 미국 식민지가 그랬던 것처럼 말이다. 인구가 거의 없을 때, 신대륙의 GDP는 보잘것없었다. 이때 부를 균등하게 분배한다면 모두가 불행해질 것이고, 이는 이민자들을 끌어들이지 못하는 결과를 낳을 것이다. 알렉스에 의하면, 이런 상황에서의 해결책은 의도적으로 소수의 개척자들에게 대부분의 GDP를 분배함으로써 소득 불평등이 매우 높은 사회를 육성하는 것이었다. 뮤지컬리의 경우에는 초기 사용자들에게 말이다. 부자가 되는 사람들이 나타나면 소식은 빠르게 퍼질 것이고, 새로운 곳에서 운명을 시험하고 싶어 하는 이민자들을 불러들여 골드러시가 일어날 것이다.

알렉스에 의하면, 후발주자들 또한 "아메리칸 드림"의 기회가 있을 것이다. 그는 이 과정을 중앙집권적인 계획경제에서 시장 중심의 경제 체제로 전환되는 과정에서 중산층을 육성하는 것에 비유했다.[157] 유명 스타들은 부를 유지하겠지만, 재능 있는 신규 크리에이터들 또한 발굴되고 보상받을 수 있는 방법이 필요했다.

"부자가 되는 것"은 뮤지컬리에서 유명해지며 사회적 지위를 얻는 것에 대한 은유였다. 운영팀은 플랫폼에서 사람들의 관심을 조종하고 개인 계정들이 비중 있게 노출될 수 있도록 할 수 있는, 마치 신과 같은 힘을 가지고 있었다. 콘텐츠 운영팀은 주요 콘텐츠로 노출될 영상들을 직접 선택할 수 있었고, 이렇게 선택된 영상들은 적극적으로 부각되며 높은 노출를 보장받는다. #날 멋대로 판단하지 마의 사례에서 볼 수 있듯, 원하는 영상을 노출시킬 수 있는 이 시스템 덕에 상해 교외의 평범한 공유 오피스의 직원 몇 명으로도 미국의 청소년들과 어린이 문화에 엄청난 영향을 끼칠 수 있었다.

알렉스가 들었던 이민자의 비유는 뮤지컬리가 판의 규칙을 정할 수 있음을 돌려 말한 것이었다. 운영팀은 베이비 아리엘과 같은 특정인들에게 엄청난 트래픽을 몰아주어 하룻밤 만에 인플루언서로 만들었고, 플랫폼이 성장하면서 이 수혜자들은 연예인이 되었다. 물론 그들의 창의성, 끈기, 그리고 노력도 중요했겠지만, 그들이 얻게 된 인기의 상당 부분은 상해 콘텐츠 운영팀이 비밀리에 판을 그들에게 유리하게 기울여 준 것 때문이다.

스냅챗보다 어린 사용자들

플랫폼이 주류 언론의 주목을 받을 만큼 충분히 커지자, 기자들이 가장 먼저 주목한 것은 사용자들의 연령대였다. 온라인 마케팅 전문가 개리 베이너척(Gary Vaynerchuk)은 "이 앱이 가장 연령대가 낮은 소셜 네트워크란 사실에는 의심의 여지가 없다."고 플랫폼을 프로파일링한 기사에서 말했다.[158] "스냅챗과 인스타그램의 사용자들도 어린 축에 속하지만… 뮤지컬리는 초등학교 1, 2, 3학년들이 사용 중이다."

뮤지컬리가 어린 크리에이터들에게 특히 매력적이었던 이유는, 유튜브와 인스타그램과 같은 연령층이 더 높고 성숙된 플랫폼들은 이미 활발하고 포화된 생태계로 성장해 새 팔로워들을 모으고 관심을 끄는 것이 어려웠기 때문이다. 일반적으로 청소년들은 인스타그램 인플루언서가 되기 위해 필요한 사진촬영 기술이나 화려한 일상이 없었고, 트위터 계정에 필요한 재치 있는 작문 스타일도 없었다. 하지만 립싱크와 춤추는 것은 해 볼 만한 콘텐츠였다. 청소년들은 창의적이고, 서로 공유하는 것에 집착하는 경향이 있고, 방과 후 자유시간이 많았다. 영상을 찍는 것에 익숙했고, 휴대폰의 전면 카메라로 스스로를 촬영하는 것에 대한 거부감이 없었다. 뮤지컬리의 운영팀은 화려하고 요란한 색채의 앱 디자인을 통해 이런 청소년층을 잡고자 했다.

10대들은 음악 및 엔터테인먼트 업계의 매우 중요한 소비층이다. 이들이 몰리자, 얼마 가지 않아 아티스트들도 기웃거리기 시작했다. 가수 제이슨 데룰로(Jason Derulo)는 자신의 스튜디오에서 춤추는 영상을 공유하면서 뮤지컬리를 사용하는 첫 주요 아티스트가 되었다. 제이슨이 청소년들에게 성공적으로 인기를 얻는 것을 보자, 다른 연예인들도 뮤지컬리의 마케팅 파워에 눈을 떴다. 셀레나 고메즈(Selena Gomez), 레이

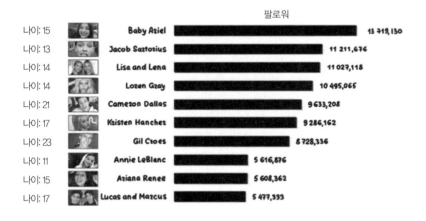

[2016년 말 가장 인기 있던 뮤지컬리 계정 10개의 스냅샷 및 각 크리에이터들의 당시 나이와 팔로워 수.
나이는 11살과 23살 사이이며 평균 나이는 15살이다.[159]]

[뮤지컬리의 스크린샷 #소녀들이 스파이더를 들었을 때(When Girls Hear Spider)와 #너에게서 당나귀 냄새가 나(You Smell Like Donkey) 같은 유행 해쉬태그들이 무지개 색깔의 리스트로 정리되어 있다.]

디 가가(Lady Gaga], 케이티 페리(Katy Perry) 등 수많은 연예인들이 플랫폼에서 젊은 층의 친밀감을 얻기 위해 몰려들었다. 몇몇 가수들은 발표되지 않은 노래의 일부를 공유하며 곧 출시할 앨범의 기대감을 올리기 위해 앱을 사용하기도 했다.

2016년이 되자 뮤지컬리는 상해에 상당한 규모의 운영 및 개발팀을 갖추고, 50명 이상의 직원을 거느릴 정도로 성장했다. 알렉스가 언론 인터뷰에서 회사의 서버 아키텍쳐가 트래픽 수요를 따라잡기 버겁다고 주장할 정도였다.[160] 그해 5월, 이 스타트업은 1억 달러 이상의 자금 지원을 확보하며 5억 달러 이상의 가치를 지니게 되었다.[161]

중국 테크 업계는 뮤지컬리를 해외 시장의 제왕이라고 칭송했다. 중국 소셜 앱이 해외에서 이렇게 크게 성공한 적이 없기 때문이다. 루이스는 다른 중국 스타트업들을 격려하는 자리에서 "뮤지컬리는 소위 말하는 '문화 차이'는 종이 호랑이에 불과하다."고 강하게 주장하기도 했다.[162] 12월경, 앱은 총 1억 3천만 명의 주로 북미와 유럽 사용자들을 보유하고

있었으며, 그중 4천만 명은 매월 활발한 활동을 보이고 있었다.[163]

분석: 브러시에서 캔버스까지

"초기에 성장을 추구할 때는 브러시가 되는 것이 좋습니다. 구체적인 요구를 뛰어나게 해결할 수 있는 브러시 말이죠. 하지만 나중에는 캔버스가 되는 것이 좋습니다. 그 어떤 일도 일어날 수 있는, 빈 캔버스 말이죠."[164]

이것이 알렉스가 뮤지컬리의 발전을 어떻게 구상했는지를 설명할 때 든 비유였다. 뮤지컬리는 립싱크를 통해 인기를 얻었고 초기 프로덕트-마킷 핏(PMF)을 찾을 수 있었다. 이 플랫폼은 모바일 콘텐츠 창작의 장벽을 낮춰 잠재적으로 모든 사람들이 연예인이 될 수 있도록 했다. 초기 가치 명제는 간단했다: 이 앱은 사람들이 Lip-Sync Battle을 보고 자신만의 짧은 립싱크 동영상을 만들 수 있도록 도와주는 도구였다. 대부분의 사람들은 새로 만든 영상을 인스타그램과 같은 다른 플랫폼에 게시하기를 원했다.

이러한 초기 사용자 보존 전략은 뮤지컬리가 창시한 것은 아니었다. 유튜브는 사람들이 웹 페이지에 무료로 동영상을 넣을 수 있는, 당시로서는 혁신적인 개념인 동영상 호스팅 도구로 시작했다. 인스타그램은 초기에 "킬러 기능"인 필터를 통해 사람들이 손쉽게 사진을 전문적으로 보이게 수정할 수 있는 도구를 제공하며 인기를 끌었다. 뮤지컬리는 유틸리티 도구에서 출발했기 때문에 첫걸음을 성공적으로 내딛을 수 있었고, 이 초기의 인기를 사용해 더 크고 다양한 기능을 가진 앱으로 성장할 기회를 얻을 수 있었다.

자신들의 도구를 사용해 콘텐츠와 크리에이터들의 수가 임계점을 넘긴다면, 수동적인 엔터테인먼트에 대한 사람들의 욕구를 충족하며 콘텐츠 플랫폼으로 성장할 수 있다. 일종의 모바일용 TV처럼 말이다. 또한 사용자들의 수가 임계점을 넘긴다면, 사용자들 간의 교류를 촉진하여 소셜 플랫폼으로 진화할 수도 있는데, 이를 위해서는 사람들의 인연과 지위에 대한 욕구를 해소해 줄 필요가 있다. 콘텐츠는 사람들 사이의 상호작용의 시작점이자 지위 상승의 시작점이기도 하기 때문에 이 두 가지 욕구는 상호 보완적이다.

　반대로, 앱을 통해 만들어진 인간관계는 사용자들을 다시 불러들여 더 많은 콘텐츠를 소비하게끔 한다. 하지만 많은 플랫폼들에서는 이 두 가지 목표를 균등하게 잘 달성하는 것이 어렵다. 예를 들자면, 유튜브는 지식과 엔터테인먼트의 보고의 역할은 뛰어나게 수행했지만 사용자들 간에 관계를 형성시키는 기능은 약했다. 유튜브의 댓글 달기와

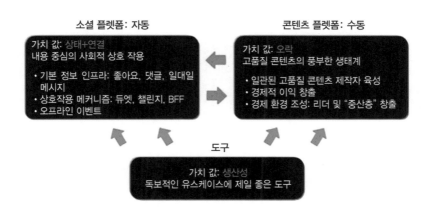

[도구로부터 소셜, 그리고 콘텐츠 플랫폼까지 과정의 아웃라인]

같은 제한적인 소셜 기능들은 오히려 무례함, 모욕, 스팸 등으로 유명해졌다.

뮤지컬리가 운영되는 첫 해 동안 촬영한 비하인드 영상에서 공동 창업자인 루이스는 카메라를 자신 있게 들여다보며 "우리의 꿈은 인스타그램의 동영상 버전이 되는 것이다."라고 말한 적이 있다.[165] 뮤지컬리의 두 공동 창업자들은 모두 뮤지컬리를 소셜 플랫폼으로 키워 내고 싶다는 바람을 여러 차례에 걸쳐 공개적으로 언급했다.

알렉스는 2016년에 상해에서 열린 한 행사에서 "소셜 그래프가 관건이다!"라고 선언했는데,[166] 이후 논의에서 "우리는 콘텐츠가 점점 더 지루해지기를 원한다. 친구들과 관계를 다질 수 있는 한, 당신의 콘텐츠들은 객관적으로는 재미없더라도 친구들에게는 매력적일 것이다."라고 언급했다. 뮤지컬리는 초기에 십 대들을 연결하고 커뮤니티를 만드는 일을 잘 해냈다. 하지만 2017년에 성장 병목 현상을 겪게 되었고, 10대를 위한 플랫폼이라는 인식을 떨쳐 내기 위해 고군분투했지만 실패했다.

운영팀은 카메라 효과, 실시간 스트리밍 도구, "BFF"(Best Fan Forever), Q&A옵션 등 사용자들과 인플루언서들을 연결해 주는 소셜 기능들을 만들기 위해 많은 노력을 들였고, 이들은 모두 큰 인기를 끌었다. 청소년들은 공유하고, 챌린지에 참여하고, 서로와 상호작용하는 것을 좋아했다. 이로 인해 플랫폼의 창립자들은 플랫폼의 향후 방향이 당시 중국의 대표적인 짧은 동영상 앱인 콰이쇼우와 같은 동영상 기반의 소셜 네트워크라고 믿게 되었다.

하지만 나중에서야 뮤지컬리는 자신들의 제품을 잘못 이해했다는 것을 깨달을 수 있었다. 성장의 비법은 더 많은 기능이나 카메라 효과를 추가하는 것이 아니었다. 가장 변화가 필요했던 것은 바로 백엔드 아키텍쳐였다. 뮤지컬리 상해 부서의 제품 전략에서 일하는 미국인인 제임스 베랄디(James Veraldi)는 "우리는 사용자 인터뷰와 심층적인 데이터 분석을 통해 뮤지컬리는 소셜 네트워크가 아니라 콘텐츠 플랫폼이라는 것을 발견했다."고 밝혔다. 뮤지컬리는 수년 동안 스스로를 차세대 인스타그램이라고 생각했지만, 사실은 차세대 유튜브에 더 가까웠던 것이다.

뮤지컬리는 이미 활발한 얼리어댑터인 청소년층을 넘어 최대 잠재력까지 성장하기 위해서는 수동적인 엔터테인먼트의 가치에 더욱 기댈 필요가 있었다. 뮤지컬리가 추가적으로 확장하기 위해서는 세 가지 과제를 넘어야 했다. 바로 포지셔닝, 콘텐츠 다양화, 그리고 기술이다.

포지셔닝: 밝은 분홍색 로고, 화려한 색채, #너에게서 당나귀 냄새

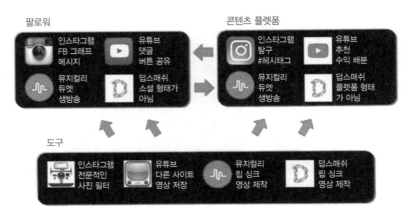

[유틸리티로부터 소셜, 그리고 콘텐츠 플랫폼까지의 전환 예시들]

가 나(You Smell Like Donkey) 등의 유행하는 해시태그, 피처링된 11살짜리 인플루언서들의 영상들 등은 모두 십 대 초반의 사용자들을 끌어들이기에 안성맞춤이었다. 하지만 이런 요소들은 다른 연령대의 사용자에게 혐오감을 불러일으키기도 했다. 사용자층이 지나치게 어린 것 또한 문제가 되기도 했는데, 크리에이터들이 나이를 먹으며 앱에 흥미를 잃고 유튜브나 인스타그램처럼 더 큰 플랫폼으로 넘어가는 일이 벌어지기도 했다. 사회적 지위에 집착하는 청소년들은 '유치한' 소셜 미디어 앱에 아직도 콘텐츠를 올리는 사람이 되는 것을 가장 두려워하기 때문이다. 뮤지컬리가 더 성숙한 사용자층에 어필하기 위해서는 앱을 재설계하고 보다 중립적인 포지셔닝으로의 전환이 필요했다. 하지만 이런 행위는 큰 도박이다. 잘못했다가는 기존 사용자들에게 소외감을 느끼게 해, 회생 불가능한 사용자들의 대규모 이탈이 발생할 수도 있기 때문이다.

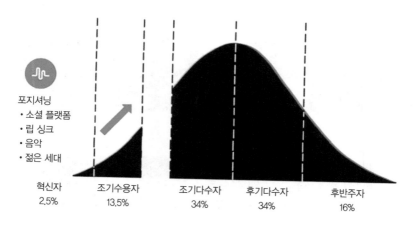

[뮤지컬리는 "고비를 넘기고" 더 성숙한 주류 청중들의 공략에 실패했다.]

콘텐츠 다양화: 창립자들은 제공하는 콘텐츠의 폭을 넓혀야 한다는 것을 알고 있었다. 알렉스는 테크크런치와의 인터뷰에서 "콘텐츠 다양화와 활용법의 다양화는 우리에게 매우 매우 매우 중요합니다. 뮤지컬리는 더 포괄적인 플랫폼으로 진화해야 합니다"라고 밝혔다.[167] 뮤지컬리의 콘텐츠 대부분은 어린 사용자층에게만 어필되었다. 이는 뮤지컬리가 유튜브와 같이 넓은 사용자층에 어필할 수 있는 복합적인 콘텐츠 플랫폼으로 전환하는 것을 방해하고 있었다. 창립자들은 스포츠, 패션, 메이크업 등 음악과 관련 없는 카테고리에서도 오리지널 영상 콘텐츠를 장려하기 위해 노력했다.

기술: 운영팀은 사용자가 이미 팔로우한 계정과, 사용자와 같은 도시의 사용자들이 올린 영상들만 노출시키는 두 가지의 새로운 옵션을 가지고 실험한 적 있다. 하지만 대부분의 사람들은 이 옵션들보다 기존 콘텐츠 피드를 선호하는 모습을 보였다. 기본 설정에서는 시스템 알고리즘이 추천하는 영상을 노출시키는데, 이 알고리즘에 적용된 뮤지컬리의 기술은 충분히 정교하지 못했다는 문제가 있다. 2017년에 상해에서 진행된 텐센트 미디어 행사에서, 루이스는 기술을 사용해 플랫폼의 콘텐츠 분배 메커니즘을 개선하는 것에 대한 자신의 생각을 밝힌 적이 있다. 그의 이론은 제3장에서 제시했던 이론과 매우 상호보완적이었다.

루이스는 콘텐츠의 분배를 위해 세 가지 모델들을 제시했다. 기존의 모델은 구독 메커니즘에 전적으로 의지했는데, 이는 프리미엄 콘텐츠의 상위 1%만 사람들에게 전달하면 되었기에 가능한 모델이었다. 둘째 모델은 소셜 네트워크 모델이었는데, 참여도가 가장 높은 콘텐츠의

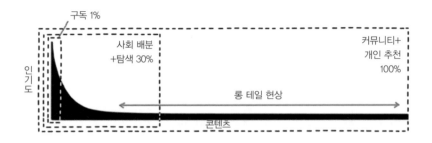

[2017년, 텐센트 미디어 행사 중 루이스의 발표 사진[168]]

상위 30%를 어떻게 분배하는지가 관건인 모델로, 트위터에서 사용 중인 모델이었다. 마지막 모델은 뮤지컬리의 미래에 대한 루이스의 비전이었는데, 플랫폼의 비주류 콘텐츠를 전부 적절한 청중에게 전달이 가능한, 맞춤 추천을 사용한 모델이었다.[169] 그의 비전은 알렉스가 "뮤지컬리의 트래픽 모델은 더욱 개개인에 맞춰야 한다. 부모들의 앱 사용 경험이 아이들의 경험과 전혀 다를 수 있게 말이다."라고 발언했던 것과 일치한다.

날지 못하는 플라이 휠

개인화를 개선하기 위해서는 더 나은 추천 기술이 필요했는데, 이는 비주류 콘텐츠 크리에이터들을 적절한 청중과 연결시킴으로써 콘텐츠 다양성을 강화시키고, 플랫폼이 성인 사용자들을 끌어모을 수 있는 원동력이 될 것이었다.

뮤지컬리는 콘텐츠와 데이터의 축적을 통해 성장의 원동력이 되는 두 선순환들의 효과를 봤어야 했지만, 두 가지 효과 모두 크게 방해받

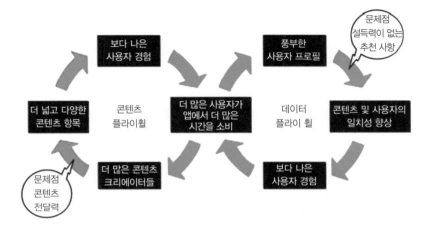

[뮤지컬리는 두 선순환의 혜택을 받아야 했지만, 그러지 못했다.]

앉음을 발견했다. 뮤지컬리의 기술 부족으로 인해 사용자 행동 패턴 데이터의 축적이 더 나은 추천으로 이어지지 못했으며, 콘텐츠의 다양성 부족 때문에 콘텐츠의 축적이 더 나은 사용자 경험으로 이어지지 못했다. 춤 영상을 즐겨 보는 사람들은 이미 그들이 볼 수 있는 것보다 훨씬 더 매력적인 콘텐츠가 있었기 때문에, 더 많은 춤 영상을 추가한다고 사용자 경험이 개선되는 것은 아니었다.

한마디로, 이 스타트업은 "닭과 달걀" 문제에 직면해 있었다. 사용자들이 모든 콘텐츠를 만들었기 때문에, 성인 유저들이 적다는 것은 그들을 위한 콘텐츠가 거의 생성되지 않는다는 것을 의미했다. 볼 사람이 없는데, 왜 콘텐츠를 만들겠는가? 이는 성인 유저들이 가입해 봤자 금방 떠난다는 것을 의미하기도 했다.

해결책은 제공되는 콘텐츠의 유형을 넓히고 사용자층의 연령을 서서히 올리는 것이었다. 제품 전략가 제임스 베랄디(James Veraldi)는 이후 발표에서 "인스타그램과 스냅챗은 소셜 그래프에 중점을 두지만, 뮤지컬리는 콘텐츠와 창의성에 중점을 둔다는 사실은 장애물이 아니라 기회라는 것을 깨달았다."고 설명했다.

결국, 다시 민디로

인터뷰에서 미국과 중국에서의 경쟁의 차이점에 대한 루이스의 의견을 물어본 적이 있는데, 그는 꽤 통찰력 있는 대답을 했다.

"미국은 경쟁 방식이 다르기 때문에 입소문을 통한 효율적인 마케팅이 가능합니다. 어떤 분야에서 혁신적인 일을 한다면 경쟁자는 그에 차별화되는 요소로 맞서기 때문에 결국 서로 다른 특징으로 경쟁하게 되는 것이죠."

이것은 뮤지컬리와 민디의 프랑스 기업가들 사이에서 벌어졌던 일이기도 하다. 뮤지컬리가 챌린지를 통해 콘텐츠 생성을 촉진시켜 성공을 거두기 시작하자, 민디의 개발팀은 이를 그대로 베끼는 것을 꺼렸다. 결국 두 앱들은 서로 각자의 길을 가게 되었는데, 민디는 소셜 스토리텔링에 초점을 맞추고 스냅챗과 통합하기 위해 프로그램을 개발한 반면, 뮤지컬리는 립싱크에 초점을 맞추었다. 민디의 공동 창립자 스태니슬라스는 "뮤지컬리는 우리가 처음 만든 것을 훌륭하게 최적화하고 확장시켰다."고 회상했다. 하지만 루이스의 중국 시장에 대한 설명은 조금 달랐다.

"중국에서는 경쟁 방식이 완전히 다릅니다. 제가 무언가 성공적으로 해낸다면, 경쟁자들은 완전히 똑같은 방식으로 따라올 겁니다. 중국 사람들은 완전히 다른 비즈니스 논리를 가지고 있으며 돈을 사용해 시장 점유율을 빠르게 높인 후 다른 기업들을 쫓아낼 수 있다고 생각하고 있습니다. 더불어, 중국에서는 모든 일이 매우 빠르게 일어나기 때문에, 사람들은 인내심을 잃는 것은 물론이고, 기업을 천천히 성장시킬 인내심 또한 가지고 있지 않죠."[170]

루이스의 발언은 새로운 도전자에 대해 언급하는 것이기도 했다. 왜냐하면 이때, 뮤지컬리는 바이트댄스라는 훨씬 더 크고 무시무시한 상대를 만났기 때문이다.

CHAPTER 2

어썸.미

[초기 더우인팀이 버전 1.0 출시를 앞두고 다 함께 포즈를 취하고 있다.]

"당신들의 제품은 너무 단순합니다.
여러분 같으면 이 낡고 고장 난 자동차를 타고 고속도로를 달리고 싶습니까?"

- 더우인 초기 사용자의 피드백

타임라인

2013년　　　바이트댄스, "제품 전문가" 켈리 장 고용

2015년 7월　숏폼비디오 앱 샤오카시우(Xiaokaxiu)가 순식간에 성공

2016년 9월　바이트댄스가 에이미(A.me)라는 뮤지컬리의 복제 앱 공개

2016년 12월　에이미, 더우인으로 리브랜딩

2017년 3월　최초의 인기 더우인 영상

2017년 9월　더우인의 추천 항목 시스템이 업그레이드됨

2017년 10월　중국 골든 위크 연휴 기간 동안 참여율 급증

2018년 1월　일일 활성 사용자가 3천만 명에 도달

2018년 2월　"Karma's a Bi*ch" 밈이 소셜 네트워크에 퍼짐

2018년 11월　일일 활성 사용자가 2억 명에 도달함

검은색 옷을 입은 작은 체구의 이밍이 무대에 섰다. 그 뒤에는 두 개의 15피트 높이의 거대한 LED 스크린이 대규모 회의장 끝까지 뻗어 있었고[171] 그 앞에는 수백 명의 청중이 어둠 속에 앉아 있었다. 그중에는 콘텐츠 제작사 및 인플루언서 매니지먼트 회사 그리고 언론인들도 있었다. 스트로보 조명은 마치 록 콘서트를 연상시키듯 천장을 가로질러 극적으로 번쩍였다.

이밍은 자연스러운 대중 연설에 어울리지 않았다. 직원들은 그의 심한 억양과 너무 소심하고 부드러운 음성에 그의 연설을 걱정했지만[172] 지난 2년 동안 그는 상당히 발전했다. "충분한 학습과 인내로 어떤 기술도 습득할 수 있습니다."라는 것은 평소 이밍이 자신의 단점을 접근하는 표준 방식이었다. 오프닝 프리젠테이션을 스티브 잡스 스타일로 마무리하면서 이밍은 덧붙였다.

> "향후 12개월 동안 최소 _10억_ 위안이 숏폼비디오 제작자
> 들에게 사용될 것입니다."

굵은 빨간색으로 하이라이트된 "10억"이라는 글자는 이밍을 전보다 더 작아 보이게 만들었다. 그리고 이 발표는 청중들이 여기에 온 이유였고, 바이트댄스 영상 제작자들에게는 월급날과도 같은 희망이었다. 플랫폼 회사 같은 바이트댄스는 지원금이 많았기 때문이다.

2015년까지 중국의 인터넷 업계 전체적 흐름은 영상으로 옮겨 가고 있었다. 플랫폼들은 필사적으로 모든 종류의 영상 콘텐츠들을 보호했지만, 문제는 숏폼비디오 제작자들이 지속 가능한 비즈니스 모델을 찾

지 못했다는 것이었다. 조회 수를 얻는 건 쉬웠지만 그들의 삶이 윤택해지기는 쉽지 않았다. 수많은 플랫폼이 관심을 끌고 있는 가운데 콘텐츠 제작자들을 끌어들이는 가장 좋은 방법은 간단하게 그들에게 많은 지원금을 지원하는 방법이었는데, 이 전략은 곧 해당 업계를 보조금이라는 새로운 전장으로 바꿨고 기업들은 제작 스튜디오와 재능 있는 제작자들을 유혹하기 위해 수십억 위안을 들였다.

바이트댄스는 상대적으로 늦게 전투에 뛰어들었다. 현지화된 바인과 덥스매쉬를 포함한 수십 개의 중국 앱들이 이미 새로운 방식의 영상을 도입하고 있었고, 이미 중국 최대의 사진 편집 앱인 메이투가 만든 메이파이는 젊은이들에게 사랑받기 시작했다. 시장의 리더 격인 콰이쇼우는 중국의 작은 도시에서 수천만 명의 사용자를 확보하는 데 성공했고 전문적인 촬영 스튜디오에서 영상을 제작하는 패션 인플루언서부터 농촌에서 영상을 찍는 시골 농부들까지, 중국의 숏폼비디오 시장은 모두를 위해 열리게 되었다.

바이트댄스의 주력 앱인 토우티아오는 이미 숏폼비디오를 선보이며 사용량이 급증하고 있었다. 2016년 1분기에는 활성 사용자의 하루 평균 앱 사용 시간이 53분으로 인상적이었는데, 그해 3분기에는 하루 평균 사용 시간이 76분으로 무섭게 올라갔다. 이러한 성장의 절반 이상은 숏폼비디오에서만 발생했고 2016년 상반기 동안 토우티아오 내 숏폼비디오의 소비는 매월 35%씩 성장했다![173]

바이트댄스팀은 더 이상 가만히 앉아 있을 수만은 없었다. 이제 숏폼비디오 플랫폼 구축을 위해 상당한 노력을 기울일 때가 왔다.

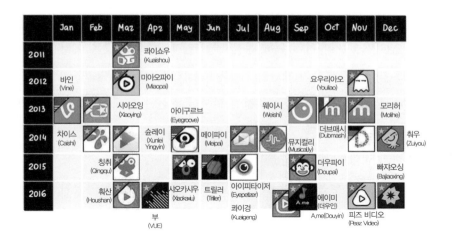

<table>
<tr><td></td><td>Jan</td><td>Feb</td><td>Maz</td><td>Ap2</td><td>May</td><td>Jun</td><td>Jul</td><td>Aug</td><td>Sep</td><td>Oct</td><td>Nov</td><td>Dec</td></tr>
</table>

	Jan	Feb	Maz	Ap2	May	Jun	Jul	Aug	Sep	Oct	Nov	Dec
2011			콰이쇼우 (Kuaishou)									
2012	바인 (Vine)		미아오파이 (Miaopai)						요우리아오 (Youliao)			
2013			시아오잉 (Xiaoying)		아이구르브 (Eyegroove)			웨이시 (Weishi)				모리허 (Molihe)
2014	차이스 (Caishi)		슌레이 (Xunlei Yingyin)		메이파이 (Meipai)		뮤지컬리 (Musical.ly)		더브매시 (Dubmash)			취우 (Zuiyou)
2015			칭취 (Qingqu)				더우파이 (Doupai)				빠쟈오싱 (Bajiaoxing)	
2016			휘산 (Houshan)		샤오카시우 (Xiaokaxiu)	트릴러 (Triller)	아이피타이저 (Eyepetizer) 콰이겅 (Kuaigeng)		에이미 (더우인) A.me(Douyin)		피즈 비디오 (Peaz Video)	

부
(VUE)

[2011년부터 2016년까지 출시된 숏폼비디오 관련 앱]

세 가지 공격 방법

"레드 오션"인 영상 시장의 경쟁에 합류하기 위해 최선을 다한 바이트댄스의 다음 질문은 "어떻게?"였고 대답은 간단했다. 사실 가장 좋은 방법은 모방이다. 회사는 여러 경로로 기회를 엿봤고 이미 효과가 있었던 것부터 모방하기 시작했다.

세 가지의 전략 구성은 확실한 글로벌 리더인 유튜브를 모방하는 "씨과(西瓜 Xigua Video)"[174], 중국 시장의 확실한 리더인 콰이쇼우를 모방하는 "휘산 숏폼비디오(火山小視頻 Huoshan Short video)", 그리고 마지막 와일드카드는 젊은 층이 타깃인 서양 시장의 리더, 뮤지컬리를 복제한 나중에 더우인이라 불릴 에이미(A.me)를 출시하는 것이었다.

바이트댄스는 넷플릭스나 훌루닷컴처럼 긴 형식의 비디오 플랫폼을 만드는 아이디어를 거부했다. 이 시장은 이미 경쟁이 치열했고 국내에서는 BAT(바이두, 알리바바, 텐센트)의 지원을 받는 대형 회사들이 서로 시장 점유율을 차지하기 위해 돈을 태웠다. 더 중요한 것은 이러한 플랫폼은 오직 큰 규모의 예산이 들어간 독점적인 전문 콘텐츠를 확보하기 위해 움직였고, 알고리즘 추천이 회사의 장점인 바이트댄스와는 잘 맞지 않았다는 것이다. 그러나 숏폼비디오 콘텐츠는 바이트댄스의 기존 기술과 적합하게 일치하였다.

바이트댄스팀은 세 가지의 앱 중 더우인으로 나중에 이름이 변경될 뮤지컬리의 복제 앱 에이미의 가능성에 대해 가장 부정적이었는데, 이는 뮤지컬리는 이미 한번 중국 시장을 뚫는 데 실패했고 글로벌 시장에서의 성장 또한 정체됐었기 때문이다. 뮤지컬리를 받아들인 미국 청소년 인구 통계와 달리 중국에서는 과도한 숙제와 방과 후 수업으로 인해 자유시간이 거의 없었다. 에이미의 가능성을 의심한 이유로 샤오카시우[175]라는 립싱크 숏폼비디오 앱을 예로 들자면, 해당 앱은 2015년에 큰 히트를 쳤지만 인기가 빠르게 사그라들면서 그저 반짝 인기에 불과했음을 증명했다.

많은 사람들은 해당 종류의 오락 중심의 숏폼비디오 앱이 중국에는 적합하지 않다고 생각했다. 그런 이유에서 에이미는 기본적으로 사이드 배팅된 금액을 지원받으며 상대적으로 적은 지원을 받았지만, 현지에서 인증된 전략을 따르는 훠산 숏폼비디오는 훨씬 더 큰 예산을 지원받아 또 다른 경쟁자인 콰이쇼우와 정면으로 경쟁할 수 있었다.

뮤지컬리의 복제 앱을 관리하는 책임은 업계에서는 UGC(user-generated content)로 알려져 있는 사용자 제작 콘텐츠 플랫폼을 감독한 켈리 장(張楠 Kelly Zhang)이었다. 30대 시절 짧은 머리에 안경을 썼던 켈리

씨과 (Xigua)	유튜브 (Youtube)	훠산 (Huoshan)	콰이쇼우 (Kuaishou)	에이미 (A.me)	뮤지컬리 (Musical.ly)

[바이트댄스의 새로운 숏폼비디오로 구성된 세 가지 앱 전략 방법 및 오리지널 플랫폼]

의 스타트업 픽쳐 바[176] 온라인 사진 커뮤니티는 2013년에 바이트댄스에 의해 인수되었고, 인터넷 업계의 베테랑 창업가이자 이미 두 곳의 인터넷 회사를 창립한 전력이 있는 그녀도 함께 바이트댄스에 인수되었다.[177]

켈리는 UCG 플랫폼의 필수 프로세스인 지역 사회를 발전시키는 방법을 이해하는 것으로 유명했다. 이 분야는 토우티아오의 모델과는 상당히 달랐다. 사용자가 수동적으로 소비되지만 스스로 만들지 않았다. 켈리는 여러 바이트댄스 플랫폼을 감독했으며 뮤지컬리 클론은 여러 프로젝트 중 하나였다.

놀라운 젊음

바이트댄스에 입사하기 위해 면접을 보는 도중, 대학을 졸업하고 첫 직장을 구하고 있던 쇼안(小安 Xiao'an)은 긴장했다. 바이트댄스에서 여름

인턴을 한 경험이 있었던 그녀는 지난주에 당시 동료였던 쇼웨이(小微 Xiao Wei)에게 "새로운 프로젝트를 진행하고 있는데 한번 볼래?"라는 메시지를 받았다. 그리고 현재 그녀는 여기 면접실에 앉아 있다. 다소 어색하게 미소를 지으며 긴장감을 드러내지 않기 위해 최선을 다하며 말이다.

면접관은 스마트폰으로 무언가를 보여 주기 위해 몸을 기울였다. "당신이 합류할 팀은 새로운 앱을 개발하고 있고 이건 그 테스트 버전입니다." 쇼안은 공손하게 웃으며 아래를 내려다보았고, 갑자기 스크린이 화면 위로 튀어 올라왔다. "이건 대체 뭐지? 이런 걸 본 적은 한 번도 없는데…." 그녀는 속으로 생각했다. 영상은 화면 전체를 차지하고 자동으로 반복 재생되고 있었으며 "좋아요" 및 "공유" 버튼은 영상 위에 오버레이되어 있었다. 그녀는 속으로 이 앱은 참 이상한 앱이라 생각하고 있었다.

하지만 "어떻게 생각해요?"라는 면접관의 물음에 그녀는 "오, 흥미롭군요."라며 애써 정중하게 답했다.

쇼웨이는 그녀에게 팀을 소개하기 위해 사무실에서 멀지 않은 지춘로 외곽의 바비큐 레스토랑에 자리를 마련했다. 한여름 밤의 저녁 식사, 긴 하루 동안의 일과가 끝나고 거리로 쏟아져 나온 사람들이 건배하며 부딪치는 유리잔 소리와 모습은 시끄럽고 활기차 보였다. 차가운 병에 담긴 맥주와 육즙이 많은 고기 꼬치가 그들 사이를 오갔고, 이는 쇼웨이와 에이미팀의 첫 만남이었다.

장이(Zhang Yi)는 총괄 매니저로, 팔에 문신을 했으며 매주 교외로 나가 오토바이를 탈 정도로 익스트림 러버이고, 리지안(Li Jian)은 대학교

3학년 학생으로 인터넷 업계는 처음이었다. 쇼안은 라이브 스트리밍 앱에서 기타를 연주하는 리지안을 발견한 적도 있다.

"와우, 이 팀은 아주 젊군요. 너무 재밌을 것 같은데요?"라며 쇼안은 예비 동료들과의 첫 만남을 회상했다. 경험이 부족한 팀인 듯 보였지만 그녀를 끌어들이는 무언가가 있었다.

바이트댄스는 현재 2,000명 이상의 직원을 보유하고 있다. 에이미팀은 10명 미만의 직원과 함께 본사 2층의 작은 구역에서 일했고, 큰 조직 내의 다소 작은 스타트업처럼 돌아갔다. 앱은 이밍의 오래된 대학 룸메이트, 루보가 운영하는 웨이보 비전(Beijing Weibo Vision Technology Co, Ltd.)이라는 별도의 회사에 공식 등록되었다.

사실, 팀 멤버 중 그 누구도 앱 프로그램 전체를 만들어 본 경험을 가지고 있는 사람은 없었다. 약 10명의 엔지니어가 쇼안이 면접에서 봤던 앱의 베타 버전을 만들기 위해 일주일 동안 일했지만 버그로 가득 찬 베타 버전은 엉망이었고 디자인팀과 엔지니어링팀은 좌절했다. 디자이너들이 설계한 레이아웃을 엔지니어링팀이 원하는 대로 구축할 수 있도록 더욱더 명백하고 눈에 띄게 해야 했다.

"저는 매일 출근해 열심히 일한 결과물에 만족스럽지 못했습니다. 정말 기분이 너무 안 좋았죠."

당시, 24세 디자이너였던 지 밍(Ji Ming)이 그때의 상황을 떠올리며 한 말이다.

사용자 경험을 향상시키기 위해 팀은 인근 중학교의 학생들을 회사로 초청해 학생들과 이야기를 하며 평소 어떤 종류의 앱을 사용하고 싶은지, 그 이유는 무엇인지 물어보았다. 지 밍은 학생들이 시장에 나와 있는 기존 앱들을 기반으로만 판단할 수 있다는 걸 알았다. 그들은 아직 경험해 보지 못한 것을 상상해 내기는 어려웠고 이는 에이미팀에게 스티브 잡스의 유명한 명언을 떠올리게 했다. "많은 경우, 사람들은 원하는 것을 보여 주기 전까지는 무엇을 원하는지도 모른다."

에이미

9월 말, 에이미팀은 모든 준비를 마쳤다. 비록 업계 내에서는 관심 밖이었지만 그들은 그들만의 작은 팡파르를 터뜨리며 첫 번째 버전의 앱, "에이미-음악 숏폼비디오"라는 이름을 시장에 출시하였다.[178]

에이미 앱은 짧은 음악 영상을 공유하고 촬영하는 유행 플랫폼이다. "음악이란 감성에 취해 봐, 너의 자신감과 개성을 보여 줘. 그리고 언제든 공개해 줘. 이 모든 순간이 너이고 여긴 너만을 위한 공간이야!"가 이 앱의 모토이자 설명이다. "A"는 "Awesome"을 상징하였고 앱의 로고는 독특하게도 검은 배경에 빨간색 음표로 설정되었다.

앱은 출시되었지만 안타깝게도 빛을 발하진 못했다. 매일 아침 에이미팀은 활성 사용자의 최신 정보를 자동 생성 이메일로 받았다. 시간이 지나면서 내부 직원들에 의해 생성된 모든 계정을 삭제하여 앱의 성능을 보다 정확하게 파악하려 하자, 다음 날 활성 사용자 통계는 절반으로 떨어졌다.

"그 당시는 너무나도 암울했죠."라고 쇼안은 회상했다. "매일 우린 어떻게 해야 할지 몰랐어요. 앱의 장점이라 할 특징들도 너무 형편없었어요." 그녀의 앱에 대한 믿음은 시간이 지나면서 사라져 갔고, 온라인 인플루언서들을 찾아 콘텐츠 업로드를 의뢰하는 것조차 창피해졌다.

뮤지컬 미니 드라마
편한 스크롤

슬로 크랭킹 기능
영감을 주는 특수 효과들까지

에이미 달인들
색다른 세계를 찾아보세요

[앱 스토어 제품 홍보에 사용된 에이미 버전1.0.[179]]

이렇게 인플루언서들을 찾아 요청을 하는 중, 당시에는 잘 알려지지 않은 "슈 선생님"이 플랫폼에 초대되었는데 그는 캐나다에서 공부하는 중국인 유학생이었다. 하지만 앱을 사용한 후 그는 초대에 응하는 것을 거부했다. "당신들의 제품은 너무 단순합니다. 여러분 같으면 이 낡고 고장 난 자동차를 타고 고속도로를 달리고 싶습니까?"라며 앱을 비판하기까지 했다.

결국 기존의 인플루언서를 모으는 대신 에이미팀은 뮤지컬리처럼 다른 플랫폼에서 활동하는 20명 정도의 "크리에이터"들을 모집했다. 목표는 초기 사용자들이 영상을 만들 때 크리에이터들의 콘텐츠를 보고 영감을 받아 배우는 것이었다.

미국에 있는 뮤지컬리와 비슷하게도 에이미 또한 일부 아주 어린 초등학생과 중학교 저학년 학생들이 주가 되어 가고 있었다. 그래서 앱

[열두 명의 초기 에이미 앱의 영상 크리에이터들이 에이미 티셔츠를 입고 있는 모습]

의 첫 번째 공식 챌린지도 자연스럽게 이 연령대의 학생들을 대상으로 진행되었지만, 뮤지컬리의 문화와 생태계와 달리 에이미는 아이들이 올릴 수 있는 콘텐츠에 제한이 있었다.

이목을 끄는 영상을 올리는 사람들의 부재는 큰 문제였다. 적은 사용자 기반을 가지고 앱이 오래 유지될 수 있다는 것을 증명하지 않으면 본사의 적절한 지원을 받지 못했다. 현재 상태에서 무리하게 홍보를 하는 것은 밑 빠진 독에 물 붓기와 같았다.

솔루션: 그들을 귀빈처럼 모셔라

앱 출시 후, 에이미팀이 가장 먼저 한 일은 소규모의 크리에이터들을 초청해 와 귀빈처럼 대우하는 것이었다. 운영팀은 매일 개별적으로 그들과 대화를 나누며 그들의 아이디어를 진지하게 들어 줬고, 그들이

귀여운 인형 춤
선물 패키지 받아 가세요~

(Cute Puppet Dance Big Snack Bag waiting for you to grab)

파리와 함께, 1인 1곡
탑3는 선물 패키지 받아 가세요

(Together with Paris, one song each Top 3 get big Snack bags)

귀여운 인형 춤
선물 패키지 받아 가세요~

(Cute Puppet Dance Big Snack Bag waiting for you to grab)

[에이미의 첫번째 공식 챌린지, 10대 초반 소녀들을 대상으로 만든 프로모션 배너[180]]

플랫폼의 성장에 일조하고 있다고 느끼게 하는 동시에 뚜렷한 방향성도 제시해 줬다. 만약 베이징에 거주하고 있는 크리에이터가 온라인으로 설명하기 어려운 문제가 발생했다고 하는 경우, 바이트댄스의 구내식당에 초대해 면담과 공짜 식사를 대접했다.

뮤지컬리와 마찬가지로 개발팀은 테마 기반의 챌린지를 통해 커뮤니티를 구축하고 크리에이터들이 밈과 서로의 창작물을 공유할 것을 적극적으로 독려했다. 또한, 사용자들이 어떤 종류의 콘텐츠를 선호하는지 알아보기 위해 크리에이터들이 자기만의 챌린지를 만들게 했고, 나중에 공식 챌린지를 정해 그들에게 가이드를 해 주기도 했다.

첫 번째 공식 챌린지 아이디어는 에이미팀이 아닌 초기 크리에이터들과의 대화를 통해 나왔다. 최고의 영상 크리에이터들에게는 선물로 카메라나 유명 연예인의 상품 또는 간식을 보상함으로써 또 한 번 그들

자신이 특별하다고 생각하게끔 노력했다. 마지막으로, 상위 콘텐츠 크리에이터들은 앱 내의 "가장 인기 있는 목록", "가장 활발한 목록" 또는 "주간 신인 목록"에 분포되어 커뮤니티의 분위기를 조성하는 데 중요한 역할을 했다.

에이미가 사용했던 전술은 "작업"이다. 작업은 플랫폼 성장을 위해 중국 인터넷 기업들이 가장 많이 사용하는 방법 중 하나이다. 중국 서부의 IT 기업들은 일반적으로 체계적인 마케팅, 영업, 그리고 사업 개발팀이 사용자를 확보하는 역할을 맡고 있으며 이러한 방법은 확장성이 높은 데이터와 기술을 통해 사용자를 증가시킨다. 반면 이런 확립된 기술을 쓰지 않는 IT 기업은 수동적인 인력 위주의 방법으로 플랫폼을 홍보하고 키우는 것을 선호한다. 예를 들어 유명 연예인에게 협찬을 줘서 미디어에 노출시키는 방법과 다른 플랫폼에서의 광고 또는 정기적인 대회나 휴일 프로모션을 진행하는 방식을 사용한다. 그리고 일반적으로 개발팀은 하루 종일 근무하며 외부 주주, 사용자, 크리에이터 및 광고 파트너들과의 관계를 유지한다.

저렴한 인건비는 원활한 작업 수행을 가능하게 했지만, 가장 중요한 문제는 외국의 인터넷 환경보다 뒤처진 디지털 마케팅의 인프라였다. 검색 엔진 최적화와 같은 정원 생태계 내에서 중국의 "페이 투 플레이(Pay to Play)"라는 싹은 아쉽게도 효과적이지 못했다.

에이미는 크리에이터들에게 담당자들을 배치하기까지 했다. 담당자들은 가능한 모든 것을 도왔다. 저녁을 사 주는 것부터 시작해 학업 과제 그리고 인간 관계 상담까지, 최대한 그들을 기쁘게 하기 위해 노력했다. 개발팀의 작업실에 있는 큰 박스 안에는 항상 가발부터 안경 그리고 재미있는 간판들까지 영상을 찍기 위한 수많은 도구들로 가득했고, 초기 크리에이터들의 생일이 다가오면 그들을 위한 현정 영상을 찍기도 했다. 심지어, 에이미팀의 어떤 인턴은 다가오는 크리스마스에 초창기에 초대를 거부했던 캐나다 학생 "슈 선생님"에게 아마존으로 크리스마스 트리를 주문해 주기 위해 새로 신용카드를 발급하기도 했다.

길고도 싸늘한 출발 - 이제는 끝내야 할 시간?

중국의 인터넷은 감성이라고는 찾아볼 수 없는 치열한 전쟁터다. 실적이 저조한 제품은 가차 없이 폐기되고 잊힌다. 더우인 또한 내부의 스타트업 프로젝트로 운영되고 있었고 이러한 프로젝트의 경우, 실패는 이미 예상되어 있었다.

이미 성과가 좋지 않았던 터라 프로젝트가 무산되어도 아무도 이상하게 생각하지 않았을 것이다. "우리는 주로 프로젝트를 포기하기 전 데이터를 한 번 더 살펴봅니다."라고 바이트댄스의 첸 린(陳林 Chen Lin) 이사는 설명했다.

"그리고 리더는 이러한 데이터를 가지고 최종 판단을 내려야 합니다."[181]

리더는 데이터가 나쁜 이유를 판단해야 한다.

시장의 크기가 그들이 생각했던 것보다 작았던 것일까? 사람들의 요구를 잘못 판단한 것일까? 아니면 단지 제대로 운영하지 못했던 것일까? 혹시 바이트댄스는 젊은 사람들을 겨냥할 DNA를 애초에 가지지 못한 것일까? 개발팀은 초기 몇 달 동안 이러한 의구심을 품으며 프로젝트를 진행했다.

결국 이밍은 이에 대해 다음과 같이 답했다.

"논리적으로 잘못된 것은 없습니다. 그리고 이미 다른 사람들이 이러한 방법으로 그것을 증명한 적도 있습니다. 결국은 우리가 잘하지 못했기 때문에 데이터가 나쁜 것일 뿐입니다."[182]

이러한 실패의 주요 요소들은 이미 해결되는 중이었다. 앱의 다소 많은 버그와 기본 기능은 대부분 해결되었지만, 중요한 것은 앱의 혼란스러운 초기 방향성이었다. 고객층이 영유아, 청소년, 20대 초반으로 불분명했고 방향성을 새로 잡기 위해 앱의 이름과 브랜드 이미지를 바꾸면서 고객층 또한 트렌디한 젊은 층으로 명확해졌다.

다시 디자인하다

에이미의 시그니처인 어두운 색깔의 화면은 인기를 끌었지만,[183] 에이미라는 이름은 중국인들에게 확 와 닿지는 않았다. 리브랜딩이 필요한 시점에서, 배경음악이 주요 특징인 앱의 특수성을 고려하며, 크리에이터와 시청자들 모두 무의식적으로 음악에 몸을 맡기듯 움직일 것이라는 아이디어에서 영감을 받은 한 직원이 '더우인'이라는 이름을 떠올렸다. 더우인의 뜻은 말 그대로 "흔들리는 비트"이다.

抖音 dǒu yīn
抖 dǒu 떨 두: "떨다," "털다," 아니면 "흔들리다"
音 yīn 소리 음: "음," "음악," 아니면 "음절"

"더우인"은 수백 개의 후보 이름 중에서 채택됐고, 다음은 이에 맞는 로고를 제작하는 것이었다.

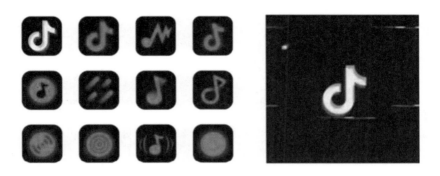

[현재 더우인과 틱톡의 상징적인 로고가 된 초기 디자인 콘셉트]

새롭게 디자인을 맡은 젊은 디자이너는 자신이 참석했던 록 콘서트의 화려한 불빛의 조명이 소용돌이처럼 어두운 무대를 감싸는 것에 감명받아 작업에 들어갔다. 라이브 공연의 사이키한 비주얼에 영감을 받은 그는 공연 속의 희열을 나타내는 이미지를 만들었고 8분음표 문자, ♪를 다양한 필터를 통해 여러 시도를 하며 마지막으로 글리치(glitch) 필터를 사용했다.

이 효과는 마치 오래된 텔레비전이 신호가 약하게 잡힐 때 일어나는 현상을 연상시켰고, 목표는 흔들리는 움직임의 느낌을 사용자들에게 전달하는 것이었다. 또한, 8분음표는 영어 알파벳 "d"의 모양을 형성하며 앱의 이름 더우인의 첫 이니셜을 떠올리게도 한다. 해당 로고는 개발팀이 요구하였던 독창적이면서도 새롭고 눈에 띄기까지 하는 느낌의 로고로서 개발팀을 만족시켰다.

하지만 불행히도 이 미래 비전과 앱의 실제 위치와는 여전히 거리가 멀었다. 데이터의 숫자들은 거짓말을 하지 않았다. 첫 상반기의 데이터는 여전히 인상적이지 않았던 것이다.

또 하나의 국가를 건설하다: 더우인만의 방식으로

더우인은 성공적인 리브랜딩과 더 많은 자본을 가지고 이제 젊고 감각 있는 엘리트들을 위한 트렌디한 앱으로 고급 시장에 재배치되었다. 그러나 이런 전환점을 제대로 활용하기 위해서는 가장 큰 문제를 정면으로 해결할 필요가 있었다. 그것은 바로 부족했던 유능하고 젊은 콘텐츠 제작자들을 모으는 일이었다.

그들이 찾은 해결책은 미술을 전공하는 대학생들이었다. 더우인팀은 전국의 미술 전공 학교들을 돌아다니며 앱의 사용자가 되어 줄 매력적인 학생들을 찾아다녔다. 그들은 수백 명을 설득했고 유명 인플루언서로 만들어 주겠다는 약속과 함께 학생들을 영입하기 시작했다. 이러한 방법은 매우 효과적이었다. 그들의 유입은 기존 콘텐츠 기반에 세련되고 감각 있는 톤을 더한 효과를 나타냈다.

그런 다음 개발팀은 그들이 원하는 트렌디한 콘텐츠를 가진 영상을 구축하기 위해 영상의 노출도를 조작하기 시작했다. 이에 따라 앱의 톤과 방향에 맞지 않은 영상들은 노출 확보를 위해 고군분투해야 했다.

더우인은 직원 전체를 동원하여 경쟁업체의 크리에이터들을 유인했다. 그들은 모든 중국 주요 소셜 미디어 플랫폼에서 활동하는 크리에이터들을 스카우트하기 시작했고, 심지어 해외에 거주하고 있는 뮤지컬리의 중국인 크리에이터들에게도 일일이 메시지를 보냈다. 또한, 더욱더 빠른 진행 속도를 위해 그들은 유튜브 초기에 등장해 전문적으로 크리에이터들을 관리하고 운영하는 "멀티채널 네트워크(MCNs)"와 계약을 체결하기도 했다.

동시에 더우인팀은 적극적으로 다른 숏폼비디오 및 소셜 미디어 플랫폼의 계정을 만들어 더우인 워터마크가 박힌 영상을 올렸다. 뮤지컬리도 마찬가지로 워터마크를 주요 열쇠로 사용하고 있었는데, 이는 영상을 본 사람들이 워터마크를 보고 호기심에 앱스토어에 이름을 검색하게 만들었고 마치 미니 광고와도 같은 효과를 보였다. 후에 크리에이터의 사용자 아이디는 깜빡거리는 더우인 워터마크 옆에 추가되었고, 이러한 소소하지만 중요한 변화는 사람들을 다른 플랫폼에서 더우인 영상을 공유하도록 유도했다. 이제 다른 플랫폼에서 사람들을 다시 더우인으로 유인하여 팬 층을 성장시킬 수 있었다.

개발팀은 지속해서 경쟁 플랫폼들을 주시하며 그곳에서 프로모션으로 사용할 콘텐츠를 찾았다. 그리고 2월, 더우인은 드디어 세상 밖으로 나갈 첫 번째 기회를 포착했다. 더우인에서 시작된 "백럽 댄스(The Backrub Dance)"[184]라는 영상이 다른 많은 플랫폼에서 유기적으로 퍼지기 시작한 것이다.

3월에 또 다른 영상이 개발팀의 관심을 끌었다. 그것은 유명한 코미디언, 웨윈펑(岳云鹏 Yue Yunpeng)과 외모도 스타일도 묘하게 닮은 어떤 사람의 성대모사 영상이었다. 개발팀은 반복적으로 코미디언의 공식 소셜 미디어 계정에 이 영상을 끌어왔고, 결국 많은 기다림 끝에 그의 관심을 끄는 데 성공했다. 코미디언은 그의 수백만 명의 팔로워들에게 자신을 흉내 내는 영상을 공유했다. 반짝거리는 더우인 로고가 워터마크된 이 영상은 순식간에 8만 개의 '좋아요'와 5천 개 이상이 '공유'되었고 다음 날 구글 트랜드의 현지 버전인 바이두에서 더우인은 급상승 검색어에 오를 수 있었다.

난 이것을 사용할 만큼 쿨하지 않아

더우인은 브랜드 포지셔닝을 손에 꼽을 정도로 쿨한 앱으로 만드는 것에 전념했다. 2017년 여름 초, 그들은 30초 정도의 영화 광고 캠페인[185]을 시작했다. 한 업계 전문가는 빠른 속도로 진행되는 능동적이고 흔들리는 카메라 효과와 그에 어울리는 번개가 치는 듯한 전자 비트의 광고를 접한 후 이렇게 설명했다.

"이 광고는 너무 휘황찬란하고 제품은 쿨해도 너무 쿨합니다. 그래서 저와는 잘 맞지 않죠."[186]

모나리자 그리고 아브라함 링컨과 같은 역사적으로 유명한 인물들을 앞세운 더우인의 짧지만 장난스럽고 상호적인 영화 광고 캠페인은

흔드는걸 좋아한다면,
더우인도 좋아해

세계 명화도
흔들리기 시작했다

[안경을 쓴 모나리자와 아브라함 링컨이 담배를 피우는 더우인의 2017년 광고]

온라인 홍보로 퍼졌다. 재미있고 독창적이며 완성도 높은 해당 광고는 중국 소셜 미디어에서 호기심을 불러일으키는 동시에 브랜드 인지도도 높이는 기회가 되었다.

그해 여름, 더우인은 중국판 쇼 미더 머니(The Rap of China)[187]라는 새로운 오디션 프로그램을 후원을 계약했다. 프로그램은 여러 유명 인사들의 지지를 얻어 단숨에 중국의 젊은이들에게 인기를 끌었으며, 힙합 문화가 중국의 새로운 대세 문화가 될 수 있도록 일조하였다. 더우인은 중국의 젊은이들이 자신의 랩, 브레이크 댄스, 비트박스, 그리고 스트리트 댄스를 업로드하기엔 그야말로 완벽한 도구였다. 또한 "중국의 리한나"라고도 불리는 오디션의 여성 참가자 바바(VaVa)는 "힙합에 빠진 사람이라면 모두 더우인을 씁니다."[188]라고 말하기도 했다.

립싱크 배틀이 미국 시장에 뮤지컬리의 바통을 이어 갔듯이 "중국의 힙합(Hip Hop in China)"과 경쟁 프로그램인 "이것이 바로 스트리트 댄스다(This! Is Street Dance)"는 더우인을 중국 청소년 문화를 이끄는 리더 반열에 오르게 만들었다.

중국의 젊은이들이 온라인에 비치는 자신들의 이미지에 매우 민감하단 것을 알게 된 더우인은 전담 엔지니어링팀을 만들어 업계 최고 수준의 필터와 특수 효과를 개발했다. 이러한 노력은 콘텐츠 제작에 대한 장벽을 낮추는 동시에 사용자가 메이크업 없이도 자신감 있게 촬영할 수 있게 해 줬다.

9월, 바이트댄스는 이러한 노력 끝에 20억 달러 규모의 자금 조달을 달성했으며 회사의 가치는 무려 220억 달러로 평가받았다. 이러한 유입은 홍보에 돈을 아끼지 않는 더우인의 노력에 꾸준한 현금 흐름을 보장할 수 있도록 도왔고, 이제는 다음 단계인 오프라인 이벤트를 진행할 차례이다.

시청자, 이밍에 빠져들다

수백 명의 젊은이들이 한껏 꾸민 채로 한때는 광활한 산업 단지였지만 재개발되면서 베이징 북동부의 "힙 성지"가 된 751 D.PARK에 도착했다. 그들은 야구모자에 밝은 색상의 드레스, 통이 헐렁한 힙합 스타일의 옷을 입고 한정판 신발을 신었다. 화려한 조명과 음악으로 가득 찬 힙한 현장은 마치 오디션 경쟁 프로그램인 아메리칸 아이돌의 무대를 연상케 했고, 독점으로 진행된 이 파티는 바로 더우인의 상위 크리에이터 300명이 함께 모여 앱의 1주년을 기념하는 자리였다.

"차세대 인터넷 유명 인사"[189]로 묘사되는 온라인 스타들은 단지 사람들과 어울리고 즐기러 그 자리에 간 것만은 아니다. 모든 인플루언서는 이미 그날 밤에 뽑아 올 최고의 콘텐츠를 두고 무언의 경쟁을 하며 서로를 의식하고 있었다. 그들은 더 높은 인기를 차지하기 위해 경쟁했고, 그 전쟁의 매체는 숏폼비디오였다.

이미 친한 인플루언서들은 따로 뭉쳐 다녔으며 그들의 스탭들은 이러한 모습을 계속해서 촬영하면서 15초짜리 영상을 만들어 냈다. 친구가 없는 외톨이들은 댄스 스테이지를 돌아다니며 립싱크 영상을 찍기 위한 이상적인 조명을 찾는 데 몰두했고, 덜 알려진 인플루언서들은 초조하게 더 유명한 이들을 찾아다니며 그들과 같이 춤을 녹화하자고 제안했다.

시끄러운 음악이 계속 흘러나왔고 크리에이터들은 금방 찍은 영상을 손보기 위해 서둘렀다. 편집이 끝나는 대로 크리에이터들은 영상을 앱에 올렸으며, 알고리즘을 통해 어떤 비디오가 선택받을지 초조하게 기다렸다. 댄스팀들은 그들의 춤을 보여 주기 위해 무대에 올랐고 래퍼들이 재치 있는 가사로 실력을 뽐내자 관중들은 머리를 앞뒤로 흔들었다.[190]

그리고 호스트가 상을 시상하는 중간에 갑자기 관중 뒤편에서 시상식을 방해하는 환호가 터져 나왔다. 바로 이밍이었다. 검은색 야구모자에 회색 티셔츠 차림으로 그는 리동과 함께 등장했다. 관중들은 열광했다. 최고 경영자인 그가 예고도 없이 파티에 들른 것이다! 그는 즉시 사진 및 영상 촬영을 요청하는 관중들로 둘러싸였다. 대부분이 10대 힙합 패셔니스타들로 둘러싸인 가운데 다소 어색한 34세의 엔지니어는 주변의 격렬한 환호 속에도 미소를 지으며 침착하게 양손을 옆에 두고 서 있었다.

[2017년 9월, 이밍과 리동은 앱의 1주년을 기념행사에 참석했다.[191]]

이밍은 데이터를 통해 더우인이 강한 추진력을 기반으로 탄탄한 커뮤니티를 구축했다는 사실을 이미 알고 있었지만, 기념 파티를 통해 그 인기를 확실히 실감할 수 있었다. 더우인은 특별한 무언가를 이루기 바로 직전에 있었다.

브레이크 아웃

10월 1일은 7일간의 중국 국경절인 "골든 위크"의 시작이자 중국 인터넷 사업의 큰 기회의 시작이다. 사람들은 일주일 동안 오락을 즐기고 새로운 것을 시도하는 시간을 가지며 많은 변화를 보인다. 10월 한 달 동안 더우인의 일일 사용자는 7백만 명에서 1천 4백 명으로 두 배로 증가했고, 두 달 후 3천만 명에 이르렀다. 또한, 3개월 동안 앱의 30일 유지율이 8%에서 20% 이상으로 올랐고, 앱에서 보내는 평균 시간이 20분에서 40분으로 급증했다.[192] 마치 마법의 로켓 부스터가 갑자기 추가된 것과 같이 모든 핵심 측정지표가 상승했다. 도대체 무엇이 이러한 변화를 만들어 낸 걸까?

정답은 주원자였다. 2015년 바이두에서 영입된 주원자는 알고리즘 기술에 관해선 회사 전체에서 3명 안에 드는 최고 인재로 꼽혔다.[193] 그는 바이트댄스에서 가장 유능한 엔지니어링팀 중 하나의 리더이며 최근 더우인팀에서 일하게 되었다. 주원자가 이끄는 바이트댄스의 콘텐츠 추천 백엔드 작업은 10월의 놀라운 결과를 만들어 냈다.

모체가 우수할수록 바이트댄스의 자원 수는 늘어났다. 현재 상태를 유지하면서 더 중요한 앱이 되기 위해 빠르게 전략을 취하며 노력하고 있던 바이트댄스에게 갑자기 곳곳에서 지원이 들어왔다. 사람, 돈, 사용자 트래픽, 유명인사의 홍보, 브랜드 협업, 그리고 가장 중요한 바이트댄스의 강력하고 최적화된 추천 엔진의 완전한 통합이었다. 거대한 팬층을 가진 양 미, 루 한, 크리스 우, 안젤라베이비 같은 중국의 셀럽들이 계정을 개설하였고 홍보 캠페인과 전국적인 "더우인 파티" 이벤트 로드쇼에 참여하기 시작했다. 드디어 더우인은 중국에서 떠오르는 핫한 앱이 되었다.

바이트댄스는 더우인을 포함한 세 개의 숏폼비디오 앱에 대한 투자를 늘렸다. 인력, 자원, 그리고 광고 예산은 모두 늘어났으며, 업계 관계자는 "더우인의 급부상은 명분이 없었던 것은 아니다. 이밍은 누구보다도 많은 돈을 투자했고 최고의 인력을 사로잡기 위해 무엇이든 했다."라고 말했다.[194]

더우인의 상업화는 에어비앤비(airbnb), 하얼빈 맥주(哈尔滨啤酒集团 Harbin Beer), 그리고 쉐보레(CHEVROLET), 이 첫 3개의 브랜드 광고 캠페인으로 시작되었다. 더우인의 광고 사업은 곧 빠른 발전을 이루었다. 바이트댄스에는 이미 수백 명의 영업 및 마케팅 직원이 있었는데, 이들은 곧 더우인의 광고로 얻은 수입을 판매 목표에 추가할 수 있었다.

이밍은 이후 인터뷰에서 회사가 경영진 모두에게 의무적으로 자기만의 더우인 영상을 만들 것을 요구했다. 영상이 목표로 정한 좋아요 수를 얻지 못했을 경우 팔굽혀펴기와 같은 벌칙을 받아야 했다. 벌칙을 피하기 위해서는, 차트와 데이터를 살펴보는 것만으로는 충분하지 않았으며 관리자들은 크리에이터의 관점에서 영상들을 이해하며 만들어야 했다. 이밍은 오랫동안 더우인의 영상을 봤지만, 자신만의 영상을 만드는 것은 "나에게 큰 발전"[195]이었다고 인정했다.

[이밍의 개인 더우인 계정(3277469). 글로벌 여행 기간 중 찍은
클립을 포함한 당시 올렸던 총 17개의 영상.[196]]

"음… 카르마는 나쁜*이야(Karma's a bi*ch)"

이 비디오는 한 젊은 여성이 부스스한 머리와 파자마 차림으로 하품을 하는 모습으로 시작한다. 안경을 낀 생얼의 그녀는 아무렇지 않게 이 대사를 립싱크 한다.

"음… 카르마는 나쁜*이야."

갑자기 시끄러운 배경음악이 폭발하며 순식간에 그녀는 1초 전과 거의 알아볼 수 없는 화려하고 매혹적인 패션모델로 변신한다. 새로운 밈이 더우인을 사로잡았다.[197]

"음… 카르마는 나쁜*이야"는 오리지널 "날 멋대로 판단하지 마" 챌린지의 새로운 버전이었다. 3년 전, 뮤지컬리가 미국 앱 스토어에서 정상을 차지하게 만든 밈이자 더우인의 또 다른 돌파구였다. 사람들은 충격적인 변신을 보는 것을 좋아했다. 그 밈의 영상 편집본이 온라인에 뜨기 시작했다. 심지어 일부 여성들의 메이크업 실력 때문에 많은 남성들이 생얼에 대해 불신하기도 했다. "음… 카르마는 나쁜*이야"는 주류 문화에 영향을 끼쳤고 영상은 널리 알려져 영어 기반의 글로벌 미디어로까지 물결을 일으키며 대대적으로 유행하게 되었다.[198]

또한, 더우인은 중독성 있는 훅을 사용하며 매력적인 팝송의 인기를 더욱 증폭시켰으며 2017년 말, "치리치리송(Ci-li-ci-li song)"이라는 트랙이 더우인에서 폭발적인 인기를 얻었다. 그 노래의 에너지는 매력적이었고 훅의 전염성은 너무나도 강했다. 그러나, 음악을 밈으로 바꾸어 성공을 극대화하고 증폭시킨 것은 트랙의 연결고리 역할을 한 새로운 춤 동작들 때문이었다.[199]

이 트랙은 2013년 "파나마"라는 노래로 루마니안 레게 아티스트이자 댄서인 마테오에 의해 발매된 곡이다. 데뷔 4년 후, 이 곡은 예기치 않게 폭발적인 인기를 끌었고 마테오는 자신의 '슈가송'으로 아시아 투어를 급히 준비하게 되었다. 더우인에는 그가 항저우 공항에 도착하자마자 중국 팬들이 그를 위해 자신들의 춤 실력을 보여 주는 유튜브 영상[200]도 있는데, 아이러니하게도 춤은 중국에서 완전히 새로 만들어져 마테오는 자신의 슈가송에 맞춰 동작을 따라 할 줄 몰라 어리둥절해하는 모습이 담겨 있다.

해당 플랫폼이 사회에 미치는 영향력이 커지고 있음을 보여 주는 가장 신뢰할 수 있는 지표는 더우인이라는 이름 그 자체였다. 이름은 어느새 숏폼비디오와 동의어가 되면서 일상적인 구어체로 쓰이기 시작했고 "더우인 하자!"는 부연 설명이 필요 없는 말이 되었다.

비를 내려 봐

바이트댄스는 이제 그들이 필승 공식을 가지고 있음을 알게 되었다. 유지율은 좋았고, 입소문은 훌륭했으며 크리에이터들의 크고 활기찬 커뮤니티가 형성되었다. 또한 추천 엔진은 최고의 콘텐츠를 표시하는 제 역할을 하며 더우인의 불씨는 이미 밝게 타오르고 있었다. 이제 거기에 휘발유를 부어 불씨를 소비하고, 소비하고 또 소비할 때가 왔다.

중국 설 연휴 주간은 앞서 말한 국경절과 같이 앱 홍보를 위한 또 하나의 독특한 연례 기회이다. 수억 명의 사람들이 가족들과 재회하고 그들과 함께 휴식 시간을 갖기 위해 집으로 돌아간다. 더우인과 같은 엔터테인먼트 앱은 시간을 보내기에 완벽했고, 가족 구성원 사이에서도 자연스럽게 소문이 퍼지게 했다.

이에 더 박차를 가하기 위해 더우인은 중국 신년 "럭키 머니"라는 캠페인을 통해 돈을 나눠 줬다. 사용자들은 특정 비디오에서 "홍 빠오(세뱃돈)" 아이콘을 눌러 적은 액수의 현금을 모을 수 있었고, 이 아이콘은 사람들이 명절 기간 서로에게 주는 현금이 들어 있는 봉투의 디지털 버전과 똑같았다. 또한 바이트댄스는 새로운 사용자들을 얻기 위해 주요 온라인 채널에서 광고와 프로모션을 시작해 하루 약 400만 위안(50만 달러 이상)을 투자하면서 전력을 다했다.[201] 이 모든 전략의 조합으로 마침내 더우인은 중국 앱 스토어 차트 1위에 올랐다. 각종 보도에 따르면 더우인의 하루 이용자 수는 중국 설을 포함한 2~3월에 약 4천만 명에서 7천만 명으로 급증했고, 일부 상위 계정의 팔로워 수는 4배로 늘었다.

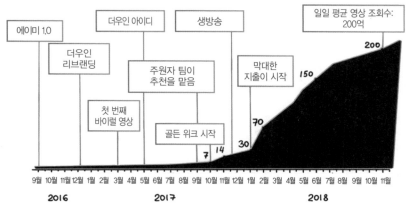

일일이용자(DAU) 수백 만

에이미 1.0

더우인 리브랜딩

첫 번째 바이럴 영상

더우인 아이디

주원자 팀이 추천을 맡음

골든 위크 시작

생방송

막대한 지출이 시작

일일 평균 영상 조회수: 200억

200

150

70

30

7 14

9월 10월 11월 12월 1월 2월 3월 4월 5월 6월 7월 8월 9월 10월 11월 12월 1월 2월 3월 4월 5월 6월 7월 8월 9월 10월 11월

2016   **2017**   **2018**

[첫 2년 동안 일일 사용자 수가 0명에서 2억 명에 이르는 더우인의 사용자 지표]

이 성공은 바이트댄스를 대담하게 만들었고, 그들은 더우인을 더블다운 시켰다. 일일 프로모션 예산을 2천만 위안(약 280만 달러)으로 늘려그들의 수익을 창출할 수 있는 모든 채널의 트래픽을 샀고, 4월까지 하루 사용자 수는 1억 명을 넘어섰다.

더우인은 상당한 사용자 기반을 갖춘 디지털 마케터들의 관심을 끌기 시작했다. 이들은 위챗, 웨이보와 함께 더우인을 브랜드들의 "필수" 소셜 미디어 플랫폼으로 보기 시작했고 점점 "2대 플랫폼"에서 "3대 플랫폼"이 되어 가고 있었다.[202] 토우티아오의 거대한 미디어 및 광고 플랫폼을 통해 회사는 이미 중국의 모든 주요 전문 미디어, 마케팅 에이전시 및 브랜드 기업들과 관계를 맺으며 광범위하게 접촉했고 바이트댄스는 모든 직원에게 영상을 만들게 장려하는 등 더우인에 회사의 예산 대부분을 할당하도록 추진했다.

2018년, 더우인은 좋은 성장을 이어 가며 주류로 발돋움하였고 사회 전반에 걸쳐 인기를 얻었다.

왜 더우인인가? 성공의 원동력

더우인은 뮤지컬리(전제 화면의 15초짜리 숏폼비디오로 스와이프 업 모션 및 음악 검색을 기반으로 함)의 복제품으로 시작했고 뮤지컬리는 오리지널 버전인 민디, 2013년 파리의 한 창고에서 만들어진 그 포맷에서 바뀌지 않았다. 그러나 뮤지컬리와 더우인은 상당히 다른 결과를 얻었다. 그렇다면 뮤지컬리는 실패했는데 더우인을 성공하게 한 요인은 도대체 무엇일까?

a. 기반

먼저, 바이트댄스가 무엇을 했든 하지 않았든 간에, 뮤지컬리보다 3년 늦게 출시된 것은 인정해야 한다. 이 말인즉슨, 더우인은 뮤지컬리보다 더 유리한 조건을 누렸다는 것을 인정해야 한다는 것이다. 2017년, 빠르고 경제적이고 안정적이며 어디서나 이용할 수 있는 4G 인터넷이 중국 전역에 널리 보급되었다. 더우인과 같은 영상 위주의 모바일 앱은 적절한 네트워크 인프라가 널리 구축되어야만 주류로 올라설 수 있었고, 저렴하지만 빠른 영상 업로드 및 다운로드는 곧 영상이 이동 중에도 소비될 수 있음을 의미했다. 2017년, 드디어 중국이 데이터 패키지 정책을 발표함에 따라 통신 요금은 사람들이 지하철 출퇴근 시간 혹은 슈퍼마켓 계산대 앞에 줄을 서는 동안에도 네트워크 데이터를 사용하여 영상을 스트리밍할 수 있는 합리적인 가격에 도달했다. 이것은 불과 몇 년 전만 해도 상상할 수 없는 것이었다.

게다가 다른 지원 기술들도 앱의 경험을 크게 향상할 수 있는 수준으로 성장하였다. 켈리는 더우인 성장에 대해 논의한 회의[203]에서 4가지 핵심 요소를 발표하여 관심을 끌었는데 그것은 고화질의 전체 화면, 음악, 특수효과 필터, 그리고 개인 추천 시스템이다. 스마트폰 화면은 전반적으로 화질이 높아지면서 영상 시청 경험 또한 크게 향상됐고, 얼굴 인식과 증강현실 효과가 일반화되어 보다 몰입력 있고 재미있는 특수 효과와 필터가 가능해졌다. 이미지 인식과 컴퓨터 비전은 매우 현저한 발전을 이루었으며, 부적절한 콘텐츠에 대한 수동적인 검사 필요성을 크게 감소시키고 메타 데이터가 부족한 영상의 분류를 가능하게 했다. 이 중에서도 가장 적절한 기술은 바로 바이트댄스가 전문화한 빅데이터와 추천 기술 분야에서의 발전으로, 이는 다음 이유로 자연스럽게 이어진다.

b. 모기업로부터의 지원

겉으로 보기에는 초기 개발 당시 더우인과 바이트댄스와의 관계는 "인스타그램과 페이스북" 또는 "위챗과 텐센트"와 비슷했다. 즉, 훨씬 큰 기성 조직에서 파생한 작지만 민첩한 스타트업 말이다. 빨리 수익을 창출해야 한다는 압박과 새로운 투자처와의 협상 건에 방해받지 않고 그들은 단순히 성장과 앱 구축에 초점을 맞출 수 있었다. 또한 모기업으로부터 독립했지만 기술 전문지식, 자금, 인프라 시스템에 접근할 수 있는 큰 혜택을 누릴 수 있었다. 이는 대부분의 스타트업들이 그저 꿈만 꿀 수 있는 일이었다.

바이트댄스라는 조직의 독특한 특성상, 더우인이 받은 지원은 인스타그램이나 위챗의 잘 알려진 사례보다 더 특별하고 중요했다. 더우인은 스타트업팀을 가지고 있긴 했지만, 실질적인 의미의 "창시자"는 없었다. 그 이유는 대부분의 외국의 큰 소셜 미디어 플랫폼과는 달리, 더우인의 성공은 개인의 비전으로부터 탄생한 것이 아니라 조직 내의 체계적인 실험과 과정으로부터 생겨났기 때문이다.

회사는 이미 성공적이고 입증된 세 가지 모델인 유튜브, 콰이쇼우, 그리고 뮤지컬리를 기반으로 하여 바이트댄스 고유의 세 가지 숏폼비디오 전략을 일환으로 그들만의 버전을 만들기로 선택했다. 세 가지 요소 모두 회사의 기존 기술력과 빅데이터에 연관되어 있으며, 가장 중요한 요소는 추천 엔진과 기존 사용자 프로필 그리고 관심 그래프였다.

AI 랩 대표의 말을 인용하자면 바이트댄스의 "강력한 무기"[204]는 콘텐츠 추천 엔진과 수백만 명의 사용자 프로필 그리고 관심 그래프를 포함한 기존 데이터베이스였다. 바이트댄스의 핵심 콘텐츠 앱은 기존의 백엔드 기술력과 사용자 데이터를 공유하였는데, 예를 들어 한 바이트댄스 앱에서 누군가 기사를 읽고 공유했다면 다른 앱에서 만들어진 그들의 콘텐츠 추천 항목에 직접적인 영향을 미칠 수 있다는 것을 의미한다.

"일반 사용자는 볼 수 없는 백엔드 기술에는 관심 그래프가 포함되어 있습니다. 예를 들어, 내가 가장 관심 있는 연예인, 내가 가장 신경 쓰는 10개의 회사 등등이 있죠."[205]라고 이밍은 한 인터뷰에서 설명했다.

① 사용자가
앱 A의
콘텐츠와
상호 작용

② 사용자
프로필 강화

핵심 사용자 프로필 관심 그래프

③ 사용자는 앱 B에서
더 개인화된 콘텐
츠를 수신

추천 엔진

[사용자가 앱 A에서 콘텐츠와 상호 작용 후 앱 B에서 개인 맞춤된 콘텐츠가 표시된다.]

뉴스 피드와 마찬가지로, 숏폼비디오 또한 이 프로세스에 완벽하게 어울렸다. 일반적으로 사용자는 앱을 사용할 때 화면을 분당 여러 번 스크롤하거나 터치하게 되는데, 이런 상호작용은 자신의 선호도에 맞게 관심 그래프를 더욱 풍성하게 만드는 데 사용된다. 반대로, 롱폼비디오는 사람들이 화면을 한 번도 만지지 않고도 45분 분량의 드라마를 볼 수 있기 때문에 그만큼 관련 데이터가 훨씬 더 적게 제공된다.

시장의 후발주자였음에도 불구하고 바이트댄스의 경영진은 숏폼비디오 시장에 진입하기 위해 진지하게 노력을 들여야 한다고 생각했다. 영상은 분명 미래의 트렌드였을 뿐만 아니라, 특히 숏폼비디오는 바이트댄스가 시장에서 이익을 챙기기에 가장 적합한 아이템이었기 때문이다.

바이트댄스는 숏폼비디오 플랫폼이 콜드 스타트 기간을 거치고 초기의 견인력을 얻게 된 후 어떤 부분에서 가장 잘하고 있는지 평가하고,

리소스와 지원을 알맞은 곳에 적절하게 할당하기만 하면 됐다. 바이트
댄스의 성공은 이 "앱 공장" 모델을 이해하면 알 수 있다. 순수 콘텐츠
기반 플랫폼은 인기를 잃고 유행에 뒤떨어지는 요소에 취약하다. 그리
고 사람들은 엔터테인먼트 앱이 지루해지면 삭제하곤 한다. 그 후, 기
기를 업그레이드할 때 앱을 다시 설치하는 것을 잊어버릴 수도 있다.
바이트댄스는 새로운 제품을 지속해서 출시하고 테스팅하는 것으로 이
러한 위험요소를 완화하는 효과적인 방법을 찾았다. 바이트댄스는 끊
임없이 자신을 재창조하기 위해 결성되었다.

출시된 여러 앱 중, 어떤 앱이 가장 주목을 받을지 실험해 보는 관
행은 5개의 앱을 만든 이밍의 이전 스타트업, 부동산에 초점을 맞춘
99Fang.com으로 거슬러 올라가야 한다. 여러 해 동안 이밍과 이밍 사단
은 이 과정을 매우 정교하게 다듬었고, 이 과정을 통해 명확한 기반 위
에 자원을 할당할 수 있었다. 만약 한 앱의 데이터가 강력한 참여도와

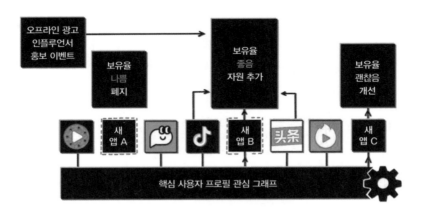

[각각의 새로운 앱은 공유된 기술력으로 이익을 얻고, 리소스는 성능에 따라 할당된다.]

유지율을 보여 준다면 성능을 높이기 위해 추가 자원 또한 할당되었다.

긴 콜드 스타트 후, 더우인의 양적 데이터는 마침내 미래 가능성을 보여 주었다. 예산, 엔지니어링 인재, 트래픽, 유명인사의 지지, 그리고 고위 경영진의 관심은 모두 자연스럽게 더우인의 효과적인 발전의 통로로 모여들었다. 또한, 이 모델의 다른 측면은 대담함에 있었다. 더우인이 그랬던 것처럼 이밍은 무언가 탄력이 붙으면 그 과정을 가속화하기 위해 막대한 예산을 승인하는 것을 주저하지 않았고, 특히 숏폼비디오의 경우엔 후발주자인 자신이 불리하다는 것을 이미 알고 있었다.

C. 추천의 힘

그전, 자신의 앱이 소셜 네트워크라고 잘못 알고 있었던 뮤지컬리는 결국 시간과 노력을 낭비해 버렸다. 하지만 더우인은 회사 문화와 기술력을 콘텐츠 플랫폼이라는 진정한 가치의 형식으로 일치시켰다. 콘텐츠 기반의 커뮤니티는 콘텐츠가 사람보다 더 중요하다는 것을 깨달았다. 더우인은 말 그대로 그저 페이스북의 영상 버전이 아니라, 모바일 세대를 위한 텔레비전 엔터테인먼트의 재탄생이었다.

바이트댄스의 시스템은 일반 계정이 올린 영상들 중에서도 고품질의 영상만을 식별하여 광범위한 고객에게 전달하는 강력한 기능을 갖추고 있었다. 훗날 틱톡이라 불리는 더우인의 이러한 매력적인 기능은 앱이 일반인들에게도 유명해질 기회를 가져다주었고, 중국에서 가장 멀리 떨어진 지역에 있는 작은 헛간에서 영상을 만드는 한 농부조차도 그녀의 재능 하나만으로 하룻밤 사이에 더우인을 통해 성공할 수 있게 만드는 잠재력을 지녔다. 한 저명한 미국 벤처 투자자가 후에 틱톡에 대해 이렇게 말했다.

"틱톡은 마치 아메리칸 아이돌이나 아메리카 갓 탤런트(America Got Talent)를 디지털화한 버전과도 같습니다. 익스트림 스포츠 영상이나 코미디, 노래 혹은 음악 등에 포부를 가진 사람들이 자신의 재능을 보여 주려 모여 있기 때문이죠. 사실 그들을 팔로잉하는 사람이 없더라도 뭔가 대단한 걸 만들어서 플랫폼에 올려놓으면 그들은 발굴될 가능성이 충분히 있습니다."[206]

앱의 가장 큰 장점은 모든 사람이 자신에게도 평등한 기회가 있다고 느꼈다는 것이다. 반면, 단점은 예측할 수 없고 변덕스러운 트래픽의 배당이었다. 평범하고 흔한 광범위한 양의 영상 목록에서 두세 개의 대규모 히트 영상이 포함된 소위 "인플루언서" 계정을 보는 것은 흔한 일이었다.

d. 포지셔닝- "아름다운 삶을 기록해 보세요"

2016년, 2017년, 그리고 2018년, 더우인은 크게 다른 세 가지 단계를 보여 주었다. 2016년 말의 에이미를 떠올릴 수 없을 정도로 2018년 초의 더우인은 빠르게 앱과 콘텐츠 생태계를 정복했다. 처음 에이미의 포지셔닝은 뮤지컬리를 모방해 모든 20대 초반의 여성을 타기팅했지만 2017년 여름, 더우인은 유행을 선도하는 젊고 쿨한 미대생과 힙합 아이돌과 같이 힙한 사람들을 위한 앱이 되었다. 더불어, 2018년 초에는 또 다른 중요한 변화가 있었다.

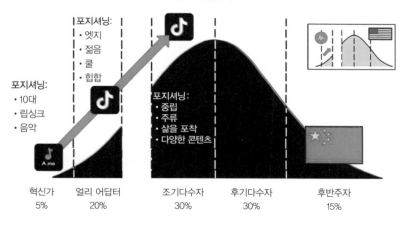

포지셔닝:
• 엣지
• 젊음
• 쿨
• 힙합

포지셔닝:
• 10대
• 립싱크
• 음악

포지셔닝:
• 중립
• 주류
• 삶을 포착
• 다양한 콘텐츠

혁신가	얼리 어답터	조기다수자	후기다수자	후반주자
5%	20%	30%	30%	15%

[더우인은 시장의 여러 구간을 돌파하며 시장의 지위 또한 바꾸었다.
이것은 뮤지컬리가 서방 시장에서 이루지 못했던 실적이다.]

바이트댄스는 계획적이고 체계적인 전략으로 콘텐츠 틈새 시장을 공략했다. 자세히는, 여행, 음식, 패션, 스포츠, 게임, 애완동물 등의 모든 취향을 만족시키는 풍부하고 다양한 콘텐츠를 가지고 있었으며 주로 젊은 층에 어필하는 트렌디한 유명 인사들을 계약하며 보다 빠르게 콘텐츠 다양성을 넓히고 대중 시장에 더 접근하기 쉬운 플랫폼을 구축하고 있었다. 더우인의 슬로건은 "여기서 예배를 시작하자 – 새로운 시대의 숏폼비디오 커뮤니티에 헌신하기"[207]였는데 2017년 3월 초, 이 슬로건은 보다 단순하고 중립적인 "아름다운 삶을 기록해 보세요."로 바뀌었다.

"전체 화면의 영상이 당신의 스마트폰을 창문으로 바꾼다고 상상해 보십시오. 당신은 이 창문을 통해 광대한 세상을 볼 수 있습니다."[208]

라고 이밍은 연설에서 회사 직원들에게 말했다.

음악 위주로 앱을 재배치한 것은 젊은 얼리 어답터 무리를 끌어들이는 데 큰 도움이 되었다. 뮤지컬리, 더우인, 틱톡은 모두 강력한 음악 위주의 검색 플랫폼으로, 앱 초기 당시 민디팀의 초기 통찰력으로 거슬러 올라가 더 자세히 살펴볼 필요가 있다. 사진에 필터를 추가하는 것은 음악을 영상에 추가하는 것과 비슷하기 때문이다. 하지만 최신 유행의 신곡은 중년 직장인이나 장년층을 끌어들이는 데는 도움이 되지 않았다. 음악 플랫폼으로 자리 잡으면 앱의 가치인 일반 엔터테인먼트를 잃고 소비자들을 혼란스럽게 할 수 있었다.

이 같은 포지셔닝의 변경은 앱을 더욱 쉽게 이용할 수 있도록 하기 위해 필요했지만, 베이징의 정부 규제에 대한 해답이기도 했다. 2018년 초, 바이트댄스는 플랫폼에서 콘텐츠를 제대로 단속하지 못했다는 비난과 함께 온라인 규제 당국에 의해 저촉되었고 수만 개의 영상과 계정이 삭제되며 중독 방지 시스템(anti-addiction system) 또한 설치되었다.

하지만 이것은 온라인 마케팅 담당자들이 플랫폼에 들어와 무단으로 광고하는 것을 막지는 못했다. 마케터들 사이에서는 더우인은 반드시 잡아야 할 기회라는 공감대가 눈덩이처럼 불어났고, 경쟁률이 아직 낮은 상태의 더우인에서 다음을 계획하자는 본능을 일으켰다.

더우인의 캐시 카우

더우인은 토우티아오에서 수년간의 광고 운영 경험을 활용하여 타기팅시스템을 사용하였는데, 이러한 운영 방식은 광고의 효율에 있어 좋은 영향을 끼쳤다. 광고는 표준 영상 사이에 일정한 시간 동안 삽입되어 자동 재생되었고, 이는 영상의 텍스트 설명 옆 화면 하단에 "광고"라는 작은 아이콘으로 표시되었다. 마케터들은 덜 세련되고 편집되지 않은 방식으로 촬영된 영상은 사용자가 만든 영상으로 쉽게 오인될 수 있다는 사실을 재빨리 알아챘다. 이는 광고라고 생각되는 영상은 즉시 건너뛰는 사람들을 속이기 위함이었다.

더우인은 페이스북이나 인스타그램과 같이 한 가지 중요한 면에서 비슷했는데, 그건 바로 인플루언서, 브랜드, 기업 및 일반 사람들은 자발적으로 자신의 시간과 비용을 들여 매우 고품질의 영상을 만든 다음 해당 영상 플랫폼에 무료로 업로드한다는 것이었다. 전문적으로 만들어진 롱폼비디오 플랫폼인 넷플릭스, 디즈니+, 훌루닷컴, 그리고 텐센트 비디오와 대조해 보자면, 이러한 플랫폼은 라이센스를 취득하거나 고품질의 콘텐츠를 생산하기 위해 막대한 비용을 투자한다. 그후, 일반적으로 구독 비용을 청구해 상당한 초기 비용을 회수하려는 방법이다.

바이트댄스는 크리에이터들이 힘들게 모은 계정 팔로워들을 수익화하는 데 도움이 되는 인프라를 구축해야 한다는 점을 알고 있었다. 더우인에서 돈을 쉽게 벌게 한다면 그만큼 사람들은 고품질의 콘텐츠를 만들고 활동적인 커뮤니티를 만들기 위해 더 큰 노력을 할 것이었기 때문이다. 라이브스트리밍 도중 물건 판매를 진행하는 개념은 콰이쇼우에서 이미 시험을 거친 후 사용되는 모델이었고, 이 모델은 더우인에 성공적으로 녹아들었다.

전자 상거래는 팔로워들을 수익화하는 가장 직접적인 방법이었다. 계정이 특정 수의 팔로워에 도달하면 크리에이터들은 제품을 구매할 수 있는 전자 상거래 링크를 그들의 영상에 추가할 수 있었고, 이것은 엄청난 기회를 열었다. 더우인의 알고리즘 분포 모델을 통해 인기 영상들은 엄청난 양의 트래픽으로 보상받게 되었고 전자 상거래와 결합한 이러한 짧은 영상들은 새로운 제품들의 판매 실적에 있어 매우 중요한 역할을 했다. 상위 제품들로는 의류, 화장품, 그리고 음식과 음료 제품이 포함되어 있고 2018년 12월에 열린 온라인 쇼핑 축제 동안 더우인의 상위 50개 계좌 매출은 1억 위안(1,400만 달러)을 넘어 하루 만에 120만 건의 거래를 성사시켰다.[209]

고민에 빠진 텐센트

예상치 못한 더우인의 성공에 경쟁자들은 어떻게 반응했을까? 틱톡에 대한 페이스북의 반응은 나중에 차차 살펴보기로 하고, 지역 경쟁자였던 텐센트를 먼저 살펴보자.

텐센트의 "슈퍼 앱" 위챗의 사용량은 중국인들이 스마트폰에 소비하는 시간의 약 절반을 차지한다. 중국 심천에 본사를 둔 이 거대한 조직은 중국의 온라인 소셜 네트워크와 게임 산업을 지배하고 있다. 간단히 말해서, 중국 숏폼비디오 시장을 장악할 회사는 텐센트가 될 것이라고 모든 사람들이 생각할 정도였다.

2013년 9월, 텐센트는 바인의 복제품인 웨이시(Weishi)로 일찌감치 숏폼비디오 시장에 뛰어들었다. 공교롭게도, 웨이시의 사무실은 북경 북서쪽에 있는 바이트댄스에서 한 블록 떨어진 곳에 있었으며 당초 웨이시[210] 또한 많은 연예인을 플랫폼으로 끌어들이는 계획을 구상하고 있었다. 언론의 관심을 더 끌기 위해 최고 경영자 포니 마는 자신의 영상을 자기 계정에 올리기까지 하며 이 앱은 초기 인기를 얻을 수 있었다. 그리고 신년 동안 파격적으로 많은 홍보를 거친 후, 4천5백만 명의 일일 사용자[211]를 확보하는 데 성공했다. 하지만 앱의 불명확한 방향성과 회사 내부의 지원 부족은 곧 사라져 버린 바인과 비슷한 운명을 암시했다.

웨이시의 영상 길이 제한은 바인의 6초보다 약간 긴 8초였지만 여전히 매우 짧았다. 일반 사용자들은 단 8초 만에 스토리 전개를 완벽하게 보여 주기가 어려웠고, 심지어 사용자들이 쉽게 제작 할 수 있도록 도와주는 특수효과나 필터는 없었으며, 설상가상으로 당시 중국 시장을 장악했던 초기 안드로이드와 심비안(Symbian) 스마트폰은 저해상도 화면과 저조한 카메라를 가지고 있었다.

당시 업계는 숏폼비디오의 진정한 가치를 제대로 파악하지 못하고 그저 연구 단계에 머물러 있었다. 넷플릭스, 훌루닷컴, 또는 유튜브와 같은 롱폼비디오 플랫폼은 이미 기존의 상용화 모델들처럼 프리미엄 구독과 프리롤 광고를 통해 수익을 창출하기 시작한 반면, 숏폼 플랫폼들은 그럭저럭 이 단계를 헤쳐 나가며 사실상 수익 창출의 기회도 거의 없다고 봐도 무방하다. 이러한 이유로, 숏폼비디오가 이렇게 큰 시장으로 성장할 줄은 아무도 예상하지 못했던 것이다.

요약하자면, 텐센트는 바이트댄스보다 훨씬 더 일찍 숏폼비디오의 추세에 반응하고 행동했다. 바인이 미국 시장에서 인기를 끈 지 불과 8개월 만에 텐센트는 이미 현지 버전의 앱을 내놓았다. 그러나 이것은 선발 주자의 장점을 끌어내지 못했다. 2015년 3월, 웨이시의 총괄 관리자는 결국 회사를 떠났고 앱의 업데이트는 중단되었다.

다시, 2017년 초로 시간을 빠르게 감아 본다면 우리는 텐센트의 고공행진을 볼 수 있을 것이다. 슈퍼 앱 위챗의 결제 사업은 호황을 누렸다. 텐센트 비디오는 넷플릭스 스타일의 롱폼비디오 시장을 주도하고 있었고, "왕자영요(王者荣耀 Honor of Kings)"라는 게임은 대히트하며 폭발적인 성장을 경험하고 있었다. 해당 게임은 월 매출액이 4억 달러(30억 위안)를 넘어 거의 현금을 찍어 내는 인쇄기 역할을 했고 텐센트는 그야말로 홈런을 쳤다.

텐센트는 모든 인터넷 카테고리에 걸쳐 경쟁하기보다는 소수 지분을 가진 연합에 지원하고 투자하는 방식의 전략을 채택하였고, 이것은 곧 텐센트 전반에 적용되었다.

회사는 당시 시장을 선도하는 숏폼비디오 앱인 콰이쇼우에 3억 5천만 달러를 투자하겠다고 발표하면서 콰이쇼우의 가치를 25억 달러로 끌어올렸다. 이 거래는 텐센트가 급부상하고 있는 숏폼비디오 분야의 또 다른 중요한 연맹 플랫폼 확보와 현명한 투자로 인해 상당한 이익을 거둘 수 있을 거란 분석으로 판단되었다. 콰이쇼우는 텐센트가 다른 전자 상거래, 검색, 음식 배달, 그리고 차량 공유 서비스 업계에서 취한 유사한 움직임의 패턴을 따랐고 콰이쇼우 투자를 시작한 한 달 만에 웨이시는 공식적으로 문을 닫았다고 발표했다.

같은 시각, 더우인은 길고 암울한 기간을 마치고 나오던 중이었고, 반대로 텐센트는 숏폼비디오 시장에서 정식적으로 물러나면서 프록시를 지지하기 시작했다.

[이밍이 2017년, 가장 영향력 있는 중국 인터넷 업계 대표 모임에 참석하여 찍은 사진. 텐센트의 대표 포니 마가 가장 상석을 차지하고 있는 가운데 자리의 배치도는 서열 순위에 의해 따라 정해진 것이라 드러났다. 눈에 띄는 점은, 알리바바의 잭 마와 그 어떤 여성²¹² 대표들이 자리에 참석하지 않았다는 점이다.]

    의외의 곳에서 빠른 속도로 성공을 거둔 더우인은 동종 업계를 깜짝 놀라게 했다. 2018년 중국 신년에 등장한 더우인은 모두에게 그들의 존재감을 각인시켰고 뒤늦게 텐센트는 허둥지둥 대응에 나섰다. 그들은 새로 10억 달러 규모의 펀딩 라운드 지분을 콰이쇼우에 할당하였지만 문제는 콰이쇼우의 핵심 사용자 기반은 대부분 중국의 농촌 지역이었다는 점이다. 구매력이 더 강한 젊은층의 도시 사용자들을 기반으로 한 더우인과 이미 격차가 나는 것처럼 보이자, 텐센트는 위협을 느꼈다.

    2018년 초, 텐센트는 숏폼비디오 시장에 재진입하기로 했다. 웨이시의 부활을 예고한 것이다.²¹³

웨이시 2.0 - 더우인 죽이기 대작전

2018년 초, 텐센트는 웨이시 회생을 위한 팀을 빠르게 구성하였고, 전체 플랫폼을 더우인과 유사한 구조로 리브랜딩하여 개편했다. 내부적으로 웨이시는 "텐센트의 전략적 제품"이란 타이틀로 불렸는데, 이것은 회사 고위층들이 소수의 매우 중요한 플랫폼에만 부여한 호칭이었다. 이 타이틀은 웨이시가 이제 큰 프로그램이 되었음을 조직 전체에 알렸고, 몇 달 만에 팀은 400명으로 확장되었다.

텐센트는 그들의 방대한 온라인 서비스 왕국을 활용하여 경쟁업체 제품을 복제해 다운로드했고, 이런 접근 방식은 전략대로 일관성 있게 진행되었다. 웨이시의 전략 회의에서 간단하게 "북극성"이라는 목표가 발표되었는데, 이는 더우인의 사용자 수, 보존 수, 그리고 앱의 사용 시간과 모두 일치시키라는 것이었다.

초기
웨이시

새로운
웨이시

좌 [2013년 웨이시 오리지널 광고는 바인과 상당히 유사하다. 심지어 배경의 색상도 비슷하다는 것을 알 수 있다.]
우 [업데이트된 2018년 웨이시의 스크린샷은 더우인과 확연히 닮았다는 것을 알 수 있다.]

텐센트는 바이트댄스가 그들의 플랫폼에서 어떠한 형태의 온라인 광고도 사용하지 못하도록 완전히 차단했고, 웨이시는 소수의 젊은 유명인사[214]들과 독점 계약을 맺으면서 그들의 해당 플랫폼에서만 영상을 업로드하게 했다. 2018년 4월, 드디어 텐센트는 대규모 발표를 했는데, 그것은 바로 웨이시 콘텐츠 제작자를 위한 30억 위안 규모의 지원 프로젝트였다. 이러한 움직임은 온라인에서 많은 논란을 일으켰고 텐센트가 더우인과 경쟁하려는 야망을 대중에 알린 계기가 되었다.

"웨이시 다운로드" 팝업 광고는 모든 텐센트 플랫폼에 걸쳐 퍼져 나가기 시작했으며 때로는 성가시고 무분별한 방식으로 나타나기도 했다. 상당히 보수적이라고 할 수 있는 위챗에서조차 이용자가 영상[215]을 올리면 웨이시를 홍보하는 광고가 보일 정도였으니 그 규모는 엄청났다.

반년 만에 웨이시는 하루 400만 명의 사용자 수를 기록할 수 있었다. 하지만 텐센트가 지원하는 한 회사의 임원은 "텐센트의 지원과 투자 대비 해당 속도는 완전히 엉망진창이라고 볼 수밖에 없다."[216]라고 혹평했다. 또한, 더우인의 유지율은 약 80%였던 반면, 웨이시는 고작 43%밖에 되지 못했다. 웨이의 사용자 이용 시간은 더우인의 4분의 1에 불과한 것이다.

무엇이 잘못되었는가?

텐센트의 실패 원인을 분석하기 전 가장 먼저 언급해야 할 것은 바로 바이트댄스를 비롯하여 그 누구도 더우인이 이렇게 유명해질지 예견하지 못했다는 점이다. 웨이시 1.0은 너무 일찍 시장에 진출했고, 웨이시 2.0은 너무 늦게 합류해 둘 다 기회의 창을 놓친 셈이었다. 이후 바이트댄스의 임원 린은 웨이시 1.0을 폐쇄한 텐센트의 선택에 대해 "치명적 실수"[217]라고 판단했다. 더우인은 대수롭지 않은 제품에서 폭발적인 성장으로 가는 데 반년 남짓 걸렸을 뿐이고, 이에 텐센트 같은 경쟁사들은 대응할 틈이 거의 없었다.

다른 이들과 마찬가지로, 텐센트는 시장의 기회를 잘못 판단해 더우인과 대결할 최적의 시기를 놓쳤다. 웨이시 2.0은 더우인이 이미 시장에서 제일 중요한 정신적 지배라는 타이틀을 차지하고 숏폼비디오의 동의어가 되어 버린 시점에 진입했다.

이러한 상황, 즉 많은 이들이 더우인에 익숙하다는 것의 장점은 곧 사람들이 웨이시 사용법을 빠르게 이해할 수 있음을 의미했다. 이러한 쉬운 학습도는 진입 장벽을 낮췄지만, 이보다 심한 단점은 바로 차별화의 부족이었다. 초기에는 텐센트 직원들조차 웨이시만의 특별한 점을 찾느라 애를 먹었을 정도였다. 사용자들은 이 앱이 단순한 복제품에 불과하다는 것을 깨닫고는 다시 재빨리 더우인으로 돌아갔다.

2017년 더우인은 "젊은이들의 음악 커뮤니티"라는 정확한 포지셔닝을 파악했고 이것이 곧 그들의 시장 진입점이 되었다. 더우인은 먼저 강력한 아이덴티티를 창출하고 그 속에서 활발한 콘텐츠 크리에이터 커뮤니티를 구축하였으며 그것을 기반으로 사용자와 함께 성장해 시장의 주류로 자리 잡았다. 반면, 후발주자였던 웨이시는 따라잡아야 한다는 압박 속에 빠른 성장만을 위해 이 단계를 완전히 건너뛰고 대중 시장을 곧바로 겨냥해 버렸고, 그 결과 진정한 공동체 의식이나 독특한 정체성을 구축하지 못한 채 허우적거렸다.

웨이시는 대규모 콘텐츠 풀을 신속하게 구축하기 위해 전문가, 에이전시, 그리고 스튜디오들을 고용하여 전체적인 프로세스 속도를 빠르게 올렸지만 이러한 방식으로 생성된 일명 전문적인 콘텐츠는 개인 사용자들의 참여를 유도하는 데 도움이 되지 않았다. 공유된 밈과 챌린지를 통해 사용자가 자신의 영상을 직접 제작하고 업로드하도록 동기부여하는 것이 뮤지컬리와 더우인의 핵심 원동력이었다. 사용자 기반 콘텐츠의 결여는 웨이시의 사용자들이 따라할 수 있는 마땅한 콘텐츠가 별로 없다는 것을 의미했고, 이는 곧 업로드 영상의 감소라는 악순환을 초래했다.

텐센트가 바이트댄스보다 유리한 점이 하나 있는데 그것은 바로 소셜 네트워킹에서의 지배적인 위치였다. 위챗 계정을 이용해 웨이시에 로그인하는 것은 해당 앱을 사용하는 친구나 가족과도 쉽게 연동될 수 있다는 것을 의미했다. 하지만 안타깝게도, 해당 "소셜 그래프" 통합은 텐센트의 많은 게임 플랫폼 타이틀에는 효과가 있었지만, 숏폼비디오에는 덜 효과적이었다.

더우인의 성공은 알고리즘의 추천 엔진에 크게 의존했으며 이로 인해 사회적 관계의 필요성이 없어졌다. 그 반대로, 웨이시의 소셜 그래프가 이러한 사항을 개선할 수 있는 가능성을 가지고 있었지만, 한편으로는 가족, 지인, 또는 동료들을 계정에 추가하는 것은 사용자의 자유를 억제할 수 있었기 때문에 부정적인 측면도 함께 가져왔다. 사용자들은 누구를 팔로우하고 무엇을 업로드하는 데 있어 편안함을 느끼고 싶어 한다. 따라서 어느 정도의 익명성을 보장하고 일상적으로 연락하는 사람들과의 분리가 필요한 상황에서 콘텐츠는 충분히 유기적이고 친화적이어야 한다. 이는 사용자의 소속감과 참여감을 동시에 느끼게 한다.

중대한 위협

2018년 중반이 되자, 중국 인터넷 업계 안에서 바이트댄스가 텐센트에 위협이 되고 있다는 것이 더욱 분명해졌다. 더우인이 엔터테인먼트의 필요성을 충족시켰을 당시 위챗은 소통의 필요성을 충족시켰다. 겉으로 보기에 이는 완전히 다르지만, 텐센트와 더우인, 각 회사의 입장에서는 매우 유사한 역할을 수행하고 있었고 사용자들의 관심을 끌며 자회사의 다른 서비스들의 유통 채널 역할까지 했다. 그들은 운송의 왕이었다.

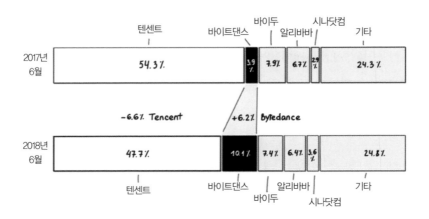

[2017년 6월부터 2018년 6월까지, 중국인의 평균 모바일 사용 시간.
바이트댄스 앱에 소비된 시간은 6.2% 증가했고 텐센트의 점유율은 같은 기간 6.6%로 하락했다.[218]]

당시 바이트댄스는 엄청난 수익을 자랑하는 모바일 게임 시장에서는 텐센트의 주적이 되지는 못했지만, 텐센트는 이미 엄청난 위협을 받고 있다고 생각하면 된다. 그건 마치 텐센트가 겪었던 과거와도 같았다. PC 시대에 바이트댄스는 점차 소셜네트워크에서 게임으로, 한 단계씩 시장의 선두주자들을 추월했고 소셜네트워크 분야의 1인자가 되는 것은 회사에 좋은 영향을 주었다. 경쟁업체 입장에서는 지속 가능하며 저렴하기까지 한 유통 채널을 이길 수는 없다고 생각할 수도 있겠다만, 어찌 됐든 중국에서 게임이 가장 수익성이 높은 온라인 서비스라는 점을 고려했을 때 바이트댄스가 자체 게임을 운영하며 텐센트의 핵심 사업을 위험에 빠뜨리는 것은 시간문제였다.

텐센트는 웨이시 제작에 막대한 자금을 쏟아부었고 상당한 시간과 노력을 들였다. 더 이상 웨이시가 더우인의 경쟁 상대가 될 수 없다는 현실을 마주했을 때도 텐센트는 계속해서 인내했다. "경쟁하지 않으면 더 많은 것을 잃을 수 있다."라는 한 분석가의 평가대로 말이다.[219]

CHAPTER 3

틱톡과 함께 글로벌 진출

[더우인과 콰이쇼우는 각각 틱톡과 콰이라는 이름으로
국제 시장에 진입하는 동시에 뮤지컬리는 중국 시장에 재진입했다.]

"만약 내가 스타트업을 다시 시작한다면, 숏폼비디오는 선택하지 않을 것이다.
왜냐하면 정말 많은 돈을 써야 하기 때문이다."

- 바이트댄스 중국지사 대표, 켈리 장

타임라인

2017년 2월 바이트댄스, 플립그램(Flipgram) 인수

2017년 5월 틱톡의 첫 번째 버전, 구글 플레이 스토어에 출시

2017년 6월 뮤지컬리가 뮤즈라는 이름으로 중국에 재진출

2017년 11월 틱톡이 일본 앱스토어에서 짧은 시간이지만 1위를 차지함

2017년 11월 바이트댄스, 8억 달러에 뮤지컬리 인수

"글로벌 진출은 필수입니다."

실제로 이밍이 중국 본사 직원들에게 보낸 메시지이다. 그의 확고한 고집을 뒷받침하는 근거는 세계 인터넷 사용자의 5분의 4가 중국 밖에 있다는 것이다. 인터넷 세계에서 제품 개발의 고정 비율은 높았지만, 점진적인 신규 사용자 서비스 한계 생산비는 종종 제로에 가까웠다. 세계에서 가장 큰 인터넷 시장인 단 하나의 시장에만 국한된다면 바이트댄스가 구글 그리고 페이스북과 정정당당하게 경쟁하는 것은 거의 불가능에 가깝다고 느꼈다. "글로벌 진출"이라는 이밍의 오랜 꿈은 회사 설립 때부터 이어진 것으로, 이밍은 몇 년 동안 꾸준히 영어를 공부하며 전문적인 비즈니스 회화가 가능할 정도로 영어 실력을 올렸다. 한 행사에서 이밍은 이같이 말한 적이 있다.

"구글은 국경 없는 회사입니다. 바이트댄스 또한 구글만큼 국경 없는 회사가 되길 바랍니다."[220]

글로벌 진출 계획의 일환으로, 바이트댄스는 2017년 2월에 로스엔젤레스에 기반을 둔 플립그램을 5천만 달러에 인수했다. 이 앱은 사람들이 스마트폰으로 찍은 사진을 모아서 음악과 함께 슬라이드쇼 형식으로 보여 주는 앱이었다.[221] 당시 플립그램은 3천 6백만 명의 활성 사용자들을 보유하고 있었는데, 회사의 합병을 직접 지시하기 위해 이밍은 베이징에서 로스엔젤레스의 사무실로 소규모 직원들을 파견시켰다. 이밍은 이후 연설에서 "직원 중 해외에 나가 본 사람이 거의 없었고 자신감도 부족해 처음엔 많이 당황했었습니다."[222]라고 당시를 회상했다. 큰 우려가 있었지만 다행히도 이밍은 실제 업무는 상상만큼 그리 어렵지 않았다[223]고 결론지었다.

이밍은 바이트댄스를 한 단계 발전시키기 위해 간단한 전략을 사용했는데, 그것은 최고의 인재를 고용하여 조직에 전문적인 지식을 주입하는 것이었다. 이밍은 회사 초기 추천 엔진을 개선하기 위해 바이두에서 최고 수준의 전문가들을 끊임없이 고용했고, 이후 본격적으로 수익을 창출하기 위해 전통 미디어 광고의 떠오르는 스타 중 한 명인 장이동을 스카우트했다. 플립그램은 인도의 뉴스 정보 웹사이트인 데일리헌트(Dailyhunt) 및 인도네시아의 베이브(BABE) 등의 다른 초기 회사들과 마찬가지로 이밍이 중요한 현지 비즈니스 노하우 및 전문 지식을 이용할 수 있도록 지원했다. 이처럼 바이트댄스는 경험이 풍부한 로컬 창업자들의 조언을 받으며 현지 시장 상황을 빠르게 이해할 수 있었다.

중국의 숏폼비디오 시장은 이미 벤처 투자가들 사이에서 경쟁이 치열한 "레드 오션"이 되었다. 포맷이 인기를 끌면서 경쟁이 치열해졌고 중국의 중소기업부터 대기업까지, 그들은 자신의 지분 일부를 떼어 내서라도 성장 기회를 찾기 위해 해외 진출로 눈을 돌렸고 몇몇 고무적인 성공 사례들도 있다.

뮤지컬리를 제외하고 당시 국내 중국 개발자들의 해외 진출 성공 사례로 꼽은 영상 편집 앱이 있다. 글로벌 문화를 반영한 반면 현지화를 요구하지 않는 유틸리티 앱으로, 최소한의 투자로 인상적인 회원 등록 수를 달성했던 비바비디오(VivaVideo), 비디오쇼(VideoShow)이다. 2016년 말까지 비디오쇼는 전 세계적으로 1억 명의 회원을 확보했고 마케팅 비용 없이 월간 활성 사용자 1,100만 명 이상을 기록했다.[224]

2017년 하반기까지 더우인은 중국에서 그들의 실력을 입증했다. 영상 분석, AR 필터, 그리고 바이트댄스만의 추천 엔진 등 정교한 기술이 빠른 성장의 토대를 마련했으며 이론적으로 봤을 때 이 기술들은 이미 지리적 경계를 뛰어넘었다. 하지만 과연 더우인의 중국 시장 성공은 다른 시장에서도 통할 수 있을까? 다른 나라의 문화와 그들이 선호하는 현지 콘텐츠에 상관없이 진출할 수 있는 체계적인 전술을 구축할 수 있을까? 우리는 이에 대한 답을 알아내야 한다. 바이트댄스가 2017년 8월에 발표한 바와 같이, 그들은 수억 달러를 들여 더우인을 글로벌화하려고 했다.

새로운 정체성: 틱톡

중국의 로컬 인터넷은 현지 입맛에 맞춘 고유의 특성[225]이 너무 많아 인기 있는 중국 앱조차 별도의 "국제 버전"을 만드는 것이 일반적이다. 더우인도 다르지 않았다. 무엇을 바꿀지 결정할 때, 첫 번째 나온 의견 중 하나는 이름을 바꾸되 독특한 비주얼 아이덴티티와 로고를 유지하는 것이었다.

"틱톡의 똑딱거리는 시계 소리는 영상 플랫폼의 '짧은' 특성을 암시합니다."[226]

새로운 글로벌 버전 이름의 공식적인 설명이었다. 틱톡은 각국의 주요 언어로도 발음하기 쉬우며 오디오의 중요성을 암시하고 숏폼비디오의 특징을 나타내 사용자들의 관심을 끌었다. 뮤지컬리와는 달리, 틱톡이란 이름은 음악, 립싱크, 춤과는 직접적인 관련이 없었다.

초기 몇 달 동안 틱톡은 tiktok.com 도메인을 구매하기 전에 '어썸.미'를 태그 라인으로 사용하고 에이미의 웹 사이트 amemv.com[227]을 사

원 밖에 사는 사람보다 원 안에
더 많은 사람이 살고 있다.

[아시아는 세계 인구의 절반 이상을 차지한다.[228]]

용했다. 나중에는 '매 순간순간을 의미 있게'라는 슬로건도 추가되었
다. 이는 서양 시장의 콘텐츠 제작자들을 향한 메시지로, 다시 한 번
숏폼 플랫폼만의 '짧은' 특성을 강화한 것이었다.

중국의 인터넷 회사들은 글로벌 진출을 고려할 때 가장 먼저 그들의
뒷마당이라 할 수 있는, 전 세계의 인구 절반 이상이 사는 아시아를 타
기팅한다. 그 이유로는, 다른 아시아 국가들도 중국처럼 1990년대와
2000년대의 웹 1.0 및 2.0의 데스크톱 인터넷 시대를 건너뛰고 모바일
을 바로 사용하게 된 사용자들이 대부분이라는 유사성을 공유하고 있
기 때문이다. 대체로 아시아 국가들은 소셜 미디어 활용이 활발하고
온라인 엔터테인먼트에 대한 수요가 강했기 때문에 이는 틱톡의 확장
을 위한 좋은 징조였다.

틱톡은 현지화된 프로모션 채널과 현지 인플루언서 생태계를 활용하

여 각 국가에 맞게 접근 방식을 바꿀 필요가 있다고 생각했다. 그중 가장 까다로운 시장은 바로 일본이었다.

일본

중국을 벗어나 틱톡의 첫 사무실은 일본의 젊은 패셔니스타들의 메카인 도쿄 시부야구의 번잡한 거리, 끝없는 상점, 그리고 활기찬 야경 속 깊숙이 숨어 있었다.

"자리가 좀 좁아서 죄송하네요."[229]

직원이 당시 사무실을 방문했던 기자에게 어색한 목소리로 사과했다. 틱톡 재팬 현지 운영진의 사무실은 6층의 공유 오피스에 자리해 있었고 직원들은 5명도 채 되지 않았지만, 공간이 너무 협소해 모든 인원이 동시에 한 공간에서 일할 수조차 없었다.[230] 책상 밑에는 무더기의 파일들이 쌓여 있었으며 "열심히 일하고, 즐기고, 역사를 만들자"라는 글자가 쓰인 흰 종이만이 벽에 붙여져 있었다.

열악한 상황 속, 일본에서 번창하는 중국 인터넷 서비스는 극소수였다. "일본인에게 무언가 통한다면 기본적으로 동남아시아 사용자들과 아시아 전역의 다른 나라들에도 통할 것입니다."[231]라고 한 베테랑 중국 소프트웨어 임원이 설명하기도 했다.

일본인은 자의식이 강하고 사생활을 중시하는 것으로 알려져 있다. 많은 일본인은 온라인상에서는 익명을 선호하고 트위터나 인스타그램 같은 공개적인 소셜 미디어에 얼굴을 노출하는 것을 선호하지 않는다. 하지만 틱톡은 사용자들이 얼굴을 포함한 콘텐츠를 직접 촬영해야 했다.

또 다른 도전은 인재 채용이었다. 재능 있는 젊은 일본인들은 대기업이나 국가기관에서 일하는 것을 더 선호했기 때문에 틱톡처럼 중국에서 온 유명하지 않은 신규 회사는 현지 최고 수준의 인재를 영입하는 것이 거의 불가능했다. 틱톡은 이런 점을 고려해 일본 사회에 대한 깊이 있는 지식과 이해를 갖춘 중국인 직원 채용에 의존했고, 그중 일부는 위챗페이 일본 지사와 중국 드론 제조회사 DJI처럼 다른 중국 테크기업에서 일한 경험도 있었다.

마지막으로 일본은 특히 경쟁 관계에 있는 동아시아 국가들의 인터넷 제품들을 조심하는 것으로 평판이 나 있었다. 대표적인 예로 일본의 국민 메시지 앱 라인이 그들의 모기업인 네이버(한국)의 이미지를 지우기 위해 최선의 노력을 다한 것만 봐도 알 수 있다.

초기 일본 진출 전략은 그다지 주목받지 못했던 더우인의 "콜드 스타트"와 비슷한 길을 걸었다. 틱톡은 더우인이 이미 보유하고 있는 고품질의 영상 풀을 활용해 기초를 다질 수는 있었지만 이 정도로는 부족했다. 더우인의 성장 과정에서 배운 한 가지 교훈은 사용자를 끊임없이 생성해야 하는 콘텐츠 앱의 경우, 가장 먼저 앱 커뮤니티의 색깔을 정하고 다른 사람들이 흉내 낼 수 있는 밈을 창작하는 현지 크리에이터 그룹을 무엇보다 헌신적으로 육성해야 한다는 것이었다. 그러니 어떤 형태의 커뮤니티도 구축되지 않은 채 서둘러서 광고에 많은 돈을 쓰는 것은 역효과를 가져올 것이었다. 시간이 걸렸다.

이에 도쿄팀은 새로운 플랫폼에 적합한 온라인 인플루언서를 식별하고 접근하기 위해 큰 노력을 기울였으며, 인플루언서들이 고품질의 콘텐츠를 만들고 기존 팔로워 기반을 새로운 플랫폼으로 이동하도록 도왔다. 여기서 핵심 인플루언서는 둘로 나뉘는데, 바로 연예인과 틈새 시장의 키 오피니언 소비자(Key Opinion Leaders)이다. 연예인들은 대개 수백만의 폭넓은 팔로워들을 동원하는 반면, 요리나 춤 같은 틈새 분야의 KOLs는 작지만 충실하며 활발한 팔로워 기반을 가지고 있었다.

가장 큰 문제는 연예인들과 KOLs를 총괄하는 매니지먼트의 골기퍼들이었는데, 틱톡에게 이 에이전시들은 마치 뚫을 수 없는 요새와도 같았다. 아무도 틱톡을 알지 못했고 그로 인해 그 어떤 회사도 틱톡의 요구를 진지하게 받아들이지 않았다.

하지만 마침내 돌파구를 찾게 되었다. 그들은 드디어 틱톡을 매우 즐겨 사용하며 각종 콜라보에도 열려 있는 연예인을 만날 수 있었다. 일본의 유명 여배우인 키노시타 유키나(Kinoshita Yukina)[232]였다. 운영팀은 그녀가 사용자가 된 것을 발견하고 즉시 그녀의 소속사에 연락했지만, 그녀의 소속사는 강한 의구심을 품었다. 당시 틱톡의 일본지사 이사는 "그녀와 파트너십을 체결하기까지 6, 7차례의 논의가 필요했습니다. 일본의 소속사는 특히 더 신중하기 때문에 우리는 수시로 그들과 대화하면서 자사 앱을 친숙하게 만들고 이번 파트너십에 대한 우리의 진정성을 보여 줄 필요가 있었습니다."[233]라고 설명했다.

다행히도 공들여 첫 연예인과 계약을 맺은 후, 다른 이들을 설득하는 길은 조금 수월해졌다. 5백만 트위터 팔로워를 보유하고 있는 가수 카리파뮤파뮤(Kyary Pamyu Pamyu), 걸그룹 이걸스(E-girls), 그리고 유명 유튜버 Ficher's[234]는 틱톡과 공식적으로 계약을 채결한 최초의 유명인사 중 하나다.

또한 운영팀은 다른 플랫폼에서의 홍보 계정도 운영했다. 일본 틱톡의 홍보용 트위터 계정[235]은 2017년 5월에 등록되었으며, 이는 아마도 최초의 틱톡 홍보 계정일 것이다. 그리고 여기에 올라온 영상들은 젊은 층을 겨냥한 초기 더우인과 비슷한 형식으로 춤과 립싱크 스타일의 콘텐츠들이었다.

일부 얼리 어답터들은 트위터 홍보 계정에서 틱톡을 알게 되고 틱톡의 고급 영상 편집 기술, 필터 및 특수 효과 때문에 앱을 사용하기 시작했다고 설명했다. 틱톡의 다양한 옵션들은 당시 유튜브나 인스타그램에서 제공하지 않았기 때문에 일부 사용자들은 틱톡을 통해 다른 플랫폼에 업로드할 수 있는 영상을 만들기도 했다. 각 영상의 워터마크는 틱톡을 앱스토어에서 다운로드할 수 있게 해 주는 미니 광고 역할을 했다.

초기 일본 틱톡 인플루언서 코타츠무(Kotachumu)는 "틱톡에 올린 영상의 댓글에는 주로 영상 촬영 방식이나 기법에 대한 논의가 이루어졌고, 이는 확실히 트위터의 촬영 기술 및 댓글과는 차이가 있었죠."[236]라며 틱톡의 초기 영상 제작 방식의 핵심을 설명했다.

틱톡이 일본에서 놀랄 만큼 좋은 성적을 거둘 수 있었던 핵심 이유는 시장에 비슷한 제품이 없었기 때문이다. 현지 숏폼비디오 시장의 경쟁자 믹스채널(MixChannel)[237]뿐만 아니라 실리콘밸리의 페이스북, 스냅챗, 유튜브를 포함한 그 어느 회사도 비슷한 플랫폼을 제공하지 못했던 것이다.

일본 전역에 퍼져 있는 개인주의라는 문화적 문제를 해결하기 위해 운영팀은 사람들이 다 함께 참여할 수 있는 챌린지를 강조하기로 했다.[238] 같은 필터를 사용함으로써 개인 노출의 위험을 줄이고, 사람들의 과도한 자의식도 줄이는 동시에 외모에 대한 걱정 또한 덜어 주었다. 이미 더우인으로 인해 운영 부분에 있어 전문지식이 많이 구축되어 있던 틱톡은 발 빠르게 일본 현지화를 이끌어 냈다. 여기에는 온라인상에서 화제를 불러일으키고 더 많은 현지 셀럽과 연예인을 끌어들였던 매우 흥미로운 챌린지 또한 포함되어 있다.

앞서 언급했듯이 일본 틱톡의 초창기 직원들은 현지 경험이 있는 중국인으로 구성됐었지만, 곧 현지인만 고용하는 쪽으로 전환되었다. 플랫폼의 명성이 조금씩 높아지면서 인재 관리도 가능해졌고, 점차 의사결정권도 베이징에서 일본 지사로 넘어갔기 때문이다. 이후 바이트댄스는 더욱 자신감이 붙어 도쿄 지하철을 가득 메운 틱톡 광고를 시작으로 오프라인 프로모션을 진행했다.

운영팀은 일본 방송사의 제품 간접 광고 규제를 피할 방법을 찾던 중 방송사의 피디들에게 직접 틱톡의 보도 가치가 있으면서도 흥미로운 이야기를 제공하는 게 간접 광고보다 더 쉬운 방법임을 알아냈다. 틱톡 일화에 대한 TV 보도의 횟수가 점점 늘기 시작했고, "2018년 6월 초에는 거의 매일 보도되는 수준"이 되었다고 일본 틱톡의 한 직원은 말했다.

제품은 세계화, 콘텐츠는 현지화

바이트댄스가 상황을 살피며 체계적인 전략을 다듬을 당시 일본에서 일어났던 비슷한 이야기가 다른 아시아 국가들에서도 펼쳐지고 있었다. 틱톡의 초기 시장은 베트남, 한국, 태국, 인도네시아였고 같은 시각 중국 경쟁 업체인 콰이쇼우도 거대 신흥 시장인 러시아, 브라질, 인도네시아와 한국에 힘을 쏟아부으며 중국 밖에서의 첫발을 내디뎠다.

　이러한 상황들은 틱톡이 어디에서나 통할 수 있는 잠재력이 있다는 것을 의미했다. 해당 앱의 핵심은 사용자 프로필 태그를 기반으로 한 개인화된 영상을 제공하는 것이었고, 이는 모든 문화에 걸쳐 매력적인 경험을 만들어 낼 가능성이 있었다. 한 인터뷰에서 이밍은 바이트댄스의 접근 방식은 "제품은 세계화, 콘텐츠는 현지화하는 것"이라고 설명했다.

　표준화된 요소 – 모든 시장에서 보편적으로 사용

　브랜딩 – 틱톡 이름, 로고 및 특유의 시각적 아이덴티티

　UX, UI – 핵심 기능 및 디자인, 제품의 논리

　기술 – 추천, 검색, 분류, 얼굴 인식

　지역화된 요소 – 특정 지역 및 언어에 맞게 조정

　콘텐츠 – 추천 영상 풀

　운영 – 마케팅, 홍보 및 개발

　사용자 기반이 확장되면 보조 서비스도 지역화할 수 있으며 여기에는 다음과 같은 사항이 포함된다.

　상업화 – 광고 판매, 사업 개발

　기타 – 정부와의 관계, 법률 및 콘텐츠 관리

　이 시스템의 핵심은 지역, 문화, 그리고 언어에 기반한 지역화된 콘

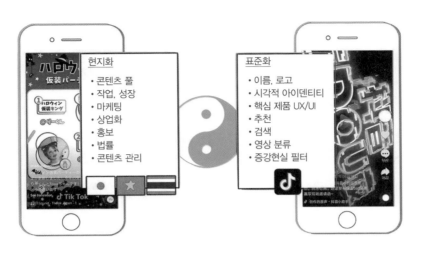

[현지화 및 표준화를 결합시켜 각 시장에 맞는 맞춤형 환경을 제공한다.]

텐츠 풀의 개념이었다.[239] 틱톡에서만 경험할 수 있는 현지화 콘텐츠 피드 "너에게(For You)"를 예로 들자면, 일본의 사용자에게는 인도네시아 계정이 추천으로 뜨지 않고 그 반대도 마찬가지이다. 각 국가나 지역은 본질적으로 분리된 섬 같은 개념이었다.[240]

일본의 한 사용자가 인도네시아에 있는 친구의 영상을 찾아보려면 검색 기능을 사용해야 한다. 이 검색 기능을 통해 사용자가 원하는 글로벌 틱톡 계정이나 해시태그를 검색해 해당 영상을 볼 수 있었지만, 검색을 사용하는 트래픽의 비율은 현저히 낮았다. 그에 비해 "너에게"는 앱의 핵심 기능이자 거의 모든 사용자들이 대부분의 시간을 소비하는 피드였다.

때때로 틱톡은 카테고리의 폭을 넓히고 사용자들을 다양한 영상 스타일에 노출시키기 위해 국가 간에 콘텐츠를 교류하기도 하였다. 사용

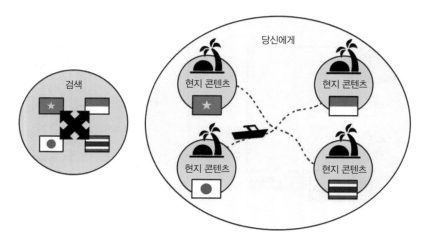

[각 지역은 독립된 개별 영상 피드인 "너에게"에서
현지 영상을 추천했으며 검색은 전 세계적으로 이루어졌다.]

자들은 새로운 형태의 콘텐츠를 만들기 위해 교육받을 필요가 있었기
때문이다.

더우인과 틱톡이 별도의 분리된 네트워크라는 점을 감안해도 운영팀
간 유익한 교류를 할 수 있는 기회는 많았다. 특히 중국에서 어떤 영상
이 인기를 끌게 되면, 운영팀은 그것이 다른 지역 시장에 도입하기에
적합한지 판단했고, 역으로 틱톡에서 유행하는 것이 더우인으로 유입
되는 상황도 있었다.

더우인은 다른 지역에서 가져온 영상을 사용하여 새 지역 콘텐츠 풀
을 구축할 수 있었다. 사용자들은 이 필수 "교재"를 통해 영감을 얻고
지도받을 수도 있었으며, 영상은 재미있고 모방이 가능한 검증된 것만
선별하여 사용자가 쉽게 따라 할 수 있게 했다.

뮤지컬리, 고향으로 돌아오다

2015년, 보편적이진 않지만 기억에 남는 이름인 "맘마 미아(Mama Mia)", 중국 버전의 뮤지컬리는 완전히 무너졌다. "우리는 중국 시장에서 기회를 찾지 못했기 때문에 미국에 갔을 뿐입니다."라고 앱의 공동 창업자인 루이스 양은 설명했다. 처음에 그들은 아시아 사람들이 너무 내성적이고 영상을 통해 자신을 자유롭게 표현하는 데 서툴렀다는 결론을 내렸었다.

2년 후, 마침내 공동 창업자들은 다시 한 번 시도해 볼 때가 되었다고 판단했다. 2015년 당시 뮤지컬리팀의 직원은 10명 미만이었지만, 현재는 전 세계적으로 약 100명의 직원을 보유하고 있으며 상하이를 기반으로 한 운영 및 엔지니어링팀으로 꾸려진 그들은 명문 벤처 캐피털 회사의 재정적 지원과 더불어 귀중한 경험을 쌓아 가고 있었다. 그렇다 하더라도, 중국으로 다시 "귀향"하기는 절대 쉽지 않을 것이다.

뮤지컬리는 정형화되어 있는 홍보 규칙을 모두 깼다. 어떤 광고도 만들지 않았고 콘텐츠 크리에이터들에게 그 어느 지원 또한 하지 않았으며 연예인들과의 파트너십 또한 체결하지 않았다. 그렇다. 그들은 설립 이후 마케팅에 거의 투자하지 않았던 것이다. 대신 그들은 바이럴 마케팅과 강력한 사용자 커뮤니티를 육성하는 것에 심하게 의존했는데, 의욕이 넘치는 일부 마니아 팬들만 별도의 플랫폼에서 뮤지컬리의 다양한 소셜 미디어 계정을 운영했고 더 나아가 오프라인 모임까지 만들어 운영했다. 이들 모두 뮤지컬리를 너무 좋아해 그저 돕고 싶었을 뿐이었다.

그런 종류의 자연스러운 성장 전략은 중국의 가차 없고 먹고 먹히는

살벌한 인터넷 시장에서는 도저히 살아남을 수 없었다. 경쟁은 잔인했고 변화의 속도는 빨랐다. 그리고 사용자 확보에 사용되는 비용 또한 예전부터 중국이 해외 시장보다 훨씬 높았기 때문이다.

뮤지컬리가 중국에서 성공하기 위해서는 다른 접근 방법을 취하고 돈을 쓸 필요가 있었다. 설립자들은 좀 더 경쟁력이 있는 새로운 팀인 중국 운영팀을 안정된 상하이 본사로부터 멀리 떨어진 베이징으로 보내 버렸다.

2017년 6월 초, 뮤지컬리가 공식적으로 중국에 재진출했다. "맘마미아"라는 옛 이름을 버리고 "뮤즈(Muse)"라는 아이덴티티로 리브랜딩하면서 미국과 유럽 시장에서 이미 검증된 자신들의 명성을 활용하려 했다. 하지만 결과적으로 이는 별로 도움이 되지 않았다.

그들은 이제 숏폼비디오의 후발 주자였고 해당 업계는 이미 가장 많은 자원을 가진 큰 회사들을 중심으로 빠르게 통합되어 가고 있었다. 공동 설립자인 루이스는 "저희는 중국에 더 일찍 돌아오지 않은 것을 후회합니다. 이제 거리는 흔들리고 있고 저희는 그저 불안할 뿐입니다."[241]라고 전했다. 여기서 루이스가 언급한 "흔들리고 있다"를 의미하는 한자는 바로 "더우인"의 "더우"이다.

뮤즈는 중국 성수기에 수십만 명의 일일 사용자 수를 확보했다. 하지만, 2017년 하반기까지 더우인의 일일 사용자 수는 무려 수백만 명이었으며 나날이 발전하고 있었다.

전체 화면으로 보이는 15초 분량의 숏폼비디오, 스와이프 업 모션, 음악 위주의 콘텐츠, 검색 엔진 등 뮤즈와 더우인은 겉보기에 눈에 띄게 닮아 있었다. 그러나 사용자가 직접 눈으로 확인할 수 없는 무언가

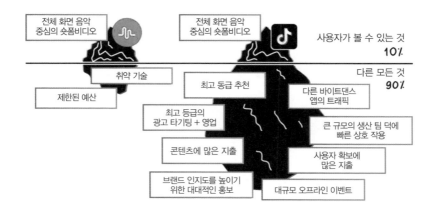

전체 화면 음악
중심의 숏폼비디오

전체 화면 음악
중심의 숏폼비디오

사용자가 볼 수 있는 것
10%

취약 기술

다른 모든 것
90%

제한된 예산

최고 동급 추천

다른 바이트댄스
앱의 트래픽

최고 등급의
광고 타기팅 + 영업

큰 규모의 생산 팀 덕에
빠른 상호 작용

콘텐츠에 많은 지출

사용자 확보에
많은 지출

브랜드 인지도를 높이기
위한 대대적인 홍보

대규모 오프라인 이벤트

[뮤지컬리와 더우인/틱톡의 외관은 비슷해 보이나 이것은 빙산의 일각에 불과했다.]

가 성공과 실패라는 차이를 만들어 냈는데, 그것은 바로 더우인의 성공은 기술, 홍보, 그리고 사용자 확보에 이르기까지 모회사의 자원에 크게 의존했다면 뮤즈는 완전히 그 반대였다는 점이다. 뮤즈의 홍보 예산은 미미했고, 기술 역량은 더우인에 비해 약했으며, 더욱이 그들의 제한된 브랜드 인지도는 더우인의 비교 대상도 되지 못했다.

뮤지컬리의 설립자 알렉스 주는 미국과 중국 시장의 경쟁을 직설적으로 비교했다. "초창기에 뮤지컬리의 경쟁자들은 모두 미국 회사였고 저흰 경쟁적인 압박을 거의 느끼지 못했죠. 하지만 작년부터 우리는 바이트댄스를 비롯한 중국 기업과 경쟁을 시작했고, 이는 시장 운영이나 앱 개발 속도 방면에서 미국 기업들과의 경쟁과 상당한 차이가 있습니다."242

뮤지컬리, 돈을 벌기 위해 고군분투하다

중국에서의 경쟁에 적응하지 못한 것은 뮤지컬리에게 보내는 경고의 일부에 불과했다. 그들에게 가장 큰 이슈는 수익을 창출하는 방법이었고 이를 위해 뮤지컬리는 인플루언서를 통해 많은 브랜드에 노출될 수 있는 생태계를 만들었지만, 플랫폼 자체는 가치를 창출하는 데 어려움을 겪고 있었다.

미국과 유럽 시장에서는 유튜브, 트위터, 그리고 페이스북 같은 엔터테인먼트 및 소셜 앱에 들어가 광고를 진행하는 것은 너무나도 당연한 일이었다. 그러나 뮤지컬리에서는 광고를 거의 볼 수 없었는데 이는 광고주들의 광고 구매를 자동화할 백엔드 인프라가 없었기 때문이다. 대신 제한된 판매 네트워크를 가지고 있던 뮤지컬리는 영업팀을 통해 광고를 수동으로 처리했고 가장 큰 시장인 미국을 취재한 기자에 의하면 9개의 광고 대행사 중 6개의 대행사가 뮤지컬리가 광고 서비스를 제공하고 있다는 사실을 모르고 있었다고 한다.[243]

광고주들에게 뮤지컬리는 주로 젊은 실험용 플랫폼으로 바라봤는데, 여전히 뮤지컬리의 광고계약이 어떨지 알아내기 위한 과정이었다. 뮤지컬리는 구글과 페이스북이 운영하는 확립되고 정교한 광고 플랫폼과 달리 다른 어떤 차별화된 가치를 제공할 수 있을까? 또한, 뮤지컬리에 광고를 고려했던 브랜드들은 수수료가 너무 비싸다고 불평했다. 보도에 따르면, 광고는 하루 동안 30만 달러에서 75만 달러에 이르며, 250만 달러를 지불하게 되면 더 광범위한 패키지를 제공한다고 했다.[244] 뮤지컬리는 아직 광고 효과가 검증되지 않은 플랫폼이었고 결국 시장에서 밀려났다.

더우인 - 화폐 발행 라이센스

뮤지컬리의 수익화 우려는 더우인의 눈부신 실적과 극명한 대조를 이루었다. 앱 설계의 유사성에도 불구하고, 재무 성과는 극명한 차이를 보였다. 2019년 바이트댄스의 매출은 1200-1400억 위안, 즉 170억-200억 달러로 추산되었다. 그리고 이 중 무려 약 60%에 해당하는 100-120억 달러를 더우인이 차지했다.

바이트댄스의 사업 지원팀은 수익 창출을 위한 다양한 방법을 논의하여 마케팅 메시지에 노출된 사용자 수를 달러로 바꾸면서 더우인의 마지막 1센트까지 짜낼 수 있었다. 더우인이 벌어들인 수익의 약 80%는 스폰서 브랜드 챌린지, 앱 시작 즉시 재생되는 전체 화면 광고 등 다양한 포맷을 포함한 광고 덕분이었다.

다양한 포맷 중 수입에서 가장 많은 몫을 차지한 것은 "피드 속의 영

| 피드 속의 영상 광고 | 게임 | 가상 선물 | 라이브 방송 전자 상거래 |

[더우인의 다양한 수익 방법. 피드 속의 영상 광고, 게임, 가상 선물, 전자 상거래]

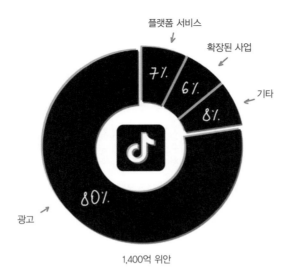

플랫폼 서비스

확장된 사업

기타

7%

6%

8%

80%

광고

1,400억 위안

[더우인의 2019년 예상 매출 분석[245]]

상 광고"이다. 이 광고는 화면 전체를 차지하는 자동 재생 광고로 일반 틱톡 영상처럼 보이는 게 특징이며, 화면 아래쪽의 설명란 옆에 작은 광고 라벨이 붙어 있을 뿐이었다.

마케터들은 광고를 전문적이고 세련되게 만들기보다 마치 사용자가 제작한 영상처럼 만들어 올려 사용자들을 몇 초간이라도 속일 수 있었는데, 이는 메시지를 전달하기에 충분한 시간이었다. 이러한 광고 방식은 대중적이고 효과적인 것으로 입증되었다.

또 다른 수익화 방법은 "스타 차트"에서[246] 받는 플랫폼 수수료이다. "스타 차트"는 바이트댄스의 공식 인플루언서 매니지먼트 플랫폼으로, 더우인의 인플루언서와 협력하고자 하는 브랜드들은 "스타 차트"를 통해 계약을 진행해야 한다. 그렇지 않으면 프로모션 영상은 예고 없이 삭제될 수 있으며 그들이 인플루언서에게 지급한 비용의 수수료를 가져가는 방식으로 수익을 창출한다. 또한, 생방송 후원(별풍선)과 라이브 방송 전자 상거래를 통한 수익도 있다.

"확장된 비즈니스"에는 게임, 유료 지식 및 전자 상거래를 통해 창출된 수익이 포함되었으며 "기타"에는 공식 인증(blue tick) 계정의 인증 수수료를 통해 발생한 수익과 사용자나 크리에이터가 영상의 노출도를 높이기 위한 프리미엄 옵션으로 요금을 지불하는 "DOU+"가 포함됐다.

토우티아오는 능수능란하게 잘 돌아가는 큰 광고 기계와도 같았다. 대규모의 영업팀, 정교한 인프라, 광고주들 사이에서 확립된 평판 등이 모든 것은 더우인에 활용될 수 있었고 비슷한 예로는 인스타그램이

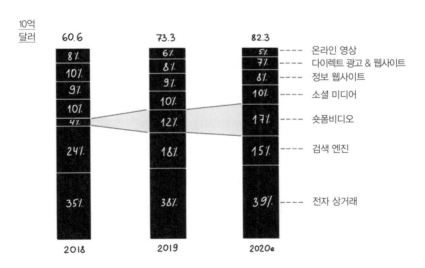

[카테고리별 중국 인터넷 광고. 더우인이 주도한 변화는 숏폼비디오를 중국에서 두 번째로 큰 광고 카테고리로 만들었고, 이 중 대부분이 전자 상거래와 광대한 검색량이다.[247]]

모회사 페이스북의 기존 광고 전문지식과 인프라를 통해 혜택을 받은 것과 같은 개념이었다.

최근 몇 년간 중국 온라인 광고 총지출에서 숏폼비디오가 차지하는 비중이 빠르게 증가하고 있는 추세이다. 2018년 4%에서 2019년 12%로 증가했으며 2020년에는 17%로 증가할 것으로 예상된다. 같은 기간 검색 엔진 광고는 24%에서 15%로 하락했다.

매각해야 할 시간이 왔다?

2017년 말, 뮤지컬리는 여러 방면에서 위협을 받고 있었다. 중국에서 더우인이 순조로운 출발을 하는 동안 뮤즈는 의미 있는 영향을 끼치진 못했고 청소년과 10대들을 타기팅한 뮤지컬리는 성장 병목 현상을 겪고 있었다. 청소년 인플루언서들이 성장하면서 어린 팔로워들보다 나이가 들자, 점차 인스타그램이나 유튜브와 같이 더 크고 확립된 플랫폼으로 갈아타 버린 것이다.

뮤지컬리는 다양한 제품을 제공하기 위해 시간과 에너지를 투자했다. 뮤지컬리는 영상 메시지를 위한 "핑퐁(Pingpong)" 및 "스쿼드(Squad)" 그리고 라이브 스트리밍을 위한 "라이브리(LIve.ly)"[248]와 같은 소규모 보완 앱들을 구축하고 테스트했지만 결국 앱들은 견인력을 얻지 못하고 모두 실패하며 흐지부지되었다. 뮤지컬리의 성장과 참여도가 정점에 달했다는 징후가 점점 더 많은 곳에서 나타난[249] 반면, 틱톡은 이미 악명 높은 일본을 포함한 다양한 아시아 시장에서 고무적인 발전을 이루고 있었다.

다행히도 뮤지컬리는 더 큰 조직에 인수되기 유리한 위치에 있었고,

경쟁사의 입장에서 부족함이 없었다. 비록 회사의 성장이 멈춘 상태일지라도, 뮤지컬리는 인수하기에 매력적이었다. 서양 시장은 잠재적으로 수익성이 높지만 진입하기 어려운 편인데, 뮤지컬리는 이미 미국과 유럽 청소년들에게 강한 반향을 불러일으킨 의미 있는 브랜드로 성장했기 때문이다. 바이트댄스, 페이스북, 텐센트, 스냅챗,[250] 그리고 콰이쇼우 등이 모두 다양한 시기에 관심을 나타내며 뮤지컬리 창업자들과의 대화에 나섰다.

때때로 "버크셔 해서웨이 오브 테크(Berkshire Hathaway of tech)"라고도 불리는 텐센트는 다른 인터넷 회사들의 자금줄이었다. 뮤지컬리와의 협상에서 손을 떼고 2014년 왓츠앱을 인수할 기회도 놓친 텐센트는 대신 스냅챗의 지분 20억 달러로 서양 소셜 네트워킹의 기반을 다지기로 했다.

인스타그램의 전 대표 케빈(Kevin Systrom)은 상하이에서 뮤지컬리의 창립자들과 직접 만난 후에 마크 주커버그가 거래를 고려하도록 설득했다. 진지하면서도 결론이 나지 않는 내부 화담은 페이스북 멘로파크(Menlo Park) 본사에서 열렸고, 창립자들과 주로 플랫폼[251]을 통해 소통하는 마크 주커버그를 포함한 몇몇 페이스북 임원진이 뮤지컬리 계정을 열고 플랫폼을 테스트했다. 이후 한 매체는 페이스북이 "이 문제에 정통한 인물에 따르면 앱의 젊은 사용자 기반과 중국 소유권에 대한 우려로 결국 물러났다."[252]고 보도했다. 사실 뮤지컬리와 페이스북이 대화에 들어가기 전 이미 파악하고 있었을 위험 요소였다.

그런데 실제로 보고되지 않은 또 다른 문제가 있었다. 바로 푸 성(Fu Sheng)이었다. 푸 성은 뮤지컬리의 엔젤 투자자이자 수억 명의 사용자를 보유하며 베이징에 본사를 두고 있는 모바일 앱 개발 회사, 치타 모바일(Cheetah mobile)의 CEO였다.[253] 치타 모바일은 글로벌화의 일환으로, 뮤지컬리가 많은 성장 가능성을 가지고 있다고 믿는 사람이 거의 없을 때 500만 위안(7억 원)을 투자했다.

"모든 사람들이 노래로 15초짜리 영상을 만드는 데는 기술적 장벽이 전혀 없을 거라 생각했습니다."[254]라고 당시 치타 모바일의 투자 총괄 책임자는 말했다. 현명한 사업가이자 업계의 베테랑으로서, 그의 투자 조건은 그에게 향후 인수 계약에 대한 거부권을 부여했다. 세계에서 가장 크고 가장 부유한 몇몇 회사들이 뮤지컬리 주위를 돌고 있던 가운데, 게임하는 방법을 정확히 알고 있던 푸 성은 투자한 지분의 이익을 챙기길 원했다.

이밍, 거래를 성사시키다

글로벌 회사로 발돋움하기 위해 기꺼이 모든 것을 쏟아붓고 있는 바이트댄스는 뮤지컬리의 인수 대상 회사 최종 명단에 들었다.

이밍과 뮤지컬리의 공동 창업자는 몇 년 동안 알고 지낸 친분이 있었다. 그럼에도 인수와 관련된 이야기는 2017년 봄[255]에 와서야 바이트댄스 이사와 우버 중국 대변인 리우가 만나면서 진지하게 시작되었다. "우리가 거래를 성사시키려면, 이밍은 푸 성과 함께 일하는 방법을 찾아야 하는데 사실 그것은 쉬운 거래가 아니었습니다."[256]라고 뮤지컬리의 임원 한스는 고백했다.

푸 성의 까다로운 요구 사항을 충족하기 위한 최종 계약서에는 세 가지 개별 거래를 추가했는데, 바로 치타 모바일의 뉴스 통합 앱 뉴스 리퍼블릭(News Republic)을 800만 달러에 인수하고, 치타 모바일의 라이브 스트리밍 플랫폼 라이브미(Live.me)에 5천만 달러를 투자하는 것이었다. 뮤지컬리와 투자자들에게 8억 달러의 가격표는 만족스러운 수익이었다.

바이트댄스에게 뮤지컬리를 인수하는 것은 여러 가지 목표를 동시에 달성시킬 수 있는 효율적인 방법이었다. 첫째, 서양 시장의 광범위한 사용자 기반을 확보할 수 있는 비용을 효율적으로 줄일 수 있다. 틱톡의 아시아 사용자 기반은 뮤지컬리와 중복되는 부분이 거의 없었으므로 새로운 사용자를 충분히 끌어들일 수 있는 좋은 방법이었다.

또 한 가지의 핵심 이유는, 뮤지컬리와 더 큰 회사들의 합병을 막아 틱톡의 경쟁자를 없앨 수 있다는 것이었다. 이러한 방법으로 가장 유

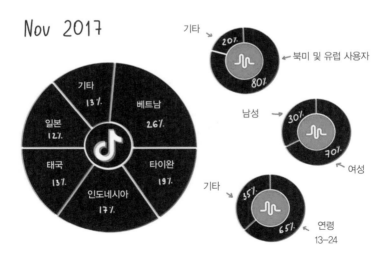

[2017년 11월 틱톡 및 뮤지컬리의 데이터. 틱톡의 사용자 기반은 동쪽과 동남아 시장인 반면 뮤지컬리의 사용자 기반은 서양 십 대 소녀들에게 크게 기울어 있다.[257]]

력한 경쟁적인 대응책을 선제 차단할 수 있었다. 그리고 마지막 이유는 플립그램과 마찬가지로 바이트댄스는 뮤지컬리를 통해 또 다른 무언가를 배울 수 있었다는 점이다. 그들은 수년간 쌓아 온 뮤지컬리의 운영 경험을 통해 조직 전체에 그들만의 통찰력을 적용할 수 있었다.

바이트댄스는 2017년 11월 10일, 전 세계에 뮤지컬리를 인수할 계약을 발표했으며 그것은 당시까지 회사의 가장 큰 인수가 되었다. 그리고 결국 그들은 뮤지컬리를 쟁취하는 데 성공하였다. 2달 전, 바이트댄스는 미국 사모펀드 회사, 제네럴 애틀랜틱(General Atlantic)으로부터 새로운 투자를 받았고 이로 인해 회사의 가치는 이전의 110억 달러에서 두 배인 220억 달러로 뛰었다.

그리고 1년 후, 그 숫자는 세 배 이상 증가하여 750억 달러가 될 것이다. 대부분이 거의 불가능하다고 생각되던 숏폼비디오에 대한 회사의 배팅은 그야말로 엄청난 성과를 거두고 있다.

CHAPTER 4

움찔!

[2018년 말 유튜브에서 실행된 틱톡 유료 광고]

"뮤지컬리가 사라졌을 때 우린 모두 너무 행복했습니다.
하지만 그리고… 틱톡, 틱톡, 틱톡!"

- 세계에서 가장 인기 있는 유튜버 퓨디파이(PewDiePie)

타임라인

2018년 4월   틱톡, 전 세계에서 2018년 1분기 비게임 분야 다운로드 수 1위 차지

2018년 8월   뮤지컬리, 틱톡에 인수 및 틱톡 미국 진출

2019년 1월   틱톡의 첫 미국 광고 상영, 그립허브의 스플래시 스크린 광고

2019년 2월   바이트댄스, 틱톡 미국지사 본부장으로 전 유튜브 임원, 바네사 파파스
(Vanessa Pappas) 고용

2019년 4월   "올드 타운 로드(Old Town Road)"가 빌보드 100에서 19주 만에 싱글 1위를
차지 하며 기록을 경신하기 시작

2019년 6월   바이트댄스, 전 페이스북 글로벌 파트너십 부사장, 블레이크 챈들리(Blake
Chandlee) 고용

2019년 9월   내셔널 풋볼 리그(NFL)는 틱톡과 다년간의 콘텐츠 제휴를 발표, 틱톡의 브
랜드 채택의 변곡점

2020년 5월   바이트댄스, 전 디즈니 임원 케빈 메이어(Kevin Mayer)를 틱톡의 CEO로 선임

"당신의 말은 모함으로 간주할 수 있습니다."

중국에서 가장 부유한 남자[258], 포니 마는 대답했다. 수줍고 내향적인 텐센트 대표는 그답지 않게 자신의 회사를 변호하기 위해 온라인에서 분노하며 맹렬히 공격했다. 그의 가시 돋친 발언은 이밍을 향한 것이었으며, 이를 통해 두 회사가 치열한 경쟁자가 되었음을 알 수 있었다.

포니 마의 격렬한 발언 전, 이밍은 틱톡 로고와 함께 틱톡이 2018년 1분기에 세계에서 가장 많이 다운로드된 앱으로 선정되었다는 것을 보여 주는 순위 차트 사진을 위챗에 게시했다. 그는 영어로 "작은 성공을 축하한다"라는 단 세 단어만을 썼고, 이어서 댓글에 더우인의 성장에 대처한 텐센트의 모방 전술에 대해 언급했다. 텐센트가 더우인 앱을 소셜 네트워크에서 차단하는 동안 더우인 복제품을 온라인에 홍보했다는 내용이었다.

이밍: 위챗의 차단과 웨이시의 표절조차도 더우인을 막을 수 없습니다.

포니 마: 당신이 한 말은 비방으로 간주될 수 있습니다.

이밍: 전자는 토론하기에 적합하지 않고, 후자는 이미 인증을 받았습니다. 저는 설전을 하고 싶지 않습니다. 단지 불평을 할 수밖에 없으며 우리를 향한 대중의 비판도 받았습니다. 제가 개별적으로 자료를 보내 드리겠습니다.

포니 마: 당신과 인증해야 할 것이 너무 많습니다.

[2015년 5월 이밍의 온라인 게시물(좌)과 번역본(우)]

이밍이 공개적으로 틱톡의 성공을 자랑하는 동시에 어찌 보면 중국의 표준 산업 관행을 이행했을 뿐인 그의 라이벌을 비판한 것은 포니마와 텐센트를 궁지에 몰아넣었다. 이제 중국의 가장 온화하고 내성적인 두 리더들은 공개적인 언쟁에 휘말렸다. 이들의 댓글 캡처본은 중국의 인터넷에 빠르게 확산되었고 네티즌들은 광범위하게 추측하며 토론했다.

위챗이 실패한 분야에서 성공한 틱톡은 텐센트에게는 삼켜야 할 쓴약이었다. 2013년과 2014년, 텐센트의 대표 앱 위챗은 글로벌 히트를 치겠다는 야심으로 광고와 프로모션에 수억 달러를 투자했음에도 불구하고 결국 실패했다. 오늘날 위챗은 중국 본토 밖에서의 중국 이주자들 및 중국과 거래를 하는 사람들에 의해 주로 사용된다. 반면에 틱톡은 전 세계적으로 널리 사용될 수 있는 가능성을 가지고 있었고, 해당 앱은 빠른 속도로 발전하고 있으며 바이트댄스는 이러한 가설을 입증해 나가고 있다.

중국은 서양과 평행한 세계의 인터넷 서비스 체계를 갖추고 있어 주로 중국 IT업계는 국내 사용자들을 대상으로 했다. 이러한 상황 속에서 틱톡은 진정한 글로벌 발자취를 남기고 구축한 첫 번째 중국산 인터넷 제품이 되었다. 그 주된 이유는 강력한 선점자의 우위라 할 수 있는데, 바이트댄스가 일본 등 초기 시장에서 발견했듯 틱톡은 본질적으로 다른 회사가 아닌 자신 자신과 경쟁하고 있었다. 앱이 제공한 경험은 다른 소셜 미디어나 소셜 네트워크와는 전혀 달랐기 때문이다.

또한, 틱톡의 배경에는 더욱 광범위한 글로벌 트렌드가 존재하고 있었다. 전자 상거래 결제 및 모바일 게임까지, 중국이 현재 소비자 인터넷 서비스 방면에서 세계를 선도하고 있다는 것이다. 2018년, 중국에서는 숏폼비디오가 4G 모바일 시대의 "킬러 앱"이 될 것이라는 전망은 이미 공공연한 사실이었다. 중국 현지 인터넷 산업은 더우인을 성공으로 이끈 모든 이유들을 해석하고 분석했으며, 틱톡 스타일의 피드는 곧 모든 숏폼비디오 앱의 표본이 되었다. 그러나 서양 국가에서 그 포맷이 가진 힘에 대한 인식은 중국 내수 시장과는 확연히 달랐다.

중국 인터넷 기업들이 실리콘밸리의 새로운 트렌드에 대해 열띤 공세를 펼치며 해당 트렌드를 중국에 가져가 다시 "복사"하는 시대는 저물어 갔다. 최소한 숏폼비디오만 두고 봤을 때, 그 형세는 역전되었다고 말할 수 있다. 곧 실리콘밸리가 중국 트렌드를 "복사"하는 게임을 시작할 시간이 온 것이다.

뮤지컬리를 되돌려줘

2018년 8월 2일은 뮤지컬리와 틱톡이 합병한 날이자 틱톡 역사에 있어 매우 중요한 날이었다. 하룻밤 사이, 틱톡은 뮤지컬리의 모든 영상과 계정을 틱톡으로 이동시켜 "틱톡-뮤지컬리의 합병"을 모든 사용자들이 알 수 있게 했다.

대략 1년이라는 기간 동안 틱톡은 0명에서 5억 명[259]의 월간 사용자(대부분 아시아인)를 확보했다. 이에 비해 5년간 운영되어 온 뮤지컬리는 월간 이용자가 1억 명에 불과했다. 뮤지컬리를 인수할 당시 바이트댄스는 두 플랫폼이 독립적으로 유지될 것임을 암시했었다. 그러나 불과 9개월 후, 틱톡의 고속 성장과 발전으로 뮤지컬리는 결국 틱톡에 흡수되어 버렸다.

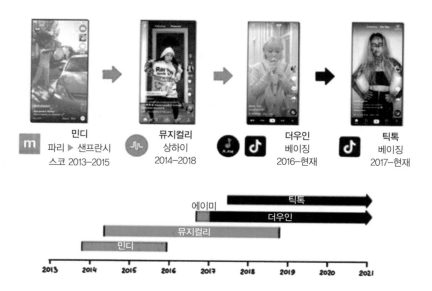

[틱톡, 더우인의 국제 버전은 다음과 같이 시작됐다. 더우인의 국제 버전인 틱톡은 민디의 복제품인 뮤지컬리의 모방으로 시작되었다. 즉 틱톡은 북제품의 복제품의 복제품인 셈이다.[260]]

로고와 인터페이스 디자인은 개편됐지만, 15초짜리 짧은 영상을 스와이핑 하는 핵심 기능도 이전과 거의 같았다. 그러나 몇몇 뮤지컬리의 마니아 팬들은 여러 가지 주요 변경 사항을 혐오했다.[261] 온라인에서는 틱톡을 떠나는 이용자들[262]과 함께 "뮤지컬리를 다시 되돌려줘!"라는 청원이 빗발쳤다.

"때로는 더 큰 기회를 잡기 위해 이전의 가치 있는 것들을 포기하고 심지어 사용자들의 실망감을 받아들일 수도 있어야 합니다."라고 뮤지컬리의 제품 전력 매니저인 제임스(James Veraldi)는 말했다.

뮤지컬리의 리더보드, 실시간 인기 영상 피드, 나라별로 인기 영상 피드 등 몇몇 사회적 기능을 하는 인기 있는 피드가 삭제되었다. 그동안 젊은 사용자들에게 공동체 의식을 심어 주었던 이러한 피드를 삭제한 것에 대해 좋은 평을 들은 순 없었다. 리더보드는 인기 영상 카테고리에 대한 관심을 집중시키는 피드로 주로 10대들의 댄스, 밈, 그리고 립싱크 영상이었다. 하지만 이는 틱톡의 콘텐츠 범주의 다양화 촉진 및 사용자 연령 증가 목표와 맞지 않아 삭제가 결정되었다.

가입 절차 부분에서의 차이점은 절차가 상당히 간소화되어 신규 가입 혹은 로그인 항목이 제거되고, 신규 사용자들은 바로 관심 분야(예: 동물, 코미디, 예술)를 골라 시청하기만 하면 됐다는 점이다.[263] 틱톡은 앱에 등록된 계정이 없는 사용자들에게도 콘텐츠 개인화를 설정할 수 있는 장치 ID 및 "그림자 프로필"을 제공했다.

앱이 마음에 드는지 알기도 전에 계정을 만들어 달라고 하는 것은 말 앞에 마차를 갖다 놓는 격이었다. 이 새로운 과정은 사람들이 틱톡에 가입하지 않고도 앱을 경험할 수 있는 자유를 제공했다.

또한, 틱톡은 적극적인 영상 공유를 장려했다. 클립이 여러 번 반복되면 시청자가 영상을 흥미롭게 본 걸로 간주하고 "공유" 아이콘이 자동으로 깜빡이는 알림 기능을 사용하여 사용자가 쉽게 공유 버튼을 찾을 수 있게 하였다. 다른 플랫폼에 공유된 영상에는 이제 틱톡 워터마크가 들어 있다. 틱톡 로고는 영상의 한 모서리에서 다른 모서리로 번갈아 가며 시청자의 주의를 끌어 무시하기 어려웠다.

마지막으로, 가장 중요한 변화는 더우인이 사용하는 것과 동일한 백엔드 인프라로 전환하는 것이었고 이에 따라 기존의 "특색(Featured)" 피드는 새로운 "너에게"로 대체되었다. 두 피드의 타이틀은 그 차이를 정확하게 보여 준다. "너에게"는 정교한 머신러닝을 사용하여 완전히 개인 맞춤화되었고, "특색(Featured)"은 뮤지컬리의 기존 시스템으로서 덜 검증된 권장 사항과 수동으로 영상을 선택하는 것을 혼합하여 사용했다.

그 결과, 더우인의 벡엔드 시스템으로 전환한 후 사용자들이 앱에서 보내는 시간은 두 배가량 늘어난 것으로 알려졌다. "우리가 원하는 콘텐츠는 앱에 있었지만, 초기 모델에 가려져 그걸 찾지 못했습니다. 하지만 우린 이것을 변화시켰고, 콘텐츠는 나날이 다양해져 갔습니다." 라고 뮤지컬리의 전 제품 전략 책임자인 제임스가 설명했다. 전 홀루닷컴과 아마존의 직원 유진(Eugene Wei)은 "해당 앱의 전후 자료를 가지고 있는 (바이트댄스) 친구들에게 물어봤는데 그래프의 단계적 변화는 너무나도 분명했습니다."[264]라고 덧붙였다.

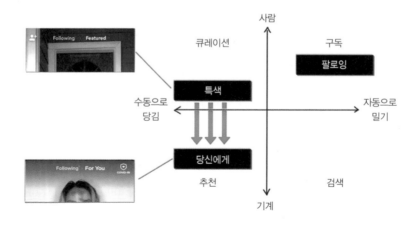

[큐레이션과 추천 알고리즘이 혼합된 피드 "특색"에서
오직 추천 알고리즘에 의존하는 피드인 "너에게"로 바뀌었다.]

이 혁신적인 변화는 2011년 유튜브가 시빌의 머신 러닝 백엔드 시스템을 도입한 것과 같은 효과를 가져왔다. "콘텐츠는 많습니다. 저흰 이미 수십억 개의 영상을 보유하고 있죠."라고 유튜브의 수석 엔지니어인 크리스토스(Cristos Gooddrow)가 설명한 것과 일치했다. 머신러닝을 사용하여 영상을 분류하고 추천하는 것이 두 플랫폼의 방대한 콘텐츠 풀의 잠재력을 실현하는 열쇠였던 것이다.

틱톡의 오글 영상 모음 - 파트 14

"왜 엄마들은 틱톡을 사용하는 거지? 어째서 틱톡을 사용하는 사람이 다 있을까?"[265]

세계에서 가장 인기 있는 유튜버가 카메라를 향해 소리쳤다. 스웨덴의 게임 스트리머인 퓨디파이는 자신의 "틱톡 오글 영상 모음 보기(TikTok Cringe Compilation)" 에피소드 15편 중 2번째 에피소드를 촬영하고 있었다. 첫 번째 영상이 큰 인기를 끌어 그는 곧바로 에피소드 촬영을 이어 갔다. 에피소드는 보기 고통스러울 정도로 오글거리는 틱톡 영상들을 보고 그가 리액션을 하는 10분가량의 영상이었다.

틱톡은 퓨디파이에게 그 무엇도 지불하지 않았다. A급 글로벌 인터넷 셀럽은 틱톡에 대한 영상을 그저 그의 구독자들이 좋아했기 때문에 반복해서 만들고 있을 뿐이다. 이는 온라인 마케터들이 꿈꾸던 진정한 인플루언서 홍보의 일종이라고 볼 수 있었다. 기본적으로 그의 영상은 틱톡을 위한 10분 무료 광고였고 그의 충성스러운 8천만 명의 구독자들에게 전달되었다. 하지만 틱톡에 대한 그의 반대는 진심이었다.

틱톡은 특이했다. 거의 자기 인식이 결여되었다고 봐도 무방한 이 상한 콘텐츠를 올리는 사람들이 끝없이 줄지었다. 아무 생각이 없는 코미디 상황극부터 립싱크, 그리고 완전 엉뚱한 창작 영상들까지…. 사실 이런 영상을 만드는 아이들은 용서받을 수 있다. 아직 어리기 때문이다. 하지만 어른들이 올린 영상은 소름 끼치고 이상하다는 평을 받았다. 그렇게 수많은 틱톡 오글 영상 모음이 유튜브에 등장하고 수 백만 건의 조회 수를 기록했다. 틱톡 사용자들의 수치스러운 행동은 트위터와 레딧에 단골로 등장하는 등 틱톡에 대한 비판을 더욱 확산 시켰다.[266]

중국에서 더우인은 도시 젊은 층을 위한 앱으로 주목받으며 특히 미 대생들과 힙한 패셔니스타들의 관심을 받았다. 그러나 미국에서는 정 반대였다. 틱톡은 루저들과 부적응자를 위한 일명 민망한 앱으로 대중 들에게 인식되고 말았다. 도대체 무슨 일이 벌어지고 있던 걸까?

정답은 유튜브, 인스타그램, 그리고 스냅챗 같은 서양의 주요 소셜 미디어 플랫폼에 걸친 바이트댄스의 지나친 광고 프로젝트 때문이었 다. 2018년 월스트리트 저널에 의하면, 바이트댄스 광고 프로젝트의 예산은 10억 달러가 넘은 것으로 보도되었다.[267] 바이트댄스는 틱톡을 성장시키는 과정에서 페이스북의 최대 중국인 고객이 되었다. 틱톡 앱 설치 광고[268]는 점점 범위를 넓혔고, 어느 순간 많은 미국인들은 모든 온라인 공간에서 틱톡 광고를 보게 되었다.

ㅌ초기 당시, 틱톡에 대한 다양한 아시아 시장의 따뜻한 반응은 큰 힘이 되었다. 더우인의 성공은 실제로 전 세계적으로 따라 할 수 있는 것처럼 보였고, 틱톡이 아시아에서 성공할수록 경쟁자들로부터 더 많

좌 [2018년 12월, 바이트댄스 전문가 켈리는 틱톡 광고 사진을 온라인에 게시했다.]
우 [뉴욕 타임스퀘어, 두바이 버즈 칼리파, 라스베이거스 할리우드, 런던 피카딜리[269](왼쪽부터)]

은 관심을 끌었다. 모든 주요 인터넷 회사들은 사람들이 모바일 사용을 습관화하는 새로운 트렌드와 변화를 추적할 수 있는 고급 시스템을 갖추기 시작했으며, 바이트댄스는 이러한 장점을 활용할 수 있는 기회를 잡기 위해 빠르게 움직여야 했다. 일반적으로 서양의 인터넷 회사들은 직접적으로 경쟁사의 제품을 복제하는 관행 자체를 무시한다. 그렇다 히더라도 구글이나 페이스북 같은 기성 대기업이 틱톡과 비슷한 제품을 적극적으로 홍보하는 방식을 택했다면 바이트댄스의 진보를 크게 방해할 수 있었다.

페이스북이 경쟁사 스냅챗의 영상 기능 "스토리" 복제에 성공한 것은 틱톡에도 들이닥칠 수 있는 운명임을 보여 줬다. 이 운명을 피하기 위해서는 빠른 속도가 필수였다. 결국, 온라인 앱 설치 광고에 지출한 막대한 예산과 오프라인 광고를 통한 브랜드 인지도 구축은 인지도를 빠르게 높일 수 있는 가장 효과적이며 확실한 방법이었다.

11월 10일
바이트댄스가 뮤지컬리를 인수

8월 2일
뮤지컬리와 틱톡 합병

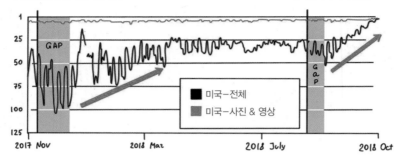

[2017년 10월부터 2018년까지 뮤지컬리의 미국 앱 스토어 다운로드 순위(후에 틱톡으로).
뮤지컬리와 틱톡 합병 직후, 공격적인 광고 지출로 인해 앱스토어 순위가 상당히 향상되었다.]

정말 짜증나는 틱톡 광고들!

보통 한 회사가 새로운 시장에 진출하기를 원할 때, 그들은 크리에이티브 에이전시와 함께 일하며 온라인 광고에 큰돈을 쓰는 것이 일반적이다. 그들은 높은 비용을 주고 컨설턴트를 채용할 것이고, 다년간의 업계 경험을 가진 베테랑 광고 전문가들은 스마트한 콘셉트를 만들 것이다. 이 과정에는 브랜드 메시지, Z세대 포커스 마케팅 그룹, 고가의 녹음 스튜디오와 전문 배우, 영상 편집기 제작진 그리고 그래픽 디자이너들 등 모든 것이 완벽함을 보장한다.

하지만, 이밍은 결코 관례를 따를 사람이 아니었다. 앞서 말했듯이 그는 베이징에 자신의 첫 아파트를 살 때 부동산 중개인을 만나거나, 가족과 상의하거나, 혹은 주택 복합단지를 직접 방문하기보다 자신만의 지름길을 찾았다. 이밍은 데이터를 얻기 위해 웹을 탐색했고, 스프레드시트에 모든 것을 분류하여 하룻밤 사이에 데이터를 뽑았다.

ATTENTION FACTORY

틱톡의 새로운 가족이 된 뮤지컬리 홍보를 위해 바이트댄스는 비슷한 지름길을 찾았지만, 이렇게 정통적인 전략은 아니었다. 바로, 앱 자체의 비디오를 사용한 것이었고 플랫폼 서비스 조항은 해당 홍보 방법을 허락해 주었다.[270]

그들은 홍보를 위해 잠재적으로 부적절한 콘텐츠는 수동으로 식별하고 삭제한 후, 다양한 영상[271]을 실험하는 체계적인 과정을 만들었다. 광고들은 실제로 틱톡이 무엇이고 왜 사용하고 싶어 하는지 그 이유에 대해 전혀 언급하지 않았다; 그들은 단지 사람들의 관심을 끌기만 하면 되었다. 그리고 목표는 단순했다. 그저 많은 사람들이 파란색의 "설치" 버튼을 클릭하도록 만드는 것이었다.

경험이 풍부한 바이트댄스 본사 전략팀이 해당 광고를 결정하고 진행했다. 하지만 단 한 가지 문제가 있었는데, 전략팀은 자극적인 변화에만 초점을 맞추었을 뿐 실제 영상 콘텐츠에 대한 이해는 거의 없었다는 점이다. 실제 영상이 보여 주는 내용과 관계없이 그저 비포 앤 애프터가 가장 확실한 것이 더 많이 사용됐기 때문이다. 이러한 광고를 통해 엉뚱하고 이상한 영상들이 파란색의 큰 "설치" 버튼을 클릭하게 유도하는 데 효과적이라는 것이 밝혀졌다.

이 괴이하고 이상한 광고들은 사회 부적응자들을 끌어들였고 그들이 틱톡을 사용하기 시작했을 때, 그들은 더 많은 사회적 부적응자들을 끌어들이는 이상한 영상을 만들었다. 지금까지도 말이다.

틱톡의 영상 분류 시스템은 매우 정교했으며 모든 종류의 하위문화 콘텐츠를 자동으로 식별하고 분류할 수 있었다. 또한 이 시스템은 사용자 행동을 기반으로 영상을 보다 효과적으로 태그하고 뮤지컬리에서는 할 수 없었던 방식으로 콘텐츠와 사용자를 정확하게 일치시켰다.

"재밌는 캐릭터 팬덤(Funny Furries)" 커뮤니티를 예로 들 수 있는데, 그들은 모피탈을 쓰고 동물 캐릭터로 분장하는 데서 즐거움을 얻는 사람들로 대중들에게 오명을 쓰고 오해를 받은 커뮤니티였다.[272] "캐릭터 팬덤"은 미국 틱톡의 얼리 어답터였다.[273] 이들의 다채로운 캐릭터 동물 의상들은 틱톡의 10대 사용자 층에 매력적으로 다가갔고 하위문화라는 새로운 트렌드를 관중들에게 알려 주는 중요한 역할을 했다.

다른 주목할 만한 초기 틱톡 얼리 어답터 커뮤니티에는 코스프레와 게임스트리머도 포함되어 있다. 이 그룹들 사이의 적대감은 "캐릭터 팬

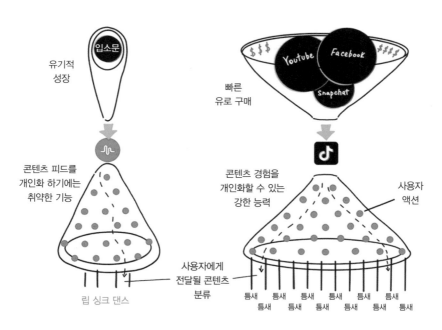

[틱톡은 뮤지컬리보다 훨씬 빠른 속도로 새 사용자들을 끌어들였다. 그 후, 뮤지컬리에서 하지 못했던 방법으로 사용자의 개인 선호도에 따라 콘텐츠를 정확하고 효율적으로 매칭하였다.]

덤 vs. 게이머 간의 전쟁"²⁷⁴이라는 밈으로 이어졌다. 밈은 주로 게이머들이 캐릭터 팬덤의 모략에 의해 납치된 것처럼 가장하고, 스파이가 되어 캐릭터 팬덤의 행렬에 잠입하는 등 가벼운 상황극으로 이루어졌다.

틱톡에는 화면을 분할해 두 개의 영상을 나란히 표시하는 "듀엣" 기능이 있다. 이전 뮤지컬리에서 이 기능은 제한적이었으나, 이제는 사용자가 자신의 어떤 영상에도 응용할 수 있게 되었다. 플랫폼의 캐릭터 팬덤과 같은 기이한 틈새시장인 하위문화가 인기를 끌면서, "듀엣"은 순식간에 왕따와 괴롭힘의 도구로 변모했다. 이후, 이에 대한 대책으로 사용자가 듀엣을 사용하지 않도록 하는 설정이 추가되었다.

2018년 8월 틱톡과 뮤지컬리를 합병한 이후 플랫폼은 예상치 못한 방향으로 가고 있었다. 모든 사람이 행복하지 않았다. 익명을 요구한 한 초기 틱톡 직원은 "미국에서 틱톡의 초기(의도하지 않은) 상태는 한마디로 '움찔'했다."고 설명했다. 앱은 심각한 브랜드 이미지 문제를 마주

[틱톡 팬덤 계정 예시, 대형 동물탈을 쓰고 캐릭터로 분장한 성인들의 모습]

했다. 사회 부적응자들과 립싱크 영상을 만드는 아이들만 쓰는 앱으로 널리 인식되고 있었기 때문이다.

인스타그램 인플루언서, 잭(Jack Wagner)은 틱톡을 최초로 보도한 미국 언론 기사의 인터뷰에서 "저는 이 앱의 콘텐츠 중에서 성인들이 만든 평범하고 좋은 내용을 한 번도 본 적이 없어요. 성인이 귀여운 척을 하며 노래하는 영상을 만들고 이러한 영상을 바이럴 마케팅에 사용하려는 것은 매우 이상한 행동입니다."라고 잔인하게 평가했다.[275]

광고에 막대한 비용을 들이는 것은 다운로드수를 늘리는 데 효과적이었지만, 그들은 동시에 플랫폼의 명성을 망치고 있었다. 결국 당시 미국 소규모의 틱톡팀은 중국 본사에 우려를 표명했다. 중국에서 더우인은 이런 문제를 겪어 본 적이 없었다. 초창기의 크리에이터 그룹은 신중하게 선정되었고, 앱은 세심하게 제작된 현란한 영화 광고, 바이럴 마케팅 캠페인, 인기 있는 오디션의 후원 등으로 뛰어난 브랜드 이미지를 구축했기 때문이다.

"역사를 돌아보면 많은 발명품들은 처음에는 관련성이 없는 것처럼 보이는 장난감에서 시작했지만 후에 더 위대한 무언가로 성장합니다."[276]라고 뮤지컬리의 공동 창업자 알렉스는 인터뷰에서 업계 실무자들의 경험을 인용하여 말했다.[277] 틱톡은 초기 이상하고도 민망한 영상들 때문에 진지하게 받아들이기 어려웠다. 이런 상황은 대학생들이 오로지 "섹스팅"만을 하기 위해 사용했던 초기 스냅챗의 특징과 똑같았다. 틱톡은 많은 비판을 받았고, 미국 내 유지율이 10%보다[278] 낮다는 소문이 돌면서 그야말로 그 누구에게도 위협적이지 않은 존재가 되어버렸다.

[2018년 말부터 2019년 초까지의 안티–틱톡 온라인 밈[279]]

그러나 플랫폼을 폐기하는 사람들은 틱톡이 얼마나 빠르게 변화할지 상상하지 못했을 것이다. 플랫폼의 알고리즘을 사용한 콘텐츠 선정 특성은 특정 콘텐츠 유형에 유리한 "기울어진 식탁"과도 같았고 바이트댄스는 10대들이 립싱크하고 춤추는 단조로운 영상에 노출되는 것을 줄이는 대신 마술, 길거리 코미디, 스포츠, 예술과 공예와 같은 새로운 콘텐츠를 강조할 수 있었다.

거액의 광고 비용으로 인해 사용자가 대거 유입되면서 크리에이터들은 좋은 콘텐츠 공급과 수요가 팬층을 빠르게 성장시키기 쉽다는 사실을 알게 됐다. 때마침 인스타그램, 유튜브 등은 관심을 끌기 위해 경쟁하는 사람들로 포화 상태였고 틱톡은 활짝 열려 있어 콘텐츠 제작자와 온라인 마케터들을 끌어들이기 시작했다. 결국, 온라인에서 관심을 얻으려는 사람들은 무리를 따라다닐 수밖에 없다. 이렇게 다이내믹한 상황은 "새로운 국가로의 이민을 장려하기 위해서는 일부 사람들은 먼저 부자가 되어야 합니다."라고 알렉스가 수년 전 뮤지컬리에 대해 비유했던 것과 비슷했다.

유명인들이 언급하기 시작하다

"제가 최근에 틱톡이라는 정말 멋진 앱을 알게 되었는데 여러분은 혹시 이 앱을 알고 계시나요?"[280]

NBC 미국 심야 토크쇼, 투나잇 쇼(The Tonight Show Starring Jimmy Fallon)의 진행자인 지미 팰런(Jimmy Fallon)이 물었다. 스튜디오 관객은 조용했다. 분명한 건, 그가 무슨 말을 하는지 아는 사람은 없었을 것이라는 점이다. "없으면 다운로드하세요."라며 그는 자신의 아이폰을 꺼내 설명을 더 이어 갔다.

팰런은 틱톡을 지지한 최초의 미국 유명 연예인이었다.[281] 투나잇 쇼의 해당 영상은 수백만 명의 시청자들에게 전달되었는데, 그의 밝고 긍정적인 반응에 많은 사람들은 대가를 지불받고 홍보했을 것이라고 추측했으나 나중에 아니었음이 밝혀졌다.[282] 또 다른 인기 있는 TV 프로그램인 엘렌쇼(The Ellen DeGeneres Show)에서도 진행자 엘렌은 틱톡에 긍정적인 반응을 보이며 "만약 틱톡이 나를 후원하기 위해 돈을 보내고 싶다면 다시 할게요."[283]라고 농담했다.

광고의 대가인 바이트댄스가 유명 스타들에게 거액을 지불하는 것을 절대 두려워하지 않았으나, 틱톡은 실제로 후원할 필요가 없었다. 앱 자체가 홍보 역할을 해 주고 있었기 때문이다. 그들은 일본에서 그랬듯, TV 쇼와 미디어가 자연스럽게 틱톡의 바보 같은 영상들을 포착하는 것을 알고 있었다. 틱톡 영상의 하이라이트 장면들은 매우 흥미로웠고 항상 시청자들의 반응을 끌어냈다. 그리고 앱은 지속적으로 무료 노출이라는 보상을 누릴 수 있었다.

올드 타운 로드(Old Town Road)

텅 빈 은행 계좌를 가진 무직의 19세 몬테로 힐(Montero Hill)은 친누나의 집에 얹혀살고 있었다. 그는 유명 랩퍼가 되기 위해 대학교를 중퇴하고 할머니 집의 벽장에서 트랙을 녹음하며 "릴 나스 엑스(Lil Nas X)"라는 이름으로 음악 배포 플랫폼인 사운드클라우드에서 음악을 공개했었다. 아틀란타 출신의 몬테로는 소위 말하는 '흙수저'이다. 그의 부모님은 그가 6살 때 이혼했고 어머니와 할머니와 함께 황폐한 공동 주택 단지에서 자랐다.

이러한 몬테로에게는 한 가지 장점이 있었는데, 바로 그는 능숙하고도 끈질기게 온라인 마케팅을 사용할 수 있었다는 것이다. 그는 빠르게 트위터 게시물을 제작하는 기술을 터득했고[284] 매일 몇 시간 동안 온라인상에서 자신과 자신의 노래를 홍보하는 데 힘썼다. 하지만 이러한 노력에도 불구하고, 그의 명성과 성공에 대한 꿈은 실현되지 못했다. 물질적으로 성공하지 못한 그는 끊임없이 지속되는 불만, 일상적인 두통, 그리고 불면증에까지 시달리게 되었다.[285]

2018년 말 어느 날, 유튜브를 검색하던 몬테로는 그와 마찬가지로 자기 침실을 작업실로 사용하던 네덜란드의 젊은 프로듀서의 중독성 있는 밴조 연주곡 샘플 영상[286]을 발견했다. 그는 곧바로 그 트랙이 특별하다는 것을 감지했고, 샘플에 대한 저작권을 30달러에 구입했다. 몬테로는 컨트리 음악에서 영감을 받은 가사와 독특한 반주를 조합해 색

다른 음악 스타일로 새롭게 탄생시켰다. 무거운 베이스 소리를 바탕으로 밴조 악기 소리와 "구찌에서 산 카우보이모자, 랭글러에서 산 청바지"라는 몬테로의 익살스러운 가사를 삽입했다. 그는 이 곡의 이름을 "올드 타운 로드"라 지었고 이 곡의 장르를 "컨트리 트랩"이라 했다. 지역 녹음 스튜디오의 특별 할인을 이용해 20달러를 주고 그는 한 시간도 안 되어 녹음을 마쳤다.

몬테로는 새 트랙을 온라인으로 비장하게 홍보하기 시작했다. 그는 지난해 가장 인기 있었던 게임, "레드 데드 리뎀션 2(Red Dead Redemption 2)"가 카우보이 문화에 대한 부활을 알렸던 것을 인용해 카우보이 테마의 트위터 밈을 만들었다. 눈에 띄게 매력적인 이 곡은 적당한 성공을 거두었지만, 두 달 동안의 끈질긴 노력 끝에도 곡에 관한 관심은 점점 줄어들기 시작했다.

그러던 2월 16일, 그리 유명하지 않은 틱톡 인플루언서, 미카엘(Michael Pelchat)이 트랙을 발견해 이 노래에 맞춰 카우보이 복장을 하고 춤을 추는 영상을 공개하면서 모든 것이 바뀌었다.[287] 트랙의 하이라이트가 시작되는 정확한 박자에 맞추어 사람들이 춤추는 카우보이로 변신하는 밈이 빠르게 인기를 끌게 된 것이다.[288] 이러한 관심은 수백만 명의 사람들이 해당 노래를 사용하여 숏폼비디오를 만들면서 폭발했다. "미쳤어요!"라고 외치며 "모든 사람이 약 3주 동안 카우보이처럼 옷을 입고 있었습니다."[289]라고 미카엘은 말했다.

틱톡의 밈이 급속하게 유포되면서 이 노래의 인기도 압도적으로 높아졌다. 미국 전역의 관심은 눈덩이처럼 불어났고 라디오 방송국들은 유튜브에서 복사한 MP3 오디오 파일을 이용해 방송에서 곡을 틀기 시작했다.[290] 틱톡은 몬테로가 음반사와 계약조차 하지 않은 시점에서 올드 타운 로드를 하나의 트렌드, 즉 미국에서 가장 인기 있는 노래로 만들어 주었다.

"올드 타운 로드(Old Town Road)"는 음악상을 받으며 역사상 가장 성공적인 노래 중 하나로 막을 내렸다. 이 트랙은 빌보드의 61년 역사상 최장 기간 핫 100 싱글 1위의 영광을 누렸으며, 무려 19주 동안 정상에 올라 있었다. 몬테로는 컬럼비아 레코드와 계약을 맺고 후에는 컨트리 음악의 전설 빌리 레이 사이러스와 함께 리믹스 버전도 녹음했다. 몬테로는 그의 동화 같은 성공담을 되새기며 "틱톡이 내 삶을 변화시키는 데 도움을 주었다는 것에 대해 일말의 의심도 하지 않았다."[291]라고 밝혔다.

이러한 동화 같은 이야기는 콘텐츠 유통의 중요성을 말해 준다. 심지어 몬테로처럼 요령 있는 마케터조차도 트위터, 인스타그램, 페이스북과 같은 포화 상태의 소셜 미디어 플랫폼에서의 콘텐츠 유통은 힘든 일이라는 것을 알려 주었다. 고품질의 트랙을 만드는 데 있어 예전보다 장벽이 낮아진 음악 시장에서 몬테로는 단돈 50달러만을 썼다. 이는 더이상 뛰어난 품질의 노래를 만드는 것만으로는 성공을 보장할 수 없다는 것을 증명했다. 결국은 "소음을 뚫는 것"이 관건이란 얘기다. 얼마나 많은 "올드 타운 로드"가 우리를 기다리고 있는지 궁금해진다.

밈의 힘

올드 타운 로드는 음악이 위주인 사용자 자체 제작 밈의 탁월한 힘을 보여 주는 최고의 사례이다. 밈들은 콘텐츠 창작에 대한 창의와 동기

부분의 장벽을 대폭 낮춰 누구나 참여할 수 있는 일률적인 구조를 제공했다. 이러한 밈은 일반적으로 "챌린지"라고 불렸는데, 이는 명시적으로 참여적 성격의 용어이다.

밈은 분명히 틱톡의 성공에 결정적인 원인으로 작용했다. 그 영상들은 전형적으로 소소한 재미로 받아들여졌고 논리적인 분석 또한 필요하지 않았다. 하지만, 해당 영상들의 많은 노출로 드디어 공식이 생기기 시작했다.[292] 모든 영상은 몇 개의 형식으로 나뉘며 밈도 고정된 장르로 분류되기 시작했다.

공개 밈은 짧은 전개를 시작으로 극적인 설정이 이어진다. 노래 구조에 따라 변화 혹은 새로운 모습을 공개하는 것이 주요 내용이다. 도입 과정에서 주로 설정이 이루어지며, 곡의 주요 리프(음악의 반복 구간) 또는 훅이 정확히 시작되는 순간에 변화 및 공개가 시작되어 더욱더 극적인 효과를 준다. 즉 15초로 압축된 미니 시퀀스와도 같다고 생각하면 된다.

역대 가장 인기 있는 영상 중에는 공개 밈도 포함되어 있다. "날 멋대로 판단하지 마(Don't Judge Me Challenge)" 같은 경우 뮤지컬리를 2015년 미국 앱 다운로드 차트에서 1위를 차지하게 했다. 또 다른 예로는 "음… 카르마는 나쁜*이야(Karma's a Bitch)"(더우인, 2017년) 그리고 "할렘 쉐이크(The Harlem Shake)"(유튜브, 2013년)가 있다.

댄스 밈은 노래의 가사, 박자에 수반되는 율동, 손동작, 그리고 새로운 춤을 따라 하는 것을 포함한다. 세로 형식의 영상 비율은 개인이 춤을 추는 영상을 찍기에 최적화되어 있다. 이 카테고리는 장벽이 매우 낮아 10대들이 침실에서 단순히 몸을 사용하거나 간단히 립싱크를 하

공개	댄스	챌린지	필터	컨셉
날 멋대로 판단 하지 마 첼린지	키키, 나를 사랑해? 챌린지	병뚜껑 챌린지	반사 거울 첼린지	곰 젤리 챌린지

[다양한 밈 영상의 형식]

며 밈에 참여해 널리 인기를 끌고 있다. 뮤지컬리의 10대 인플루언서 중에는 노래 가사에 맞는 손동작을 만드는 베이비 아리엘을 포함한 많은 사람이 해당 밈을 사용하고 있다.

챌린지 밈은 어렵고, 힘들거나, 때로는 기술적인 부분을 포함한다. 이 포맷의 초기 예는 "아이스 버킷 챌린지(Ice bucket challenge)"(2014년)로, 연예인들이 얼음물을 머리 위로 쏟아붓는 모습을 녹화한 것이다. "보틀캡 챌린지(Bottlecap challenge)"(2019년)도 유명한데, 병의 마개를 발로 따는 것으로 한때 인기를 끌었다. 또한, 중국에서 유행한 "A4 챌린지(A4 Waist Challeng)"(2016년)는 여성이 자신의 허리를 A4 용지 한 장만으로 가림으로써 가는 허리를 입증하는 식의 챌린지였다.

특수효과 밈은 특수 효과를 사용해 영상을 찍는 것이다. 바이트댄스는 사용자들이 밈을 만들기 위해 현실적이고 재미있는 증강현실 영상 필터를 만들어야 한다는 것을 빠르게 깨달았다. 새로 출시된 필터는 창의적으로 다른 사람들이 재미있게 볼 수 있는 영상을 만드는 데 도움을 주었다. 틱톡에서 필터는 콘텐츠 검색의 하나의 해시태그로 분류되며, 이는 인기 필터를 일찍 채택한 사람들이 높은 노출을 얻을 기회를 주었고 그들은 많은 새 팔로워를 얻을 수 있게 되었다.

한가지 유익한 예는 "거울 반사 챌린지(Mirror reflection challenge)"[293] (2020년)로 이 필터는 단순히 화면 왼쪽 절반을 화면 오른쪽에 반사하여 비추었고 사용자들은 빠르게 필터를 실험하여 자신의 얼굴을 찍어 올렸다. 이러한 필터 효과를 통해 사용자들은 다양하고 흥미로운 영상을 만드는 방법을 배웠다.

콘셉트 밈은 말 그대로 콘셉트다. 참신하지만 충분히 따라 할 수 있는 것으로, 사용자는 순서대로 연결되는 화면을 추가할 수 있다. 영상이 아닌 예로는 "프랭킹(Planking)"[294](2011년)이라고 불리는 공공장소에서 얼굴을 숙이는 밈도 초기에 유행했으며, "마네킹 챌린지(Mannequin challenge)"[295](2016)도 주목할 만하다. 가게에 놓인 마네킹처럼, 사람들은 얼어붙은 채로 움직이지 않고 카메라는 그들 주위를 촬영해 마치 시간이 갑자기 멈춘 것 같은 효과를 주었다.

또 하나의 주목할 만한 콘셉트의 밈으로 "구미베어 챌린지(Gummy Bear Challenge)"[296](2019년)가 있다. 체코 틱톡 사용자 데이비드(David Kasprak)가 처음 시작한 해당 밈은 가수 아델의 유명 후렴구 "Somebody like you"가 배경음악으로 나오고 카메라는 슬로우 촬영기법을 사용하여 수백 개의 작은 젤리 곰들이 노래를 부르는 듯한 인상을 준다. "Never mind, I'll find… someone like youuuuu"라고 일제히 울부짖으며 노래하는 슬픈 젤리 곰 무리가 매우 인상적이다. 또한 이 15초짜리 예술작품에는 인간이 주인공으로 나오지 않았다는 점에서 더욱 눈에 띄었다.

인기 있는 영상 밈은 난이도라는 경계선을 넘나들었다. 사람들이 따라 하기 너무 쉬우면 사람들은 빠르게 지루해하였고, 반대로 사람들이 따라 하기 너무 어려우면 밈은 퍼지지 않았다. 밈의 노출도는 새로운 정보를 통합하는 친숙한 구조를 제공했고, 새로운 변형은 정식적 처리가 가능했다. 음악은 이러한 정신적 연결을 만드는 가장 강력한 계기가 되었다.

인간의 뇌는 자연스럽게 패턴을 감지하는 데 적응한다. 제2의 올드 타운 로드가 새로운 틱톡 영상으로 나오자, 시청자들은 자신이 경험한 다른 올드 타운 로드 영상과 연결 지어 새로운 영상을 시청하였다. 이는 새로운 영상에 대한 친숙함을 확립하고 또 어떤 일이 벌어질지 기대치를 높여 주었다.

올드 타운 로드는 그야말로 접근이 쉬운 댄스 밈과 노래의 하이라이트가 시작되는 순간 카우보이옷으로 갈아입는 사람들의 "공개" 밈의 강력한 조합이었다.

1980년대에 텔레비전 채널 MTV의 등장과 함께 전문 뮤직비디오라는 개념이 생겨났다. 그리고 스마트폰 밈은 "사용자 자체 제작 뮤직비디오"의 새로운 범주를 형성하는 데 일조했다. 일부 아티스트들은 숏폼비디오 형식의 뮤직 비디오를 염두에 두고 그에 맞는 친화적인 손동작이나 가사를 사용해 홍보에 쓰기도 했다.

고군분투하는 경쟁자

2019년 여름, 마크 저커버그가 멘로파크에 있는 페이스북 본사의 강당에서 회사 직원들을 마주 보고 개방형 질의응답을 진행하고 있었다.

대표와 회사 일선 직원들은 직통 회선을 이용해 직접적인 소통을 하는 시간으로, 회사 전통의 일환이었다. 그때 청중 속 한 기술자가 손을 들었다.

"틱톡이 최근 10대와 Z세대에 미치는 문화적 영향력이 커지고 있는데 그것에 대비한 우리의 공격 계획은 무엇인가요?"[297]

저커버그는 인도와 젊은 미국인들은 틱톡의 강한 사용자 그룹이 되었다며 "틱톡은 매우 잘하고 있다"고 대답했다. 그리고 그는 틱톡과의 경쟁 계획을 설명했다. 페이스북은 틱톡의 복제품, 라소(Lasso)를 이용해 멕시코 같은 틱톡이 아직 공략하지 않아 입지를 갖추고 있지 않은 시장을 위주로 겨냥하는 계획을 밝혔다.

시간을 4개월 앞당긴 11월, 라소는 의미 있는 영향을 미치는 데 실패했다. 앱의 다운로드 수는 50만 건에도 못 미쳤으며, 주로 멕시코에서 다운로드가 이루어졌다. 틱톡의 많은 영상에는 수십만 개의 좋아요가 기본이었지만 "라소에서 동일한 피드는 일반적으로 수십 개의 좋아요가 있었을 뿐입니다."[298]라고 뉴욕타임스의 평론 기사는 비판했다. 추가 실험 끝, 이번에는 인스타그램에서 틱톡의 복제품 "릴스(Reels)"를 출시하여 2019년 말 브라질 시장에서 테스트되고 있었다.

2020년 초에 페이스북의 COO 셰릴 샌드버그(Sheryl Sandberg)는 틱톡의 성장 대해 걱정하고 있음을 공개적으로 인정했다. "우리는 물론 틱톡을 걱정합니다."[299]라며 그녀의 아이들이 틱톡을 좋아한다는 것을 언급하면서, "그들은 우리보다 더 빠르게 큰 숫자에 도달했습니다."라고 덧붙였다.

중국에서 시작된 패턴이 이제는 서양에서 반복되고 있었다. 바이트댄스가 서양에 혁신적인 제품을 내놓았을 때 최고의 인터넷 기업들은 그 위협을 일찍 눈치채지 못했고, 그것과 경쟁하기 위한 전략을 내놓지 못하였다.

2012년 이밍은 모바일 뉴스 피드를 통해 콘텐츠를 통합할 수 있는 기회를 얻었고 개인 맞춤 설정 기능을 사용했다. 바이트댄스는 한 아파트에서 단 30명의 직원으로 시작한 회사였다. 당시 중국에서 두 번째로 가치 있던 인터넷 회사, 거대 검색업체인 바이두가 바이트댄스의 꿈을 이루기에 훨씬 적합했고 그들은 높은 기술 요건을 갖춘 서비스를 제공했지만 바이두의 리더십은 기회의 중요성을 인식하지 못했다.

마찬가지로 2017년에 텐센트는 바이트댄스와 숏폼비디오로 직접 경쟁하는 것을 포기했다. 그들은텐센트의 자체 숏폼비디오 서비스 웨이시를 종료하고 당시 시장 선두였던 콰이쇼우의 소수 지분을 인수하는 것을 선택했다. 더우인의 사용이 폭발적으로 증가하자 텐센트는 경쟁 분야에 재진입하기 위해 허둥댔지만, 결국 더우인을 따라잡기엔 너무 늦었음을 깨달았다.

페이스북은 이 패턴을 그대로 따라가고 있었다. 그들의 실수는 텐센트가 거쳤던 것과 일치했다. 페이스북은 일찍이 뮤지컬리의 가능성을 확인하였고 어느 시점에서는 앱의 인수를 진지하게 고려했었다. 하지만 아이러니하기도 틱톡을 심각하게 과소평가했다.

순식간에 중국 산업 전체를 깜짝 놀라게 한 더우인의 부상에 텐센트는 용서받을 수 있었지만, 페이스북에게는 그런 변명이 통하지 않았다. 페이스북은 이미 중국에서 무슨 일이 일어났는지 정확히 알고 있었기 때문이다. 바이트댄스는 비정상적으로 큰 비용을 페이스북 광고에 지출함으로써 국제 버전의 사용자를 확보하고, 서양 시장에서의 뮤지컬리의 성공을 훨씬 능가할 수 있었다. 페이스북의 자만심이든 '캠브릿지 애널리티카(Cambridge Analytica, 페이스북의 개인 데이터 수백만 건을 유출한 영국 정치 컨설팅 회사: 역주)'의 스캔들 여파든, 그들은 바이트댄스의 움직임에 반응할 기회가 있었지만 여전히 그 기회를 놓치고 있었다.

페이스북의 틱톡 복제 시도는 텐센트가 중국에서 더우인을 모방하려는 노력에 비해 소심했다. 텐센트는 재빨리 수억 달러 규모의 보조금을 수백 명의 영상 크리에이터들에게 지원하며 팀을 동원했고, 기존 가족 제품군 전체에 걸쳐 대규모 프로모션을 진행했다. 그에 비해 페이스북은 보수적으로 몇몇 선택된 개발도상국들만을 상대로 테스트했고 크게 움직이는 것을 자제했다.

중국에서 텐센트는 더우인이 그들의 몇몇 핵심 사업 라인에 끼치는 심각한 위협을 깨닫고 즉각 텐센트 서비스에서의 모든 바이트댄스 광고를 중단하는 조치를 취했다. 대조적으로 페이스북과 구글은 틱톡이 이제 그들의 라이벌임에도 불구하고 중국 회사가 광고하는 것을 계속 허용했다. 그것은 플랫폼 전반에 걸쳐 큰 비용을 들여 사용자를 틱톡으로 데려올 수 있는 역할을 했다.

바이트댄스의 위치는 아직 그들이 바라던 위치가 아니었다. 더 빨리 위로 올라가야 했다. 그것을 미국 시장에서 가장 효율적인 방법으로 이루기 위해서는 "미래의 경쟁자들에게 광고로 수십억 달러를 지불하고 그 과정에서 타기팅 및 설치 방법에 대한 중요한 데이터 또한 포기하는 것입니다."[300]라고 전 페이스북 직원이 말했다. 그러나 이러한 뜻하지 않은 상황들은 적어도 바이트댄스의 돈을 아예 받지 않으려 하는 중국보다 훨씬 더 유리했다.

스냅챗의 창립자인 에반 스피겔(Evan Spiegel)은 다소 다른 시각으로 틱톡을 바라봤다. 스냅챗 직원 및 애널리스트들은 두 앱의 중복되는 젊은 층의 사용자 그룹을 우려했지만 최고 경영자는 두 회사가 경쟁하지 않는다고 주장했다. 스피겔은 스냅챗의 실적 발표에서 "높은 수준으로 틱톡을 볼 때, 그들은 확실히 우리의 친구다."라고 평가했다. 아마도 더 적절한 표현은 "나의 적의 적은 나의 친구이다."가 맞을 것이다.

2020년 독일 디자인 컨퍼런스 패널 토론[301]에서 스피겔은 틱톡의 가치를 개념화하는 모델을 소개하면서 틱톡을 어떻게 보는지 더 자세히 설명했다. 그러면서 자신의 소셜 네트워크 앱, 스냅챗과 어떻게 다른지 덧붙였다.

스피겔은 의사소통 기술을 3단계 피라미드로 개념화했는데, 피라미드의 맨 아랫부분은 자기표현과 의사소통을 기반으로 하는 기술로, 누구나 편안하게 할 수 있는 보편적인 행동으로 분류했다. 그 위에는 다음 단계인 "진행 상황"이 있었다. 그는 "소셜 미디어는 본질적 구조로 봤을 때 사람들에게 '당신이 멋지고 좋아요'와 같은 댓글을 받는 것을 보여 주는 것."이라고 말했으며 "사람들이 하루하루가 아니라 일주일에 한 번 혹은 한 달에 한 번 멋진 일을 한다"는 점을 고려할 때 "진행 상황"은 더 좁고 참여 빈도가 제한적인 접근성을 가졌다고 판단했다.

마지막 피라미드는 "재능"이라고 불렸다. 재능 기반 콘텐츠는 진행 상황 기반 콘텐츠보다 더 흥미로웠다. 이 단계는 다른 사람들을 즐겁게 해 주기 위해 미디어를 만드는 사람들로 구성되었다. 이 콘텐츠를 제작하는 데는 시간과 창의력이 필요했고, 새로운 춤을 배우거나 뮤직

비디오를 끈기 있게 촬영하려는 사람들은 줄어들었다.

틱톡은 기본적으로 엔터테인먼트 플랫폼으로서 '사회적' 측면은 상대적으로 약하다. 글쓰기, 읽기, 낯선 사람의 댓글에 좋아요를 누르는 행동 등은 유튜브 사용 방식과 유사하며, 즐겁고 재미있는 콘텐츠를 가지고 있는 인플루언서 기반 콘텐츠는 사람들을 끌어낼 수 있는 잠재력을 가지고 있다는 것을 보여 주었다.

스피겔의 피라미드는 틱톡이 어떻게 위협이 되지 않는지에 대한 추론을 설명하는 데 있어 도움을 주었다. 두 플랫폼의 핵심 가치는 매우 다르다. 틱톡은 한 사람에게 또 다른 낯선 사람들로부터 의 즐거움을 제공하는 반면, 스냅챗은 친구들을 연결해 줬다.

틱톡은 텔레비전의 계보를 잇는 모바일 앱의 상징이 되었다. 간단한 스와이핑 동작으로 다음 영상을 찾는 것은 채널을 돌리기 위해 리모컨으로 채널을 획획 넘기는 것과 비슷했다. 다음에는 무슨 화면이 보일지 정확히 알지 못하는 것에서 오는 기대감은 중독성의 요소였다.

[스피겔의 피라미드]

ATTENTION FACTORY

틱톡은 계정을 등록하고, 채널을 구독하고, 친구를 추가하는 등 딱히 정신적 노력은 필요하지 않았다. 텔레비전처럼 간단히 켜기만 하면 되는 틱톡은 접근성과 직관성을 갖추어 사람들이 넋 놓고 편히 쉴 수 있는 곳이었다.

해자는 어디에?

틱톡이 낮은 장벽과 전통적인 소셜 플랫폼을 따르지 않은 탓에 많은 사람들은 틱톡의 진정한 "해자(적의 침입을 막기 위해 성 밖을 둘러 파서 만든 못: 역주)"가 무엇인지를 궁금해했다. 도대체 무엇 때문에 부유한 경쟁자들이 틱톡의 시장 점유율을 침식하는 것을 막고 있었을까?

알고 보니 틱톡과 경쟁하는 미국 기업들은 더우인과 경쟁하던 중국 기업이 부딪혔던 장벽에 똑같이 부딪히고 있었다. 기본적인 틱톡 복제품을 구축하여 시장점유율을 얻기는 쉬웠다. 하지만 더 나아가, 좋은 버전의 틱톡을 만들기란 매우 어려웠다.

가장 큰 인터넷 회사들만이 틱톡이 가지고 있는 자동 영상 분류 시스템과 콘텐츠 추천 시스템을 구현할 수 있는 자원을 가지고 있었다. 이 기술은 롱테일 개념의 콘텐츠를 사용자와 매칭하게 해 기존 콘텐츠의 장점을 더욱 증폭시켰고, 사용자들이 틱톡에서 더 많은 시간을 보낼수록 회사의 사용자 프로필 관심 그래프는 더 상세해졌다. 간단히 말해, 틱톡을 더 많이 사용할수록 더 개인화되었으며 결국 다른 경쟁자들이 따라잡을 수 없이 데이터는 풍부해져만 갔고, 경쟁자들은 뒤처졌다.

경쟁사들이 틱톡과 경쟁하기 위해서는 영상의 분류와 태깅을 자동화하기 위한 정교한 컴퓨터 비전을 사용해야 했다. 틱톡이 참신하고 창의적인 증강현실 영상 필터도 지속해서 출시하고 있었기 때문이다.

틱톡이란 브랜드는 이미 음악 위주의 숏폼비디오와 동의어가 돼 있었다. 이 브랜드의 이미지는 틱톡의 이름만큼이나 강력했다. 틱톡이란 브랜드가 일반 대중들 사이에서 중요한 지위에 도달하자, 그 이름은 공용어로 쓰이기 시작했다. "우리 틱톡 하자!"라고 말하는 데는 부연 설명이 필요 없었다.

틱톡의 사용자 수가 증가할수록 틱톡은 더 많은 화제를 불러일으켰다. 사람들은 항상 달라지려고 노력하지만, 대부분의 사람은 대중을 따르게 마련이다.

틱톡의 가장 강력한 방어 전략은 풍부한 콘텐츠 크리에이터 생태계를 갖추고 있다는 것이다. 크리에이터들은 자신의 시청자들을 위해 시간과 창의력을 투자해 고유 콘텐츠를 만들었고, 이를 위해 틱톡은 콘텐츠 크리에이터들에게 다양하고 활기 넘치는 커뮤니티를 제공했다. 그런 커뮤니티를 구축하는 데는 오랜 시간이 걸리고 쉽게 재현할 수 없는 규모였다. 틱톡의 새로운 경쟁자들은 텐센트의 웨이시와 같은 문제에 직면하게 될 위험을 무릅쓰고 대안 앱을 공개했지만, 해당 앱이 틱톡보다 하위 콘텐츠를 갖고 있음을 알게 된 사용자들은 포기하고 다시 틱톡으로 돌아가곤 했다.

크리에이터들의 건강한 생태계 육성을 위해서는 세 가지 요소가 필요하다. 첫째, 사용자를 크리에이터로 전환해야 하며, 그다음 크리에이터들은 시청자를 찾고 팔로워를 구축해야 한다. 그리고 마지막으로, 구축한 팔로워를 수익화하는 방법이 필요하다.

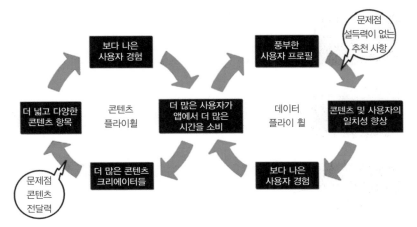

[틱톡의 이중 선순환 플라잉 휠]

틱톡은 세 가지 단계를 모두 고려했다. 사용자를 크리에이터로 변환하는 기술은 그들에게 영감을 주고 동기를 부여하는 밈을 통해 쉽게 실현될 수 있었다. 영상을 지역 간에 이동시켜 "교육 자료"로 활용하기도 했다. 이것은 사용자에게 폭넓은 제작 표본을 제공했고, 업계 최고의 영상 편집 도구와 파이프라인에서 끊임없이 공급되는 새롭고 재미있는 필터들이 이 모든 것을 뒷받침했다.

유료 광고를 통한 신규 사용자 증가로 인해 틱톡에서 팔로잉을 늘리는 일은 쉬웠다. 아주 평균적인 콘텐츠만으로도 매우 빠르게 팔로잉을 늘렸다는 경험담이 온라인 여러 군데에서 게시되었다. 이러한 상황은 특별한 일이 아니었다. 새로운 콘텐츠 플랫폼이 급부상하게 되면 일시적으로 콘텐츠의 공급과 수요가 불균형한 시기가 있는데, 그 과정에서 새로 유입되는 인플루언서들이 자연스레 탄생하게 된다. 반면, 인스타그램과 같이 이미 잘 구축된 오래된 플랫폼은 콘텐츠의 포화 상태로 인

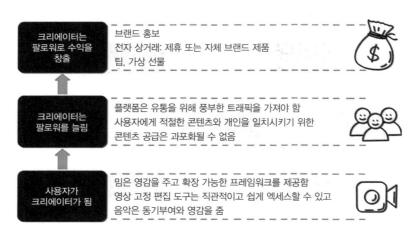

[사용자를 특별한 크리에이터로 전환하는 3단계 프로세스]

해 고품질의 콘텐츠를 생산하는 계정들만이 경쟁에 참여할 수 있다.

수익 창출은 단연 가장 어려운 단계이다. 그렇게 많은 관심을 어떻게 가치로 추출할 수 있을까? 정기적으로 고품질의 영상 콘텐츠를 만드는 대부분의 사람들에게는 이것이 본업이다. 그들이 계정으로 생계를 유지할 수 있는 지속 가능한 방법이 없다면, 크리에이터들은 좌절하고 그들의 팔로잉을 다른 플랫폼으로 옮기거나, 아니면 단순히 제작을 중단하게 될 것이었다.

많은 인플루언서는 브랜드와 광고 및 유료 광고 프로모션을 체결하는 간접적인 방법을 찾았다. 나아가, 일을 더 수월하게 하기 위해 틱톡은 브랜드와 크리에이터들[302]의 관계를 맺어 주는 마켓플레이스를 세우고 영상에 구매 링크까지 포함해 사람들이 보고 살 수 있게 하는 효과가 이미 입증된 수익화 기능을 시도했다.

또한, 틱톡은 검증된 중국 전략인 크리에이터 지원금 시스템을 도입

해 기준에 구체적인 사항을 충족하는 인플루언서에게 지원했다. 2020
년에 그들은 약 2억 달러에 해당하는 지원금이 앞으로 3년 동안 10억
달러로 증가할 것이라고 발표했다.[303]

지원금 처리 및 또 다른 계획들을 실현하기 위해 틱톡은 미국팀을 확
장할 이유가 생겼다. 그리고 최대한 많은 직원을 고용하여 빨리 교육
하는 것이 그들에게 가장 큰 과제였다.

틱톡 아메리카 건설

이밍은 이제 중국 사업을 그의 신뢰할 수 있는 총괄 켈리와 이동에게
맡기고 대부분의 시간을 중국 밖에서 보내며 글로벌 확장을 위한 비즈
니스 리더십팀을 만들었다.

이밍은 회사 창립 8주년을 기념해 직원들에게 보낸 메일[304]에서 회사
가 2020년 목표로 10만 명의 직원을 확보하겠다고 공개적으로 밝혔다.

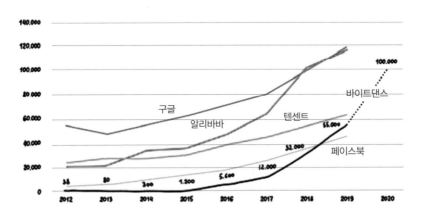

[창립 당시부터 2020년까지의 바이트댄스 직원 수와 다른 유명 인터넷 서비스 회사의 비교[305]]

중국 외부의 신입 사원 비율이 늘면서 회사는 페이스북이나 텐센트보다 회사 직원 수가 앞서리라 전망했다.

이밍은 중요한 직책에 누군가를 채용할 때 하나의 전략을 사용했는데, 그것은 바로 우수한 인재를 적극적으로 발굴하고 그들에게 후한 보상을 제공하는 것이었다. 그가 채용한 최초의 고위급 미국인은 2019년 2월 고용한 바네사 파파스였는데[306] 바네사는 유튜브에서 7년을 보냈고, 창의적이고 통찰력 있는 글로벌 책임자가 되기 위해 노력했다. 또한, 그녀는 인플루언서와 유명 인사들을 위한 성장 전략을 전문적으로 다루었다. 그녀는 미국 틱톡의 총책임자가 되었다.

4개월 후, 12년 동안 페이스북 부사장으로 지낸 블레이크 챈들리 또한 틱톡으로 왔다. 왜 이직했느냐는 질문에 챈들리는 "틱톡의 지표는 놀라웠다."[307]고 답했다. 25년 동안 마이크로소프트의 전무였던 에릭 앤더슨도 "글로벌 법무 자문"으로 합류했고 전 미 공군 전투 보안 전문가 롤랜드 클라우티어는 "최고안전책임자"가 됐다.

2019년 말에 바이트댄스는 페이스북 앞에 가게를 차리기 시작했다. 전에는 메시지 앱 왓츠앱이 사용했던 사무실 공간으로 이사한 바이트댄스는 페이스북 직원에게 20%[308]나 더 높은 급여를 제안하는 데 시간을 낭비하지 않았다. 2020년 5월에는 틱톡이 뉴욕 타임스퀘어에 23만 2천 평방 피트의 프라임(prime) 오피스 공간을 빌렸다는 소식이 전해졌다.[309]

틱톡은 미국을 강타하고 있었다. 바이트댄스는 경쟁사인 텐센트와 알리바바의 국제적 진출을 훨씬 능가하는 중국 최초의 진정한 글로벌 히트 인터넷 제품을 만들었다. 실리콘밸리의 무시무시한 거대 기업들

(fearsome giants)은 새로운 신생 기업에 대한 대응이 느렸다는 것을 입증하며, 바이트댄스가 숏폼비디오 카테고리를 자유롭게 장악할 수 있도록 했다.

2019년 틱톡의 매출은 중국 사업보다 부진했다. 그러나 틱톡은 미래 성장동력이었고 중국을 넘어 다음 단계로 회사를 발전시킬 제품이었다.

중국과 서양을 아우르는 것은 회사를 독보적으로 강한 위치로 끌어다 났다. 더우인이 이미 개발한 광고 수익 모델을 그대로 따라가면 틱톡의 수익 잠재력은 엄청났다. 그것은 단지 캐시카우가 되는 것은 물론이었고 다른 서비스의 출입구 역할도 했다. 바이트댄스는 페이스북과 구글과 같은 온라인 광고 공룡에게 돈과 데이터를 넘겨주지 않고도, 빠르고 최소한의 비용으로 전 세계의 새로운 사용자를 정확하게 겨냥하고 타기팅하면서 광고를 할 수 있었다.

2020년 초 코로나바이러스가 전 세계로 확산되면서 사람들은 몇 주 혹은 몇 달 동안 집 안에 격리됐다. 항공사, 호텔, 및 레스토랑이 파산하는 반면 온라인 엔터테인먼트에 대한 수요가 급증하면서 틱톡 다운로드 수가 사상 최고치를 기록했다. 이 앱은 안에 갇혀 있는 스트레스와 지루함의 끔찍한 조합에서 벗어나 머리를 식히길 간절히 원하는 사람들에게 완벽한 해결책이었다. 특히 미국에서 다운로드와 사용자 참여가 급증했다. 2019년 10월까지 틱톡의 미국 내 월간 사용자는 4천만 명을 조금 밑돌았지만, 8개월 후 그 수는 9천 1백만 명 이상으로 증가했다.[310]

글로벌 다운로드(백만)

뮤지컬리와
틱톡 합병

뮤지컬리
인수

58%

315

205.7
183.8   187.3   199.4
156   175.9
110.3   155.9

46.8
22.4   26.6   33.6

2017 2017 2017 2017 2018 2018 2018 2018 2019 2019 2019 2019 2020
Q1   Q2   Q3   Q4   Q1   Q2   Q3   Q4   Q1   Q2   Q3   Q4   Q1

[틱톡 글로벌 분기별 다운로드 수[311]]

　업계 베테랑들로 구성된 강력한 팀이 이미 모였지만, 이밍은 여전히 더 높은 야망을 품고 있었다. 2020년 5월, 월트 디즈니의 최고 책임자 케빈 메이어가 틱톡에 합류했다는 소식이 전해졌다. 틱톡의 모회사 바이트댄스에 대한 인지도가 여전히 낮은 상황에서 메이어의 이직은 미국 경제계에 충격을 안겼다. 미국에서 가장 존경받는 기업 중 한 곳에 있던 최고 수준의 비즈니스 리더가 틱톡으로 옮긴 것이다. 메이어는 틱톡의 CEO와 바이트댄스의 COO도 맡았다.

　틱톡의 부상은 미국의 기술 산업계를 깜짝 놀라게 했다. 앱의 배경과 참신한 혁신을 낱낱이 뜯어보는 긴 에세이[312]와 철저한 분석 기사가 등장하기 시작했다.[313] 2020년 중반까지 틱톡은 무시할 수 없는 기업이 되었고, 이 앱은 20억 번[314] 다운로드되면서 의심할 여지없이 세계에서 가장 인기 있는 플랫폼이 되었다.

"우리는 틱톡을 주시하고 있으며 틱톡을 금지할지도 모릅니다.
아마 다른 일을 해야 할 수도 있습니다."

- 도널드 J. 트럼프[315]

1년이 얼마나 큰 차이가 있을까? 그러나 내가 이 책을 쓰기 시작한 세상과 오늘날 우리가 사는 세상은 아마 너무 다를 것이다.

COVID 19 대유행은 우리의 삶을 완전히 뒤집어 놓았다. 재택근무를 하는 것과 여행 금지, 마스크 착용은 일상생활의 일부가 되었으며, 이 와중에 인도와 중국 간의 군사 국경 충돌로 인해 인도 군인 20명이 사망하는 일도 발생했다. 틱톡의 전 세계 사용자 중 약 3분의 1을 차지하는 그야말로 최대 시장이었던 인도는 이후, 틱톡을 포함한 59개의 중국 앱을 인도 앱스토어에서 퇴출시켰다.

도널드 트럼프는 내가 2019년 여름 글을 쓰기 시작했을 때만 해도 틱톡의 '틱' 자도 들어 본 적 없는 것 같았지만, 틱톡이 세계 지정학적 경쟁과 미국 선거 운동에 얽매여 있다는 것을 알게 된 이상 미국에서 이 앱의 운명이 어떻게 더 극적으로 변할 수 있을지는 상상조차 어렵다. 2020년 9월 현재 바이트댄스는 틱톡을 해체시키기 위해 마이크로소프트와 오라클 등 입찰자들에게 자신들의 귀중한 자산을 매각하도록 강요한 대통령을 상대로 법적 조치를 포함하여 모든 대응에 힘을 쏟고 있다. 그렇다. 이제 틱톡의 미국 생존 운명은 위기에 처해 있는 것이다.

며칠 안에 사실 여부가 판명될 추측을 미리 하기보다는, 나는 이 글 아래 선을 긋고 여기서 멈추기로 했다. 그리고 이 책의 시작 부분에서 나는 틱톡, 바이트댄스, 숏폼비디오의 부상, 그리고 일반적인 중국 인터넷 기업들에 대한 폭넓은 토론과 이해를 가져다주는 것이 이 책의 목표라고 개략적으로 설명했다. 하지만, 6만 단어가 지나갔는데도 우리는 아직 그 표면만 가볍게 훑어본 것 같다는 느낌은 지울 수가 없다.

무엇을 잘라 낼지 선택하는 과정에서 몇몇 어려운 선택이 있었고, 다음 주제들에 대해 더 자세히 설명하고 탐구할 시간이 없었던 점은 매우 안타깝게 생각한다; 이밍의 "제품으로 회사를 구축"하는 것에 대한 집착, 틱톡이 금지되기 전 인도의 시골에 미친 사회적인 영향, 2014년에 토우티아오와 콘텐츠 저작권 문제로 인한 미디어 반발, 바이트댄스가 추진한 전사적 소프트웨어(Enterprise Software), 게임 및 에듀테크(Ed-Tech) 등등과 같은 더 많은 이야기를 다 담지는 못했다.

　다만 한 가지 확실한 것은, 이 책은 이 회사에 관해 쓴 마지막 책이 아닐 것이라는 점이다. 바이트댄스와 틱톡의 이야기는 계속될 것이다.

매튜 브래넌

부록

___

등장인물

이 책에서 언급된 사람들을 영어식 이름의 알파벳 순으로 나열했다. 괄호 안에 중국어의 로마자 표기가 뒤따른다.

- 알렉스 호프만 : 전 북미 뮤지컬리의 사장 미국, 바이트댄스 인수 후 떠남
- 알렉스 주 朱骏(zhūjùn) : 뮤지컬리의 공동 설립자, 후에 틱톡 CEO
- 앨런 장 张小龙(zhāngxiǎolóng) : 위챗과 폭스메일의 설립자, 텐센트의 수석 부사장
- 아리엘 레베카 마틴(베이비 아리엘) : 소셜 미디어 인플루언서, 2016-2018 가장 많이 팔로우한 뮤지컬리 계정
- 블래이크 챈들리 : 페이스북에서 글로벌 파트너십의 부사장으로 지낸 후, 2019년 6월 틱톡의 부사장으로 입사
- 카오 HUANHUAN 曹欢欢(cáohuānhuān) : 수석 알고리즘 설계자, 베이징, 바이트댄스의 전 수석 연구원
- 천화 陈华(chén huá) : 전 Kuxun의 공동 설립자이자 CEO
- 첸 린 陈林(chén lín) : 바이트댄스 임원, 전 토우티아오 CEO, 현재 혁신적인 제품과 교육을 담당, 바이트댄스의 12번째 직원
- CHEN YUQIANG 陈雨强(chényǔqiáng) : 전 바이두 엔지니어는 토우티아오의 추천 역량 알고리즘을 향상시키는 데 중요한 역할을 함
- 클레멘 라페녹스 CLEMENT RAFFENOUX : 민디의 공동 설립자이자 CPO
- 에릭 앤더슨 : 마이크로소프트 전 최고 지식재산권 컨설턴트, 2020년에 바이트댄스 글로벌 총고 문으로 합류
- 푸 성 傅盛(fù shèng) : 뮤지컬리의 초기 투자자이자 치타 모바일 CEO, 뮤지컬리 인수 거래에 대한 거부권 보유
- 가오 한 高寒(gāohán) : 바이트댄스의 22번째 직원, 수석 UI 디자이너
- 그레고리 헨기온 GREGOIRE HENRION : 프랑스의 연쇄 창업가, 민디의 공동 창립자이자 CEO, 후에 YOLO의 공동 설립자이자 CEO
- 구 웬동 GU WENDONG 谷文栋(gǔwéndòng) : 바이트댄스 재무 담당 부사장, 전 CreditEase 빅데이터 혁신 센터 부총장

- 홍 딩군 HONG DINGKUN 洪定坤(hóngdìngkūn) : 바이트댄스 기술 부사장
- 황허 黄河(huánghé) : 바이트댄스의 초기 개발자, 첫 번째 앱 구축 담당
- 화웨이 华巍(huá wēi) : 전략적 투자 및 HR에 중점을 둔 수석 바이트댄스 임원, 여러 초기 회사 투자를 주도함
- 제임스 베랄디 JAMES VERALDI : 전 뮤지컬리의 제품 전략 책임자
- 제이슨 데룰로 : 뮤직 비디오를 독점적으로 뮤지컬리 플랫폼에서 공개한 음악 아티스트
- 지미 펄론 : 틱톡을 공개적으로 지지한 최초의 미국 주류 연예인, 2015년 지미 펄론 쇼의 스핀오프 "립싱크 배틀"을 통해 뮤지컬리가 인기를 끌도록 도움을 줌
- 조앤 왕 王琼(wáng qióng) : 이밍과 바이트댄스의 가장 중요한 투자자이자 신뢰할 수 있는 친구, SIG차이나 경영 이사
- 요나서 드루펠 JONAS DRUPPEL : 더브매시의 독일 공동 설립자이자 CEO
- 켈리 장 张楠(zhāng nán) : 중국 바이트댄스의 CEO, 전 더우인 CEO, 틱톡 책임 총괄자
- 케빈 메이어 : 전 디즈니 고위 경영자, 2020년 5월 바이트댄스의 COO와 틱톡의 CEO로 합류해 같은 해 8월에 사임
- 키노시타 유키나 : 틱톡을 지지한 최초의 유명한 일본 연예인
- 량 루보 梁汝波(liángrǔbō) : 이밍의 절친한 친구이자 난카이 대학교 룸메이트, 바이트댄스의 3번째 직원, 다양한 고위 기술 역할을 맡았으며 그 후 HR책임자로 역임
- 릴 나스 엑스(몬테로 라마 힐) : 미국의 작곡가, 틱톡에서 인기를 끌고 빌보드 핫 100 역사에서 싱글 부분 최장 기간 1위를 기록 중인 "올드 타운 로드" 제작자
- 리우 준 刘峻(liú jùn) : 바이트댄스의 초기 투자자
- 리우 신화 LIU XINHUA 刘新华(liúxīnhuá) : 전 바이트댄스 인터네셔널 사장, 후에 콰이쇼우의 CGO, 현재 가오롱캐피탈의 투자 파트너
- 리우 젠 柳甄(liǔ zhēn) : 전 우버차이나 전략 본부장, 후에 바이트댄스에서 국제 전략을 담당, 레노보 설립자 류촨지의 조카딸
- 루이스 양 阳陆育(yáng lù yù) : 뮤지컬리의 공동 설립자
- 매드락 주 MADRAC ZHU 祝子楠(zhùzi nán) : 전 뮤지컬리 부사장, 현재 바이트댄스에서 수익화 전략 담당
- 매트 황 黄共宇(huánggòngyǔ) : 스타링 벤처스를 통한 바이트댄스의 엔젤 투자자, 암호화 자산 타주회사 패러다임의 공동 설립자, 전 세콰이어캐피탈의 파트너
- 닐 쉔 沈南鹏(chénnán péng) : 세콰이어차이나의 설립 및 경영 파트너, 바이트댄스 투자자

- 니킬 간디 NIKHIL GANDHI : 전 인도 월트 디즈니 부사장, 앱이 금지될 때까지 틱톡 인도의 대표
- 포니 마 马化腾(mǎhuàténg) : 텐센트의 공동 설립자이자 CEO
- 로빈 라이 李彦宏(lǐyànhóng) : 중국 검색엔진 바이두의 공동 설립자이자 CEO
- 롤랜드 클라우티어 : 전 미 공군과 국방부 소속 사이버 보안 전문가, 2020년에 바이트댄스 합류
- 쇼우 지 츄 周受资(zhōu shòu zī) : 유리 밀너의 투자회사 DST 베이징 지사의 전 파트너, 바이트댄스에 대한 유리의 시리즈 B 투자를 자문
- 사이먼 코르신 : 민디의 공동 설립자이자 CTO
- 스타니스라스 코핀 STANISLAS COPPIN : 민디의 공동 설립자이자 CGO
- 수화 宿华(sù huá) : 콰이쇼우, 중국에서 두 번째로 인기 있는 숏폼비디오의 CEO
- 팀 공 龚挺(gōng tǐng), SIG차이나의 사모 펀드 및 벤처 캐피탈 활동을 이끔
- 바네사 파파스 : 전 유투브 임원, 틱톡의 첫 미국 시장 GM으로 2019년 2월에 합류
- 와 시아우웨이 WANG XIAOWEI 王晓蔚(wángxiǎowèi) : 더우인의 첫 제품 매니저
- 왕싱 王兴(wáng xìng) : 샤오네이·판푸·메이투안의 설립자, 연쇄 인터넷 창업가, 장이밍의 친구
- 웨이 하이준 WEI HAIJUN 韦海军(wéi hǎijūn) : 전 치타모바일 인베스트먼트의 GM, 치타 모바일의 시리즈 A 투자를 뮤지컬리로 이끔
- 우 시 준 WU SHI CHUN 吴世春(wúshìchūn) : 쿠슌의 공동 설립자이자 COO
- 샹량 项亮(xiàng liàng) : 전 홀루닷컴 직원, 현재 바이트댄스 AI 연구소에서 연구원, 이밍의 저서 『Putting in Practice Recommender Systems』의 초기본을 쓰는 것을 거절한 것으로 유명함
- 시 씬 XIE XIN 谢欣(xiè xīn) : 엔터프라이즈 효율성 부사장, 쿠슌에서 이전에 이밍과 함께 일함
- 양 사우 YAN SHOU 严授(yán shòu) : 바이트댄스의 고위 임원, 전략·투자·게임에 집중
- 양 젠유안 YANG ZHENYUAN 杨震原(yángzhènyuán) : 9년 동안 바이두 근무, 바이트댄스의 주요 기술 인력, 2014년 추천 알고리즘 비즈니스에 합류
- 유리 밀너 : 러시아 투자자, 기업가, 자선가, 초기 바이트댄스 투자자
- 자크 킹 ZACH KING : 인기 많은 착시 영상 크리에이터, 현재 틱톡에서 가장 인기 있는 계정 중 하나를 운영
- ZHANG HANPING 张汉平(zhānghànpíng) : 장이밍의 아버지
- 장이동 张利东(zhānglìdōng) : 2013년에 합류, 바이트댄스 차이나의 회장, 전 언론인이자 베이징 타임스 신문의 부사장
- 장이 张祎(zhāng yī) : 더우인의 두 번째 제품 매니저
- 장이밍 张一鸣(zhāngyīmíng) : 바이트댄스의 설립자이자 CEO

- 주오 빙준 ZHOU BINGJUN 周秉俊(zhōubǐngjùn) : 뮤지컬리의 전 운영 부사장
- 주오 홍이 ZHOU HONGYI 周鸿祎(zhōuhóngyī) : 인터넷 보안 회사 Qihoo 360의 공동 설립자, 회장, CEO
- 주오 지 징 ZHOU ZIJING 周子敬(zhōuzi jìng) : 바이트댄스의 앤젤 투자자
- 주원자 朱文佳(zhūwén jiā) : 2015년 바이두에서 바이트댄스로 이직하여 더우인의 추천 시스템 구현을 담당, 이후 타오티아오의 CEO

바이트댄스의 앱

바이트댄스는 앱이 정말 많다! 아래는 가장 중요한 앱의 목록이다. 이 목록은 완전하지 않다.

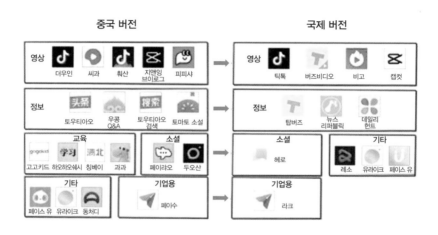

중국에서 운영 중인 앱

로고	앱 명	설명	연도	공식 웹사이트
꽃条	토우티아오 오늘의 헤드라인	뉴스 제공 서비스	2012	toutiao.com
♪	더우인	숏폼비디오	2016	douyin.com

	씨과 비디오	숏폼비디오	2017	ixigua.com
	더우인 훠산 버전	숏폼비디오(중국)	2016	huoshanzhibo.com
	캡컷	영상 편집	2019	lv.ulikecam.com
	두오산	메시지	2019	duoshanapp.com
	피피샤	밈 & 유머 영상	2018	H5.pipix.com
	페이수	기업 생산용	2019	feishu.cn
	고고 키드	K-12교육	2018	gogokid.com.cn
	동처디	숏폼비디오	2017	dcdapp.com
	우콩 Q&A	질의응답 플랫폼	2017	wukong.com
	페이스 유	뷰티 셀카 앱	2018	faceu.com
	페이랴오	소셜 미디어	2019	feiliao.com

搜索	토우티아오 검색	검색 엔진	2019	toutiao.com/search
清北	칭베이 인터넷 스쿨	K-12교육	2019	qingbei.com
	유 라이크	뷰티 셀카 앱	2018	m.ulikecam.com
	토마토 노벨	독서	2019	해당 없음
	과과 잉글리쉬	K-12 언어 교육	2019	ggl.cn
学习	하오하오 쉐시	교육	2018	해당 없음

글로벌 시장에서 운영 중인 앱

로고	앱 명	설명	연도	참고
	틱톡	숏폼 비디오	2017	tiltok.com
	캡컷	영상 편집	2020	fceueditor.com
	라크	기업 생산용	2019	larksuite.com
	데일리 헌트	인도 뉴스 제공 서비스	2016	dailyhunt.in
	페이스 유	뷰티 셀카 카메라	2018	faceu.com
	레소	인도 음악 스트리밍 앱	2020	resso.com
	유라이크	뷰티 셀카 카메라	2019	해당 없음
	베베	현지 뉴스 제공 서비스	2016	babe.co.id

단종된 제품

로고	앱 명	설명	연도	참고
	네이한 돤즈	밈 제공 서비스	2012–2018	정부 비판으로 서비스 종료
	뮤지컬리	숏폼 비디오	2014–2018	틱톡으로 합병
	플립파그램	숏폼 비디오	2017–2020	벌고 비디오로 합병
	뉴스 리퍼블릭	뉴스 제공 서비스	2017–2020	news-republic.com
	헤로	인도 시장	2018–2020	helo-app.com
	탑버즈	인도 시장	2015–2020	Topbuzz.com
	비고 비디오(힙스타)	숏폼 비디오	2017–2020	vigovideo.net

출처

프롤로그 - 게이트 키퍼 (Gate Keeper)의 게임

- 群控进化史，黑产攻击效率提升带来的防守困境 2019-06-20
  http://www.woshipm.com/it/2484849.html
- 通路云抖音群控系统 2019-09-04
  https://www.youtube.com/watch?v=2sUt-9-2Pxo&feature=youtu.be&t=26
- 抖音推荐算法总结 2019-11-23
  https://blog.csdn.net/sinat_26811377/article/details/103217551
- 抖音的算法是怎么样的？2018-05-03
  https://www.zhihu.com/question/267467032
- 抖音快手直播刷量起底：25元100人气，58元1万粉丝 2020-06-01
  https://weibo.com/ttarticle/p/show?id=2309404510937796182161
- 抖音算法滋生群控系统：百部手机人工刷 1个账号收700 2018-10-31
  http://tech.sina.com.cn/csj/2018-10-31/doc-ifxeuwws9791587.shtml?
- Why TikTok made its user so obsessive? The AI Algorithm that got you hooked. 2020-06-07
  https://towardsdatascience.com/why-tiktok-made-its-user-so-obsessive-the-ai-
  algorithm-that-gotyou-hooked-7895bb1ab423
- Live-streaming Scams & Struggles in China 2020-05-27
  https://www.parklu.com/china-live-streaming-scams/

PART 1 ————

CHAPTER 1 · 장이밍

- Time Magazine – Top 100 most influential people 2019
  https://time.com/collection/100-most-influential-people-2019/5567716/zhang-yiming/
- 六一回忆：小时候我看什么 2014-05-30
  https://kknews.cc/tech/oplx28o.html
- 普通码农干出700亿的行业新霸 他是谁？2017-08-23
  http://money.jrj.com.cn/2017/08/23072022984178.shtml

- 九九房获2011最具成长性企业称号 2011-12-13

  http://roll.sohu.com/20111213/n328842419.shtml
- 对话 头条背后的男人 2016-11-27

  https://www.youtube.com/watch?v=_PufBTmWbc8
- 抖音、今日头条首席算法架构师曹欢欢

  https://www.ixigua.com/pseries/6791712451873210894_6740486203524530695/?
- 移动互联网十年 2018-09-26

  https://www.lieyunwang.com/archives/447662
- 张一鸣的"上帝视角" 2015-06-15

  https://www.pingwest.com/a/51495
- 海纳亚洲王琼自述：为何投资今日头条？ 2016-04-05

  https://www.huxiu.com/article/144262.html
- 孔夫村官方网站

  http://cunwu.cuncun8.com/index.php?ctl=village&geoCode=76597251
- 南开校友、今日头条创始人张一鸣在2016级新生开学典礼上的讲话 2016-09-19

  http://cs.nankai.edu.cn/info/1039/2356.htm
- 张一鸣的用人观晚点 2019-05-29

  https://new.qq.com/omn/20190529/20190529A0QZQV.html
- 张一鸣南开大学北京校友会演讲 2019-10-24

  https://www.sohu.com/na/349348869_766689?
- 张一鸣对话钱颖一：要有耐心持续在一个领域深入才会取得成绩 2018-03-23

  https://www.tmtpost.com/3145145.html
- 抖音设局 2018-08-02

  https://tech.sina.com.cn/i/2018-08-02/doc-ihhehtqf3594606.shtml
- 张一鸣：每个逆袭的年轻人，都具备的底层能力 2019-12-26

  https://new.qq.com/omn/20191226/20191226A0AB5D00.html
- 从今日头条到抖音，张一鸣和字节跳动的流量帝国 2019-04-29

  http://goodyomo.com/archives/155
- 2013年中国"30位30岁以下创业者"张一鸣校友 2013-03-08

  http://www.fjydyz.net/plus/view.php?aid=5329
- How did TikTok's Zhang Yiming become one of China's richest men? 2019-08-18

https://www.scmp.com/magazines/style/news-trends/article/3023093/how-did-tiktoks-zhang-yiming-become-one-chinasrichest

- 张一鸣：在微软工作很无聊！怪不得来帮中国程序员声援996！

  https://www.ixigua.com/6805466361402229262?

  id=6805110223536128515

- Scores killed in China protests 2009-07-06

  http://news.bbc.co.uk/2/hi/asia-pacific/8135203.stm

- China's smartphones risk patent disputes 2012-04-14

  http://usa.chinadaily.com.cn/business/2012-04-14/content_15047719.htm

- 九九房 百度百科

  https://baike.baidu.com/item/%E4%B9%9D%E4%B9%9D%E6%88%BF

- TikTok's Founder Wonders What Hit Him 2020-08-29

  https://www.wsj.com/articles/entrepreneur-who-built-tiktokwonders-what-hit-him-11598540993

- How to work with people who are 10 years younger than you 2019-02-16

  https://medium.com/@ming_ma/how-to-work-with-peoplewho-are-10-years-younger-than-you-71cd378b30e

CHAPTER 2 · 바이트댄스의 초창기

- 沸腾新十年 | 少年今日头条的奇幻漂流 - 左林右狸 2019-07-17

  https://new.qq.com/omn/20190718/20190718A07TPH00.html?

- 张一鸣也无法定义SIG和王琼 2019-12-28

  https://www.cmtzz.cn/news/29846

- 中国程序员英雄传(五)：张一鸣：码农CEO和他的今日头条 2016-03-03

  https://www.21cto.com/article/11

- 张一鸣的实证理性 乱翻书 2018-12-14

  https://mp.weixin.qq.com/s?__biz=MjM5MDczODM3Mw==&mid=2653028363&idx=1&sn=0209c00b2306d451e97ef4a745419e65&scene=21

- Prismatic Gets $15M From Jim Breyer And Yuri Milner To Attack The Impossible Problem Of Bringing You Relevant News 2012-12-05

  https://techcrunch.com/2012/12/05/prismatic/

- Prismatic (app) Wikipedia page

  https://en.wikipedia.org/wiki/Prismatic_(app)

- 当两位投资大佬因为错过今日头条而惋惜时，周鸿祎：谁能有我难受 2017

  https://www.ixigua.com/i6797655980998918668/?

- 投了中国半个互联网的投资大佬沈南鹏后悔没有投今日头条第一轮！2017

  https://www.ixigua.com/i6640043697771659783/?

- 今日头条融资故事：得到的和错过的 2018-10-24

  https://www.huxiu.com/article/268415.html

- SIG Asia Official Website

  http://www.sig-china.com/

- 快公司之三：”技术控”今日头条的媒体式烦恼 2015-09-04

  https://finance.qq.com/cross/20150901/78V57DPP.html

- 对话今日头条创始人：1亿美元融资背后的故事 2014-06-05

  http://tech.sina.com.cn/i/2014-06-05/04399418360.shtml

- "酷讯系"的新产品 2013 February edition of Cyzone Magazine

  http://magazine.cyzone.cn/article/199140.html

- 【张一鸣专栏】南开时光三件事：耐心，知识，伙伴 2015-11-17

  https://www.pingwest.com/a/61954246

- 酷讯创业帮 2016-09-03

  http://www.startup-partner.com/3654.html

- Steve Jobs: Technology & Liberal Arts 2011-10-06

  https://www.youtube.com/watch?v=KlI1MR-qNt8

- 盈都大厦官方网站

  http://yingdudasha.cn/

- Zhen Fund Official Website

  http://en.zhenfund.com/About

- 90% of Y Combinator Startups Have Already Accepted The $150k Start Fund Offer 2011-01-30

  https://techcrunch.com/2011/01/29/90-of-y-combinator-startups-have-already-accepted-the-150k-start-fund-offer/

- What is it like to get funded by Y Combinator?

  https://www.quora.com/What-is-it-like-to-get-funded-by-YCombinator

- 张一鸣年会演讲显露今日头条锋芒：2016要决战"国内第一"！凭什么？ 2016-03-12

  https://m.huxiu.com/article/141687.html
- 从5亿美金到750亿，今日头条如何在BAT围剿中建成"流量帝国"？ 2019-07-20

  https://dy.163.com/article/EKI5CPM50511D84J.html;
- Tencent, Xiaomi Invested in TikTok's Parent, ByteDance 2020-08-20

  https://www.theinformation.com/articles/tencent-xiaomi-invested-in-tiktoks-parent-

  bytedance

CHAPTER 3 · 추천, 유튜브에서 틱톡까지

- 算法狂飙，张一鸣且行且珍惜 2018.07.05

  https://finance.sina.cn/2018-07-05/detail-ihexfcvi8061268.d.html?vt=4
- The Hidden Forces Behind Toutiao: China's Content King – YC Blog 2017-10-12

  https://blog.ycombinator.com/the-hidden-forces-behind-toutiao-chinas-content-king/
- 雷军：马云没我勤奋，不像马云每天云游四方 – Interview with Xiaomi CEO Lei Jun, 2013

  https://www.bilibili.com/video/av49873394/
- 张一鸣2013年在钛媒体的演讲实录：今日头条为什么火，技术真能帮媒体变现？2013-12-19

  https://www.tmtpost.com/1656158.html
- The YouTube video recommendation system 2010-09

  https://dl.acm.org/doi/10.1145/1864708.1864770
- How YouTube perfected the feed 2017-08-30

  https://www.theverge.com/2017/8/30/16222850/youtube-google-brain-algorithm-

  video-recommendation-personalized-feed
- YouTube's head engineer reveals his 'wildest dreams' for the site 2015-07-06

  https://www.businessinsider.com.au/youtube-engineer-christos-goodrow-on-

  recommendation-engine-2015-7
- YouTube's effort to get people to watch longer 2011-07-28

  https://www.sfgate.com/business/article/YouTube-s-effort-toget-people-to-watch-

  longer-2352967.php
- Inside Sibyl, Google's Massively Parallel Machine Learning Platform 2014-07-17

  https://www.datanami.com/2014/07/17/inside-sibyl-googles-massively-parallel-

  machine-learning-platform/

- YouTube uses Amazon's recommendation algorithm 2011-02-01
  https://glinden.blogspot.com/2011/02/youtube-uses-amazons-recommendation.html
- DSN 2014 Keynote: "Sibyl: A System for Large Scale Machine Learning at Google" 2014-06-27
  https://www.youtube.com/watch?v=3SaZ5UAQrQM&feature=youtu.be&t=503
- Facebook to change News Feed to a 'personalized newspaper' 2013-03-07
  https://www.washingtonpost.com/business/technology/facebook-to-change-news-feed-to-a-personalized-newspaper/2013/03/07/b294f61e-8751-11e2-98a3-b3db6b9ac586_story.html
- Why Google Reader Really Got the Axe 2013-06-06
  https://www.wired.com/2013/06/why-google-reader-got-theax/
- 为佩奇关闭Google Reader的魄力叫好！2013-03-14
  https://tech.qq.com/a/20130314/000123.htm
- The End of Google Reader Sends the Internet into an Uproar 2013-03-14
  https://bits.blogs.nytimes.com/2013/03/14/the-end-of-googlereader-sends-internet-into-an-uproar/?
- Amazon.com Recommendations Item-to-Item Collaborative Filtering 2003-02
  http://www.cs.umd.edu/~samir/498/AmazonRecommendations.pdf

CHAPTER 4 · 중국에서는 뉴스가 당신을 읽는다

- 字节跳动的二号人物 – 唐亚华 2020-03-14
  https://finance.sina.com.cn/chanjing/gsnews/2020-03-14/doc-iimxyqwa0378441.shtml
- 今日头条公布算法原理 称并非一切交给机器 2018-01-12
  https://www.leiphone.com/news/201801/cEc03ORUAeiwytnC.html
- 【PPT详解】曹欢欢：今日头条算法原理 2018-03-06
  https://cloud.tencent.com/developer/article/1052655
- 头条增长故事：如何一夜间拥有千万用户 2019-04-24
  https://mp.weixin.qq.com/s?__biz=MjM5MDczODM3Mw==&mid=2653028841&idx=1&sn=83fa66c2f9c3b4aa9130e024ec2173fa&
- 沸腾新十年 | 国民APP预装简史——头条百度们的暗战江湖 2019-08-30
  https://www.sohu.com/a/337627735_117091
- Fighting for air: frontline of war on global warming 2007-03-26

https://www.theguardian.com/environment/2007/mar/26/globalwarming.china

- 手机上的预装软件是怎么来的？

  https://product.pconline.com.cn/itbk/bkxt/1507/6670604.html

- 由U8无线路由器-预装手机app设备-8端口快速库刷工具由地推盒子多端口APP安装安卓APK刷机批量安装库刷机器 2019-04-16

  http://www.wujimy.com/09/04/16/28503.html

- 张利东：理性市场分析背后非理性消费值得注意 2008-04-19

  http://auto.sina.com.cn/news/2008-04-19/1529367261.shtml

- Why would a news app potentially be worth as much as $22B? 2017-08-18

  https://mp.weixin.qq.com/s?__biz=MzI4NzQ1NzM1Ng==&mid=2247484352&idx=1&sn=c347bae1cdb3c417028ed595bb1b48a2&

- 年会怎么开？京东上演内衣秀，今日头条小清新 2015-02-03

  https://www.leiphone.com/news/201502/rwfBdJFFBcjKWdoq.html

- 去年，他的发型还很随意，有时候可能因为睡觉姿势不好还支棱着几根 2015-10-16

  http://zqb.cyol.com/html/2015-10/16/nw.D110000zgqnb_20151016_1-08.htm

- Chamath Palihapitiya - how we put Facebook on the path to 1 billion users 2013-01-09

  https://www.youtube.com/watch?v=raIUQP71SBU&feature=youtu.be&t=1265

- 京华时报 - 维基百科

  https://zh.wikipedia.org/wiki/%E4%BA%AC%E5%8D%8E%E6%97%B6%E6%8A%A5

- 2015 WIC Overview

  http://www.wuzhenwic.org/n_6821.htm

- hihoCoder挑战赛15

  https://hihocoder.com/contest/challenge15

PART 2

CHAPTER 1 파리에서 상하이까지_ 뮤지컬리

- Mindie Music Video Maker: The Social Hour 180 2014-09-18

  https://www.youtube.com/watch?v=9CdMvYFpEaU

- Mindie Is An Immersive Music And Video Jukebox App Done Right 2013-10-18

  https://techcrunch.com/2013/10/17/mindie-is-an-immersive-music-and-video-jukebox-app-doneright/

- 小鹏汽车、Clobotics、musical.ly创始人在斯坦福讲了哪些干货？2018-01-24

  https://it.sohu.com/20180124/n529099946.shtml
- 为什么一个中国团队做的短视频 APP 登上了全美 iOS 总榜第一？【上海·Talk】2015-12-21

  https://36kr.com/p/5041108
- 音乐地：美好的时刻，值得拍段 MV 2014-10-13

  http://tech.163.com/14/1013/18/A8F4QN5U00094ODU.html
- musical.ly抢滩登陆美利坚 2017-01-04

  http://xiamag.com/41260.html
- 短视频还有哪些玩法？想做入门级"卡片机"的Musically用音乐来降低music video的创作门槛 2014-11-18

  http://tech.163.com/14/1118/19/ABBTTNOK00094ODU.html
- How a failed education startup turned into Musical.ly, the most popular app you've probably never heard of 2016-05-28

  https://www.businessinsider.com/what-is-musically-2016-5
- Can Pop Music Connect Teens In China With The World? Musical.Ly Co-Founder Louis Yang Wants To Find Out 2017-09-13

  https://supchina.com/2017/09/13/can-pop-music-connectteens-china-world-musical-ly-co-founder-louis-yang-wants-find/
- Who's Too Young for an App? Musical.ly Tests the Limits 2016-09-19

  https://cn.nytimes.com/technology/20160919/a-social-network-frequented-by-children-tests-the-limits-of-online-regulation/en-us/
- The Origin and Future Of America's Hottest New App: musical.ly 2016-06-10

  https://www.forbes.com/sites/mnewlands/2016/06/10/the-origin-and-future-of-americas-hottest-new-app-musically/#a5eaaeb5b078
- Musical.ly gets into original content with new shows from Viacom, NBCU & Hearst 2017-06-15

  https://techcrunch.com/2017/02/13/musical-ly-drops-itsfourth-app-a-video-messenger-called-ping-pong/
- 2017 腾讯媒体+峰会 第五部分 阳陆育

  https://v.qq.com/x/page/z002582m7e0.html
- Tech Chat with Alex Zhu – Silicon Dragon, Shanghai 2016-09

https://www.youtube.com/watch?v=E3aOxgyMUqk

- Gregoire Henrion, Co-Founder, Mindie - LeWeb'13 Paris - The Next 10 Years - Plenary1 Day 3 2013-12-12

  https://www.youtube.com/watch?v=ibjbxRBMI30&feature=youtu.be&t=175
- Mindie is like Vine with a pop music soundtrack 2013-10-17

  https://thenextweb.com/apps/2013/10/17/mindie-like-vinepop-music-soundtrack/
- eBaoTech Official Website

  https://www.ebaotech.com/
- CRCM Ventures Official Website

  https://crcmventures.com/crcm/
- Ice Bucket Challenge

  https://en.wikipedia.org/wiki/Ice_Bucket_Challenge
- Harlem Shake (meme)

  https://en.wikipedia.org/wiki/Harlem_Shake_(meme)
- 2016首次世界网红大会深度探讨干货全在这里了！2016-09-20

  https://kknews.cc/media/vg4may.html
- Musical.ly's Alex Zhu on Igniting Viral Growth and Building a User Community 2016-11-10

  https://www.youtube.com/watch?v=wTyg2E44pBA&feature=youtu.be&t=111
- iCamp Official Website

  http://www.icamp.ai/portfolio
- HOW TO USE DUBSMASH?!!! 2015-04-06

  https://www.youtube.com/watch?v=xDDHkz18c-k&feature=youtu.be&t=85
- Baby Ariel Wikipedia page

  https://en.wikipedia.org/wiki/Baby_Ariel
- Numa Numa

  https://www.youtube.com/watch?v=KmtzQCSh6xk
- The Harlem Shake [BEST ONES!]

  https://www.youtube.com/watch?v=8f7wj_RcqYk
- Lip-Sync Battle Official Website

  https://www.paramountnetwork.com/shows/lip-sync-battle
- 手握2.3亿海外用户登顶美国第一，中国唯一国际化成功社交内容公司回国，它将如何对决

快手秒拍今日头条？2016-04-29

https://www.youxituoluo.com/120223.html

- Baby Ariel Reveals How Her Musical.ly Name Was Invented 2017-08-03

  http://www.justjared.com/2017/08/03/baby-ariel-reveals-howher-musical-ly-name-was-invented/

- BabyAriel's First Musical.ly Post | Baby Ariel

  https://www.youtube.com/watch?v=LNwqJNi80Rc

CHAPTER 2 · 어썸.미

- 张楠产品逻辑：日播十亿 抖音的产品思考 混沌大学 2018

  https://www.youtube.com/watch?v=kUtjJ4tChUI

- 龙岩籍互联网新锐张一鸣:当之无愧的"头条哥" 2015-09-25

  http://ly.fjsen.com/2015-09/25/content_16680876_all.htm

- 深度分析丨上线仅500天的抖音，居然PK掉了快手和美拍，这个团队做了什么 2018-02-11

  http://k.sina.com.cn/article_5617169084_14ecf32bc019003d5f.html

- 抖音是怎么做出来的？| 创业故事 2019-01-23

  https://mp.weixin.qq.com/s/dr9Jncw_FwrS8hX8wEIDPQ

- 今日头条要拿10亿元补贴短视频制作者，内容业从图文转入视频时代？2016-09-20

  https://36kr.com/p/5053185

- 重磅今日头条扶持短视频，教你如何拿下这10亿补贴 2017-06-30

  https://www.sohu.com/a/153411388_580569

- 领跑者张一鸣：我当然想做龙头 2015.10.16

  http://zqb.cyol.com/html/2015-10/16/nw.D110000zgqnb_20151016_1-08.htm

- 抖音转型——从"让崇拜从这里开始"到"记录美好生活" 2018-05-15

  https://new.qq.com/omn/20180515/20180515A1H2ZP.html

- 抖音AARRR流量漏斗模型分析 2018-07-20

  http://www.scceo.com/blog/aarrr

- 整天ci哩ci哩，你知道被冠上快手、抖音神曲的，到底都是什么歌？2017-12-05

  https://www.pingwest.com/a/145637

- My Conversation with Zhang Yiming, Founder of Toutiao 2017-10-23

  https://hans.vc/toutiao/

- 抖音盛宴：收割一个新流量帝国 | 深氪 2018-05-28

  https://36kr.com/p/5136013
- The best memes are nonsense and I love 'karma is a bitch' 2018-01-26

  https://www.theverge.com/tldr/2018/1/26/16937712/karmais-a-bitch-riverdale-
  kreayshawn-meme
- 抖音离爆红，可能只差一段"奇葩"视频 2017-05-05

  https://www.pingwest.com/a/114624
- 腾讯微视：向前一步是悲壮，向后一步是绝望 2019-07-31

  https://mp.weixin.qq.com/s?__biz=MzU3Mjk1OTQ0Ng==&mid=2247484205&idx=1&sn=2
  85b60e7bb8ac7732dd771fa73438215&
- 朋友圈重磅更新！腾讯全民扶阿斗，连微信都给微视开新入口 2018-09-15

  https://www.ifanr.com/minapp/1101125
- 微视 vs 抖音，为何腾讯未能实现后发先至 2019-10-07

  https://mp.weixin.qq.com/s/kc-10P4vIJX01oj5ptsjJQ\

CHAPTER 3 · 틱톡과 함께 글로벌 진출하다

- 从Vine到Musical.ly，它们曾大放光彩，却又迅速消失 2018-10-05

  http://kuaibao.qq.com/s/20181005A1LWCX00?refer=spider
- 手握2.3亿海外用户登顶美国第一，中国唯一国际化成功社交内容公司回国，它将如何对决

  快手秒拍今日头条？- 新经济100人 2017-07-19

  https://zhuanlan.zhihu.com/p/27878425
- 文化"走出去"的方式有很多 短视频应用出海成小潮流 2017-12-05

  https://new.qq.com/omn/20171205/20171205A0XBIO.html
- Before Mark Zuckerberg Tried To Kill TikTok, He Wanted To Own It – BuzzFeed, Ryan Mac

  2019-11-12

  https://www.buzzfeednews.com/article/ryanmac/zuckerberg-musically-tiktok-china-
  facebook
- 止步10亿美金，Musical.ly这一年来错过了什么？| 热点快评 2017-11-11

  https://www.sohu.com/a/203644165_109401
- 歪果仁也疯狂：海外版抖音Tik Tok的出海之路 2018-01-24

  https://zhuanlan.zhihu.com/p/33261942

- 【深度】抖音出海：Tik Tok 如何在半年内成为日本的现象级产品？2018-06-20
  https://www.jiemian.com/article/2241255.html
- 抖音的海外战事 2018-06-16
  https://36kr.com/p/1722597179393
- 没有补贴，没有商业化，抖音到底在海外做对了什么 2018-06-13
  https://www.sohu.com/a/235450902_403354
- "泰国版周杰伦和杨幂"，是怎么在抖音海外版上火起来的？2018-07-11
  https://www.tmtpost.com/3324980.html
- Musical.ly Sells For $800 Million But Peaked By Being Too Silicon Valley 2017-10-10
  https://musicindustryblog.wordpress.com/2017/11/10/musically-sells-for-800-million-but-peaked-by-being-too-silicon-valley/
- BIGO：全球化夹缝中的生存冠军 2020-04-02
  https://www.toutiao.com/i6811091360066568716/
- ByteDance-Musical.ly Merger Ushers in New Age for Content Companies 2017-12-16
  https://hans.vc/bytedance-musical-ly-merger/
- 996 Podcast, Episode 4: Liu Zhen on ByteDance's Global Vision and Why Toutiao Is Unique 2018-08-19
  https://youtu.be/YsPeT2oHQLY?t=2099
- Vine and Musical.ly transformed the music industry – then they disappeared. Will history repeat itself? 2018-09-05
  https://www.musicbusinessworldwide.com/vine-and-musical-lytransformed-the-music-industry then-they-disappeared-will-history-repeat-itself/
- Musical.ly has lots of users, not much ad traction 2017-09-05
  https://digiday.com/marketing/musical-ly-starts-selling-ads/
- Decoding the Global Rise of TikTok 2020-02-23
  https://www.linkedin.com/pulse/decoding-global-rise-tiktokruonan-deng/
- 对话Musical.ly投资人：曾有人出价15亿美金，但头条变现体系强 2017-11-19
  http://tech.sina.com.cn/roll/2017-11-19/doc-ifynwnty4928120.shtml
- Visiting Musical.ly HQ in Shanghai | Shanghai Vlog 2017-10-17
  https://youtu.be/F9EPQD9Zikg?t=352

- Evan Spiegel interview at DLD Conference Munich 20 2020-01-20

  https://youtu.be/rW8mDQYrOnw?t=1877
- Transcript of Mark Zuckerberg's leaked internal Facebook meetings 2019-10-01

  https://www.theverge.com/2019/10/1/20892354/mark-zuckerberg-full-transcript-leaked-facebook-meetings
- TikTok's Growing Pains In The West: Attack of the Memes 2018-10-16

  https://medium.com/@NateyBakes/tiktoks-growing-pains-inthe-west-attack-of-the-memes-b96e26593649
- TikTok is cringy and that's fine 2018-10-25

  https://www.theatlantic.com/technology/archive/2018/10/what-tiktok-is-cringey-and-thats-fine/573871/
- This Is What TikTok Users Think About The Internet Hating Them 2018-10-09

  https://www.buzzfeednews.com/article/krishrach/tiktok-twitterthread-weird
- TikTok surges past 6M downloads in the US as celebrities join the app 2018-11-15

  https://www.theverge.com/2018/11/15/18095446/tiktok-jimmy-fallon-tony-hawk-downloads-revenue
- The NFL joins TikTok in multi-year partnership 2019-09-03

  https://techcrunch.com/2019/09/03/the-nfl-joins-tiktok-inmulti-year-partnership/
- I can't believe this happened at a TikTok meetup 2020-01-08

  https://www.youtube.com/watch?v=Mn7WR4MjZW4
- HypeHouse and the TikTok Los Angeles Gold Rush 2020-01-03

  https://www.nytimes.com/2020/01/03/style/hype-house-losangeles-tik-tok.html
- How TikTok Made "Old Town Road" Become Both A Meme And A Banger 2019-04-08 259

  https://www.buzzfeednews.com/article/laurenstrapagiel/tiktoklil-nas-x-old-town-road
- How Lil Nas X Took 'Old Town Road' From TikTok Meme to No. 1 2019-05-09

  https://www.youtube.com/watch?v=ptKq-FafZgCk
- "As a Chinese Company, We Never Get the Benefit of the Doubt" Interview with TikTok Head Alex Zhu 2020-01-22

  https://www.spiegel.de/international/business/as-a-chinesecompany-we-never-get-the-benefit-of-the-doubt-a-e1e415f6-8f87-41e9-91ae-08cfa90583b3

- The biggest new tenant in New York City is... TikTok 2020-05-28

  https://therealdeal.com/2020/05/28/the-biggest-new-tenant-innew-york-city-is-tiktok/

- Status as a Service (StaaS) 2019-02-19

  https://www.eugenewei.com/blog/2019/2/19/status-as-a-service?

- TikTok has moved into Facebook's backyard and is starting to poach its employees 2019-10-14

  https://www.cnbc.com/2019/10/14/tiktok-has-mountain-view-office-near-facebook-poaching-employees.html

- The Clock is Ticking on TikTok (Interview with Blake Chandlee) 2019-10-23

  https://www.youtube.com/watch?v=MwMdTBvpZQw

- The Network Matrix: Bridges & Identity 2020-03-09

  https://medium.com/6cv-perspective/the-network-matrix-bridges-identity-2fa9686eb978

- Pitch deck: TikTok says its 27m users open the app 8 times a day in the US 2019-02-26

  https://digiday.com/marketing/pitch-deck-how-tiktok-is-courting-u-s-ad-agencies/ 260

- TikTok has moved into Facebook's backyard and is starting to poach its employees 2019-10-14

  https://www.cnbc.com/2019/10/14/tiktok-has-mountain-view-office-near-facebook-poaching-employees.html

- TikTok Gains 30+ Million Users in 3 Months 2018-10-31

  https://blog.apptopia.com/tiktok-gains-30-million-users-in-3-months

- [PewDiePie] TIK TOK Try not to Cringe funny compilation #1 (Reupload) 2018-10-01

  https://www.youtube.com/watch?v=Qf5ek_o1JOw

- Davidkasprak, over 200 Haribos singing #haribochallenge 2018-12-29

  https://www.tiktok.com/@davidkasprak/video/6640342878226763014

- TikTok users surprised to find themselves in ads for the app 2019-10-07

  https://adage.com/article/digital/tiktok-users-are-surprised-findthemselves-ads-app/2204996

- Facebook defies China headwinds with new ad sales push 2020-01-07

  https://www.reuters.com/article/us-facebook-china-focus/facebook-defies-china-

- headwinds-with-new-ad-sales-push-idUSKBN1Z616Q

- TikTok Stars Are Preparing to Take Over the Internet 2019-07-12
  https://www.theatlantic.com/technology/archive/2019/07/tiktok-stars-are-preparing-take-over-internet/593878/
- TikTok's Underappreciated Wins (from a former Yik Yak employee) 2020-02-26
  https://www.zackhargett.com/tiktok/
- 为什么百度在日本失败了 十年后抖音却成功了 2019-12-25
  https://www.huxiu.com/article/332665.html
- Why Are So Many Gen Z Kids Becoming Furries? 2019-12-12
  https://www.rollingstone.com/culture/culture-features/furryfandom-tiktok-gen-z-midwest-furfest-924789/
- 'Old Town Road' proves TikTok can launch a hit song 2019-05-05
  https://www.theverge.com/2019/4/5/18296815/lil-nas-x-oldtown-road-tiktok-artists-spotify-soundcloud-streams-revenue
- How TikTok Made "Old Town Road" Become Both A Meme And A Banger 2019-04-08
  https://www.buzzfeednews.com/article/laurenstrapagiel/tiktoklil-nas-x-old-town-road
- Teens Love TikTok. Silicon Valley Is Trying to Stage an Intervention 2019-11-03
  https://www.nytimes.com/2019/11/03/technology/tiktok-facebook-youtube.html
- TikTok Hires Veteran YouTube Exec to Grow App in the U.S. 2019-02-08
  https://medium.com/cheddar/tiktok-doubles-down-on-u-swith-hire-of-veteran-youtube-exec-91d5bd9353d9
- TikTok's Chief Is on a Mission to Prove It's Not a Menace 2019-11-18
  https://www.nytimes.com/2019/11/18/technology/tiktok-alex-zhu-interview.html
- China's ByteDance scrubs Musical.ly brand in favor of TikTok 2018-08-02
  https://www.reuters.com/article/us-bytedance-musically/chinas-bytedance-scrubs-musical-ly-brand-in-favor-of-tiktokidUSKBN1KN0BW
- TikTok-Trump-Complaint.pdf 2020-08-24
  https://assets.documentcloud.org/documents/7043165/TikTok-Trump-Complaint.pdf
- Zhang Yiming Letter to staff 2020-03-12
  https://www.toutiao.com/i6803294487876469251/?

에필로그

- TikTok's Founder Wonders What Hit Him 2020-08-29
  https://www.wsj.com/articles/entrepreneur-who-built-tiktokwonders-what-hit-him-11598540993
- India bans TikTok, dozens of other Chinese apps, 2020-06-29
  https://techcrunch.com/2020/06/29/india-bans-tiktok-dozensof-other-chinese-apps/

주석

1. 중국어로 된 성은 주어진 이름 앞에 온다. 예를 들어 장이동이라는 이름의 경우, 장은 성이고 이동은 주어진 이름이다.

2. 이미지: 클릭 농장의 장비, 일명 '좀비 전화기'는 랙에 쌓여 있으며 자동화된 소프트웨어를 사용하여 원격으로 작동한다.

3. https://www.youtube.com/watch?v=AnpetUlz19A&list=UUXNHI7mRQlUNpLi6rOwOxg&index=63

4. https://youtu.be/2sUt-9-2Pxo?t=26

5. 원본 기사의 이미지를 수정함: http://www.woshipm.com/it/2484849.html

6. 전체 보기는 처음부터 끝까지 전체 영상을 보는 것으로 정의된다.

7. "그림자 차단" 영상은 어떤 사용자에게도 접근할 수 없게 되지만 계정 페이지에서는 여전히 볼 수 있다. 계정 소유자에게는 영상이 매우 인기가 없는 것처럼 보일 수 있다.

8. 이미지: 장이밍, 뮤지컬리 상하이 본사

   인용구 소스: https://time.com/collection/100-most-influential-people-2019/5567716/zhang-yiming/

9. https://kknews.cc/tech/oplx28o.html

10. 一鸣惊人 (Yìmíngjīngrén): (새가) 한 번 울면 사람을 놀라게 한다는 뜻으로 평소에는 특별한 것이 없다가도, 한 번 시작하면 사람을 놀랠 정도의 큰일을 이룬다는 뜻의 사자성어이다.

11. http://cunwu.cuncun8.com/index.php?ctl=village&geo-Code=76597251

12. https://new.qq.com/omn/20190529/20190529A0QZQV.html

13. https://www.sohu.com/na/349348869_766689?

14. https://www.tmtpost.com/3145145.html

15. 미국과 캐나다의 많은 대학원에서 요구하는 표준 시험인 대학원 입학 자격 시험 (GRE)

16. https://tech.sina.com.cn/i/2018-08-02/doc-ihhehtqf3594606.shtml

17. http://www.iceo.com.cn/com2013/2016/1129/302109.shtml

18. 초기 중국 누리꾼들이 온라인에서 배우자를 만나는 것은 드문 일이 아니었다. 텐센트와 CEO 포니 마는 자신의 회사 메시징 소프트웨어 QQ를 통해 아내를 만난 것으로 유명하다.

19. https://new.qq.com/omn/20191226/20191226A0AB5D00.html

20 https://www.sohu.com/na/349348869_766689?

21 http://goodyomo.com/archives/155

22 http://www.fjydyz.net/plus/view.php?aid=5329

23 https://www.scmp.com/magazines/style/news-trends/article/
3023093/how-did-tiktoks-zhang-yiming-become-one-chinasrichest

24 바이트댄스 중국 직원의 평균 연령은 26세에 불과하다.

소스: https://medium.com/@ming_ma/how-to-work-with-peoplewho-are-10-years-younger-than-you-71cd378b30e

25 http://www.startup-partner.com/3654.html

26 자진 탈퇴는 회사가 블로그에 올린 글에서 "지적재산권 도용을 초래한 중국발 기업 인프라에 대한 고도로 정교하고 표적화된 공격"이라고 표현한 것에 대한 반응이었다.

https://googleblog.blogspot.com/2010/01/new-approach-to-china.html

27 마이크로소프트 아시아 연구소는 중국 최고의 AI 인재들에게 주요 AI 스타트업에서 많은 임원들과 영향력 있는 CEO들을 양성한 중국의 웨스트포인트로 통한다. 그들 중 많은 이들이 MSRA에서의 시간을 이밍보다 더 유리한 조건으로 묘사했다.

28 https://www.ixigua.com/pseries/6805466361402229262_6805110223536128515/

29 http://news.bbc.co.uk/2/hi/asia-pacific/8135203.stm

30 https://www.huxiu.com/article/144262.html

31 http://usa.chinadaily.com.cn/business/2012-04/14/content_15047719.htm

32 https://www.sohu.com/na/349348869_766689?

33 https://baike.baidu.com/item/%E4%B9%9D%E4%B9%9D%E6%88%BF

34 원본 이미지: http://www.pc6.com/az/79802.html

35 SIG는 2011년 12월 바이트댄스의 시리즈 A 투자 라운드, A+ 라운드에서 총 1백만 달러의 브릿지론을 추진 하였으며 그다음 해에는 많은 지분으로 시리즈 B 투자에 참여하였다.

소스: https://www. cmtzz.cn/news/29846

36 https://www.huxiu.com/article/268415.html

37 https://www.huxiu.com/article/144262.html

38 http://www.sig-china.com/index.php?/category/home

39 https://www.huxiu.com/article/144262.html

40 원본 이미지: 바이두 지도 길거리 뷰

41 원본 이미지: https://v.douyin.com/3sYmyX/

42 https://www.youtube.com/watch?v=Kll1MR-qNt8

43 고려된 다른 중국 이름들은: zì jié wǔdòng 字节舞动 and zì jié tiàoyuè 字节跳跃 Byte Jump

44 중국 이름: 搞笑囧图 gǎoxiào jiǒng tú

45 중국 이름: 内涵段子 nèihán duànzi

46 그 후 회사가 고발된 것을 감안하여, 필자는 앱 "진정한 미녀 – 매일 100의 아름다운 소녀들"에
    서 그 어떤 포르노 콘텐츠의 증거를 발견하지 못했다는 것을 분명히 한다. 하지만 해당 앱의 "앱
    의 하이라이트, 매일 보너스 그림 기부! 더 이상의 설명은 필요하지 않다. 사실, 말하지 않아도
    알잖아요?"라는 설명란은 바이트댄스가 중국 인터넷 정책의 경계에 아슬하게 붙어 있다는 징후
    이다.
    https://apptopia.com/google-play/app/com.ss.android.gallery.ppmm.google/
    intelligence

47 https://dy.163.com/article/EKI5CPM50511D84J.html

48 https://m.huxiu.com/article/141687.html

49 중국 이름: 今日头条 Jīnrì tou tiáo

50 https://www.pingwest.com/a/61954

51 http://tech.sina.com.cn/i/2014-06-05/04399418360.shtml

52 바이트댄스의 초기 비즈니스 계획은 여기에서 다운로드할 수 있다.
    https://www.slideshare.net/MatthewBrennan6/toutiao-2013-jan-series-b-funding-
    deck

53 news.ifeng.com/

54 유니콘 기업은 10억 달러 이상의 개인 소유 스타트업이다. 슈퍼 유니콘 또는 "데가콘"은 평가액
    이 100억 달러를 넘는 기업이다.

55 http://en.zhenfund.com/About

56 https://3g.163.com/v/video/VUSCJ8RK6.html

57 https://www.ixigua.com/i6797655980998918668/?

58 잡스는 슬프게도 그해 10월에 세상을 떠났다. 건강이 나빠졌음에도 불구하고, 그는 6월까지 행
    사에 계속 출연하고 있었다.

59 가치 평가 설정을 회피하는 것은 일반적인 초기 단계 스타트업 파이낸싱 방법이다. 주식은 나중
    에 지정된 수의 일반주 또는 동일한 가치의 현금 주식으로 변환할 수 있다.

60 https://www.quora.com/What-is-it-like-to-get-funded-by-YCombinator

61 https://techcrunch.com/2011/01/29/90-of-y-combinator-startups-have-already-accepted-the-150k-start-fund-offer/

62 이 투자는 밀너의 자선 활동을 지원하는 재단의 투자 수단인 아폴레토라는 펀드를 통해 이루어졌다. 바이트댄스의 개인 2차 시장 평가는 작성 당시 1,000억 달러대인 것으로 알려졌다.

63 https://www.ixigua.com/pseries/6805466361402229262_6805715182820524556/? 2016년 텐센트는 바이트댄스에 1.72%의 작은 지분을 투자했으나 이후 지분을 매각했다. 소스: https://www.theinformation.com/articles/tencent-xiaomi-invested-in-tiktoks-parent-bytedance

64 API: 앱 프로그램 인터페이스, 두 개의 소프트웨어 구성 요소가 통신하는 방법을 지정하는 확립된 규칙 집합

65 https://www.ixigua.com/i6640043697771659783/?

66 https://techcrunch.com/2012/12/05/prismatic/

67 http://yingdudasha.cn/

68 원본 이미지: https://m.weibo.cn/2745813247/3656157740605616

69 https://www.theverge.com/2017/8/30/16222850/youtube-google-brain-algorithm-video-recommendation-personalized-feed

70 https://www.sfgate.com/business/article/YouTube-s-effort-toget-people-to-watch-longer-2352967.php

71 https://www.businessinsider.com.au/youtube-engineer-christos-goodrow-on-recommendation-engine-2015-7

72 https://dl.acm.org/doi/10.1145/1864708.1864770

73 이러한 맥락에서 "메타데이터 부족"은 키워드 또는 정확환 제목과 설명 없이 업로드된 영상을 말한다.

74 https://glinden.blogspot.com/2011/02/youtube-uses-amazons-recommendation.html

75 https://www.datanami.com/2014/07/17/inside-sibyl-googles-massively-parallel-machine-learning-platform/

76 https://www.theverge.com/2017/8/30/16222850/youtube-google-brain-algorithm-video-recommendation-personalized-feed

77 https://youtu.be/3SaZ5UAQrQM?t=503 Image Credit: Tushar Chandra, Principal Engineer at Google Research and a co-lead for the Sibyl project

78 https://www.bilibili.com/video/av49873394/

79 https://www.tmtpost.com/84589.html

80 다음 몇 페이지에 걸쳐 제시된 이론은 이밍에 의해 처음 제시된 광범위한 주장들을 맥락에 맞춰서 작성한 것이다.

81 이러한 연도 표기는 첫번째 사용 기준이 아니라, 사용이 보편화된 시점을 기준으로 잡았다. 물론 어떤 분야는 논쟁점이 있을 수 있다.

82 결제 형태로 가입하면 넷플릭스, 스포티파이 등 대형 인터넷 기업의 부상이 가속화되었다.

83 https://en.wikipedia.org/wiki/StumbleUpon

84 http://www.cs.umd.edu/~samir/498/Amazon-Recommendations.pdf

85 http://economy.gmw.cn/2018-03/23/content_28080924.htm

86 https://bits.blogs.nytimes.com/2013/03/14/the-end-of-googlereader-sends-internet-into-an-uproar/

87 https://tech.qq.com/a/20130314/000123.htm

88 https://www.wired.com/2013/06/why-google-reader-got-the-ax/

89 https://www.washingtonpost.com/business/technology/facebook-to-change-news-feed-to-a-personalized-newspaper/2013/03/07/b294f61e-8751-11e2-98a3-b3db6b9ac586_story.html

90 그 후 이 입장은 상당히 누그러졌다. 오늘날 위챗에는 여러 가지 권장 콘텐츠 피드가 있다.

91 책(중국어 전용)은 여기에서 찾을 수 있다: https://github.com/jzmq/book/blob/master/novel/%E6%8E%A8%E8%8D%90%E7%B3%BB%E7%BB%9F%E5%AE%9E%E8%B7%B5.pdf

92 샹팀은 추천 알고리즘을 개선하기 위해 2009년 넷플릭스의 100만 달러 상금 대회에서 2위를 차지했다.

93 http://www.nbd.com.cn/articles/2019-03-14/1310042.html

94 주원자(중국 이름: 朱文佳)

95 https://www.leiphone.com/news/201801/cEc03ORUAeiwytnC.html

96 Presentation slides with notes https://cloud.tencent.com/developer/article/1052655

97 https://blog.ycombinator.com/the-hidden-forces-behind-toutiaochinas-content-king/

98 https://youtu.be/raIUQP71SBU?t=1265

99 https://blog.ycombinator.com/the-hidden-forces-behind-toutiaochinas-content-king/

100 http://www.wujimy.com/09/04/16/28503.html

101 https://www.sohu.com/a/337627735_117091

102 https://product.pconline.com.cn/itbk/bkxt/1507/6670604.html

103 저자의 메모: 나는 2013년 충칭에 거주하면서 구입한 삼성 안드로이드 디바이스에서 이런 경험을 했다. 그 당시, 시나 웨이보의 사전 설치된 버전을 삭제하려고 몇 시간을 보냈던 기억이 있다.

104 https://zhuanlan.zhihu.com/p/53255283

105 http://tech.sina.com.cn/i/2016-12-14/doc-ifxypipt1331463.shtml

106 https://www.pingwest.com/a/51495

107 법정 대리인은 회사의 좋은 지위를 보장하기 위해 법적 책임을 진다. 그들은 또한 모든 회사 운영 활동의 서명자 역할을 한다.

108 http://tech.sina.com.cn/csj/2019-07-17/doc-ihytcerm4337365.shtml

109 https://www.theguardian.com/environment/2007/mar/26/globalwarming.china

110 http://auto.sina.com.cn/news/2008-04-19/1529367261.shtml

111 https://zh.wikipedia.org/wiki/%E4%BA%AC%E5%8D%8E%E6%97%B6%E6%8A%A5

112 https://finance.sina.com.cn/chanjing/gsnews/2020-03-14/doc-iimxyqwa0378441.shtml

113 https://blog.ycombinator.com/the-hidden-forces-behind-toutiaochinas-content-king/

114 데이터 소스: Huacheng Securities

115 http://zqb.cyol.com/html/2015-10/16/nw.D110000zgqnb_20151016_1-08.htm

116 원본 이미지: http://www.wuzhenwic.org/n_6821.htm

117 http://zqb.cyol.com/html/2015-10/16/nw.D110000zgqnb_20151016_1-08.htm

118 http://tech.sina.com.cn/i/2016-11-28/doc-ifxyawmm3696549.shtml

119 996은 일주일에 6일 오전 9시부터 오후 9시까지 일하는 힘들지만 흔한 중국 근무 스케줄을 말한다.

120 https://www.leiphone.com/news/201502/rwfBdJFFBcjKWdoq.html

121 원본 이미지: https://hihocoder.com/contest/challenge15

122 현재 유명한 영상 앱으로는 소셜캠, 비디, 모블리 등이 있다.

123 https://techcrunch.com/2013/10/17/mindie-is-an-immersivemusic-and-video-

jukebox-app-done-right/

124 이후 사용자 피드백으로 인해 출시 직후에 10초까지 연장되었다.

125 Product Hunt 창립자 라이언 후버와 TechCrunch 선임 작가 Romain Dillet은 민디의 온라인 후원자로 유명했다.

126 https://thenextweb.com/apps/2013/10/17/mindie-like-vinepop-music-soundtrack/

127 원본 이미지: https://youtu.be/ibjbxRBMI30?t=175

128 https://youtu.be/wTyg2E44pBA?t=111

129 https://twitter.com/bullshitting/status/257573228887805952

130 https://www.ebaotech.com/

131 http://xiamag.com/41260.html

132 중국어 이름 赛诺网 http://xiamag.com/41260.html

133 https://crcmventures.com/

134 https://www.forbes.com/sites/mnewlands/2016/06/10/the-origin-and-future-of-americas-hottest-new-app-musical-ly/

135 그 당시 인터넷 스타트업들은 .ly를 사용하면서 모든 합리적인 .com 이름이 남아 있지 않은 문제를 해결하는 것으로 유행했다(예: Bit.ly, Feedly, 그리고 Grammarly). 기술적으로 .ly는 아프리카 국가의 리비아 인터넷 국가 코드 도메인이지만 아무도 상관하지 않았다.

136 http://tech.163.com/14/1118/19/ABBTTNOK00094ODU.html

137 https://supchina.com/2017/09/13/can-pop-music-connectteens-china-world-musical-ly-co-founder-louis-yang-wants-find/

138 https://36kr.com/p/5041108

139 http://www.icamp.ai/

140 이러한 계정 중 많은 부분은 TikTokby에서 "일시성"을 검색하는 것으로 여전히 찾을 수 있다.

141 밈이라는 용어는 1976년 리처드 도킨스가 어떻게 사상이 복제, 변이, 진화하는지 설명하기 위해 만든 책 『이기적인 유전자』에서 유래되었다.

142 https://en.wikipedia.org/wiki/Harlem_Shake_(meme)

143 https://en.wikipedia.org/wiki/Ice_Bucket_Challenge

144 https://kknews.cc/media/vg4may.html

145 "운영"에 대한 의존도가 높은 것은 운영 중심 조직의 가장 유명한 예인 알리바바를 비롯한 중국 인터넷의 특징 중 하나이다. 값싼 노동력은 중국에서의 운영이 높은 효율성으로 인기를 끄는 이

유의 일부일 뿐이다. 가장 큰 이유는 주로 더 넓은 온라인 매크로 환경(예: 벽으로 둘러싸인 정원 생태계, KOL 마케팅, 품질에 대한 제한된 액세스, 확장 가능한 광고 타기팅 및 비효율적인 SEO에 대한 대응) 때문이다.

146 더브매시 사용법, April 2015 https://youtu.be/xDDHkz18c-k?t=85

147 https://www.paramountnetwork.com/shows/lip-sync-battle

148 데이터 소스: 앱 애니

149 https://zhuanlan.zhihu.com/p/27878425

150 https://www.youxituoluo.com/120223.html

151 치타모바일은 2016년 12월 31일까지 뮤지컬리 주식의 약 17.4%를 보유하고 있었다.

152 https://www.youtube.com/watch?v=KmtzQCSh6xk

153 https://www.youtube.com/watch?v=8f7wj_RcqYk

154 http://www.justjared.com/2017/08/03/baby-ariel-reveals-howher-musical-ly-name-was-invented/

155 https://www.youtube.com/watch?v=LNwqJNi80Rc

156 https://en.wikipedia.org/wiki/Baby_Ariel

157 https://www.forbes.com/sites/mnewlands/2016/06/10/the-origin-and-future-of-americas-hottest-new-app-musically/#7ee844285b07

158 https://cn.nytimes.com/technology/20160919/a-social-network-frequented-by-children-tests-the-limits-of-online-regulation/en-us/

159 데이터 소스: https://youtu.be/zNGZCO7aISA?t=23

160 https://www.wired.co.uk/article/musically-lip-sync-app

161 https://www.crunchbase.com/search/funding_rounds/field/organizations/last_funding_type/musical-ly

162 http://www.ccidnet.com/2016/0623/10149446.shtml

163 https://youtu.be/ey15v81pwlI?t=96

164 https://youtu.be/ey15v81pwlI?t=265

165 https://v.youku.com/v_show/id_XODU3NDEyNTcy

166 https://youtu.be/E3aOxgyMUqk?t=188

167 https://youtu.be/ey15v81pwlI?t=237

168 Presentation: https://v.qq.com/x/page/z002582m7e0.html

169 https://www.sohu.com/a/205007924_247520

170 https://supchina.com/2017/09/13/can-pop-music-connectteens-china-world-musical-ly-co-founder-louis-yang-wants-find/

171 https://cn.technode.com/post/2016-09-20/toutiaohao/

172 https://www.pingwest.com/a/51495

173 https://36kr.com/p/5053185

174 수박은 영어로는 어설픈 4음절이지만 중국어로는 더 간결하게 '시과(西瓜)' 두 글자이다. 해당 한자는 귀여움을 내포하고 있으며 영어보다 중국어로 훨씬 더 잘 들리는 것이 일반적인 포인트이다.

175 小咖秀 https://www.xiaokaxiu.com/

176 https://www.36kr.com/p/204254

177 디지털 레드 그리고 치안지 언리미티드에서 그녀는 각각 3년과 4년을 보냈다.

178 초기 웹사이트 amemv.com은 이제 틱톡으로 리디렉션된다.

179 원본 이미지: http://www.pc6.com/az/357603.html

180 원본 이미지: https://v.douyin.com/JdY39Xp/

181 https://youtu.be/cva6C8G-GAc?t=21597

182 https://zhuanlan.zhihu.com/p/91711796

183 더우인의 독특한 어두운 인터페이스는 당시 중국 젊은이들을 위한 최신 유행 숏폼비디오 앱인 메이파이(美拍)에서 영감을 받았다.
http://www.downxia.com/zixun/11926.html

184 搓澡舞 https://v.douyin.com/JewUd4v/

185 https://v.qq.com/x/page/v0509dplj3n.html

186 https://mp.weixin.qq.com/s/kc-10P4vIJX01oj5ptsjJQ

187 https://www.iqiyi.com/a_19rrgxwtfh.html

188 https://new.qq.com/omn/20180515/20180515A1H2ZP.html

189 http://news.ifensi.com/article-14-4374160-1.html

190 https://www.ixigua.com/i6467320259031335437/?

191 원본 이미지: http://science.china.com.cn/2017-09/03/content_39110253.htm

192 https://mp.weixin.qq.com/s?__biz=MjM5MDczODM-3Mw==&mid=2653030018&idx=1&sn=fb673ae1cefbb132b-330245fbc3dc958&

193 https://36kr.com/p/1723823521793

194 https://zhuanlan.zhihu.com/p/91711796

195 https://hans.vc/toutiao/

196 https://v.douyin.com/31Ur7P

197 https://www.youtube.com/watch?v=YHUN1UofcYM

198 https://www.theverge.com/tldr/2018/1/26/16937712/karma-isa-
bitch-riverdale-kreayshawn-meme

199 https://youtu.be/U49yH_F031U?t=6

200 https://youtu.be/kFVevz3HFMI?t=51

201 https://36kr.com/p/5136013

202 마케터들 사이에서 대중화된 문구는 "2 Micros, 1 Shake"였다.

     双 微 一抖 Shuāng wēi yī dǒu

203 https://www.youtube.com/watch?v=aqQtY-wG9Dg

204 https://www.technologyreview.com/2017/01/26/154363/the-insanely-
popular-chinese-news-app-that-youve-never-heard-of/

205 http://ly.fjsen.com/2015-09/25/content_16680876_all.htm

206 https://thisten.co/njlwa/8eZbR0bz89GTOHnoYA4HFoTuI1xiX68cH5IFFJYP

207 https://new.qq.com/omn/20180515/20180515A1H2ZP.html

208 https://m.pedaily.cn/news/441247

209 https://walkthechat.com/simple-guide-to-douyin-store-case-studies-
and-how-to-create-one/

210 중국어: 微视 wēi shì, 문자 그대로 번역하면 "마이크로 비디오"가 된다.

211 https://www.pingwest.com/a/106343

212 원본 이미지: https://technode.com/2017/12/05/wuzhen-world-internet-conference-
dinner/

213 https://weishi.qq.com/

214 특히 Huang Zitao黄子韬, Zhang Yunlei 张云雷and Song Zuer宋祖儿

215 https://www.ifanr.com/minapp/1101125

216 http://m.caijing.com.cn/api/show?contentid=4608050

217 http://finance.sina.com.cn/chanjing/gsnews/2018-05-06/doc-ihacuuvt8132798.shtml

218 데이터 소스: QuestMobile

219 https://mp.weixin.qq.com/s/kc-10P4vIJX01oj5ptsjJQ

220 https://hans.vc/toutiao/

221 https://youtu.be/vDXvJfXe3hw?t=23

222 http://finance.sina.com.cn/chanjing/gsnews/2019-03-14/doc-ihsxncvh2481985. shtml?

223 https://www.tmtpost.com/3324980.html

224 https://new.qq.com/omn/20171205/20171205A0XBIO.html

225 몇 가지 예를 들면, 사용 습관, 문화적 기대, 라이센스 및 콘텐츠 규제, 결제 시스템 및 앱스토어 SKU 통합 및 소셜 공유 플랫폼이다.

226 https://newsroom.tiktok.com/en-us/musical-ly-and

227 https://twitter.com/tiktok_japan/status/884317356704399360

228 레딧 사용자 Valeriepieris가 만든 맵

229 https://www.jiemian.com/article/2241255.html

230 https://36kr.com/p/1722597179393

231 https://www.huxiu.com/article/332665.html

232 https://en.wikipedia.org/wiki/Yukina_Kinoshita

233 https://36kr.com/p/1722597179393

234 https://www.youtube.com/watch?v=qrM_5qNhW-8&t=2s

235 https://twitter.com/search?q=(from%3Atiktok_japan)%20until% 3A2017-09-01%20since%3A2017-04-01&src=typed_query

236 https://www.sohu.com/a/235450902_403354

237 https://mixch.tv/

238 https://36kr.com/p/1722597179393

239 예를 들어, 미국, 호주, 캐나다와 같은 영어권 원어민 국가들은 서로 다른 지역에도 불구하고 한 지역 내에 함께 묶였다.

240 틱톡 콘텐츠 생태계가 성숙해지면서 이 엄격한 "지역 잠금" 시스템이 느슨해졌다. 현재 한 지역 의 계정은 다른 지역, 특히 화이트리스트에 있는 지역에서 볼 수 있다. 그러나 여전히 이집트와 같은 한 지역에서 개설된 계정이 브라질과 같은 다른 지역에서 노출되기란 어렵다.

241 http://www.yuanzhonghe.com/view.php?id=303

242 https://it.sohu.com/20180124/n529099946.shtml

243 https://digiday.com/marketing/musical-ly-starts-selling-ads/

244 https://www.musicbusinessworldwide.com/vine-and-musical-lytransformed-the-music-industry-then-they-disappeared-will-history-repeat-itself/

245 소스 데이터: EqualOcean Analysis

246 https://star.toutiao.com/

247 소스: SCMP reporting and analysis, QuestMobile, Qianzhan Industry Research Institute, iResearch, IDC

248 흥미롭게도 웹 도메인 라이블리(live.ly)는 결코 뮤지컬리에 의해 인수되지 않았다. 불만을 품은 도메인 소유자는 라이벌 라이브스트리밍 앱, 페리스코프(Periscope)에 대한 눈에 띄는 홍보 메시지와 링크를 설정했다.

249 https://musicindustryblog.wordpress.com/2017/11/10/musically-sells-for-800-million-but-peaked-by-being-too-silicon-valley/

250 https://www.zhihu.com/question/67915440

251 http://tech.sina.com.cn/roll/2017-11-19/doc-ifynwnty4928120.shtml

252 https://www.bloomberg.com/news/articles/2019-11-13/whyfacebook-passed-on-buying-the-predecessor-to-tiktok

253 치타모바일은 구글에 의해 악성 앱으로 확인돼 2020년 2월 플레이스토어에서 삭제되면서 사람들의 신임을 잃었다.

254 http://tech.sina.com.cn/roll/2017-11-19/doc-ifynwnty4928120.shtml

255 https://hans.vc/ByteDance-musical-ly-merger/

256 https://youtu.be/YsPeT2oHQLY?t=2098

257 소스 데이터: 치타 글로벌 랩스(Cheetah Global Labs), 뮤지컬리

258 https://www.scmp.com/magazines/style/news-trends/article/2132434/chinas-rich-list-2018-who-are-nations-wealthiestman-and

259 https://www.reuters.com/article/us-bytedance-musically/chinas-bytedance-scrubs-musical-ly-brand-in-favor-of-tiktokidUSKBN1KN0BW

260 데모 영상 민디, 12월 2013 https://youtu.be/ibjbxRBMI30?t=175
뮤지컬리 6월 2016: https://youtu.be/z4haZtTAToI?t=21
더우인 5월 2018: https://youtu.be/4EcMiZfaK8Y?t=47

틱톡: 6월 2019: https://youtu.be/PyaZxrN_gM8?t=55

261 https://www.youtube.com/watch?v=D7zE1NKWiu4

262 https://www.change.org/p/everybody-change-tik-tok-back-tomusical-ly?

263 https://www.zackhargett.com/tiktok/

264 https://www.eugenewei.com/blog/2020/8/3/tiktok-and-the-sorting-hat

265 https://youtu.be/9MXliQuvT0A?t=229

266 https://www.buzzfeednews.com/article/krishrach/tiktok-twitterthread-weird

267 https://www.wsj.com/articles/tiktoks-videos-are-goofy-its-strategy-to-dominate-
    social-media-is-serious-11561780861

268 https://www.reuters.com/article/us-facebook-china-focus/facebook-
    defies-china-headwinds-with-new-ad-sales-push-idUSKBN1Z616Q

269 원본 이미지: https://www.toutiao.com/a1621444337593351/

270 여러 명의 틱톡 사용자들이 앱 광고에 나온 자신을 발견하고 놀랐다.
    https://adage.com/article/digital/tiktok-users-are-surprised-find-themselves-ads-
    app/2204996

271 https://youtu.be/B0MYNAeyy4k?t=202

272 https://www.youtube.com/watch?v=h-3DQdB5ugI

273 https://www.youtube.com/watch?v=1ZiGM8D-EHc&list=RDCMUCvhRflCjdOgAA-
    eZLQVvZhg&index=2

274 https://www.youtube.com/watch?v=ZQxMW23uTJU

275 https://www.theatlantic.com/technology/archive/2018/10/whattiktok-is-cringey-and-
    thats-fine/573871/

276 https://www.spiegel.de/international/business/as-a-chinese-company-
    we-never-get-the-benefit-of-the-doubt-a-e1e415f6-8f87-41e9-91ae-08cfa90583b3

277 https://cdixon.org/2010/01/03/the-next-big-thing-will-start-outlooking-like-a-toy

278 https://www.theinformation.com/articles/chinas-bytedanceplans-
    slack-rival-even-as-losses-mount?shared=6e04505df99b45f2

279 원본 이미지: https://medium.com/@NateyBakes/tiktoks-growing-
    pains-in-the-west-attack-of-the-memes-b96e26593649

280 https://www.youtube.com/watch?v=Lq7CCoCO6j4

281 지미 팰런 쇼의 스핀오프, 립싱크 배틀은 공교롭게도 뮤지컬리가 2015년 앱스토어에서 1위를 차지하게 만들었다.

282 https://variety.com/2018/digital/news/tiktok-jimmy-fallon-musically-app-downloads-1203032629/

283 https://www.youtube.com/watch?v=jq25KtRjarw&feature=youtu.be&t=106

284 https://www.buzzfeed.com/pablovaldivia/lil-nas-x-tweets

285 https://twitter.com/LilNasX/status/1099455087670423553?

286 오리지널 트랙 샘플은 9 Inch Nails의 "34 Ghosts IV"란 곡이다.

287 https://www.tiktok.com/@nicemichael/video/6658388605418867974?refer=embed

288 https://www.youtube.com/watch?v=LxwpKKK3P4s&feature=youtu.be

289 https://youtu.be/ptKqFafZgCk?t=235

290 https://www.rollingstone.com/music/music-features/lil-nas-xold-town-road-810844/

291 https://newsroom.tiktok.com/lil-nas-x-takes-the-old-town-roadfrom-tiktok-to-the-top-of-the-charts/

292 https://en.wikipedia.org/wiki/The_Seven_Basic_Plots

293 https://www.youtube.com/watch?v=1AyKWtJXgNM&

294 https://www.bbc.com/news/magazine-13414527

295 https://www.youtube.com/watch?v=P3UjKrYckA0

296 https://www.tiktok.com/@davidkasprak/video/6640342878226763014?source=h5_m

297 https://www.theverge.com/2019/10/1/20892354/mark-zuckerberg-full-transcript-leaked-facebook-meetings

298 https://www.nytimes.com/2019/11/03/technology/tiktok-facebook-youtube.html

299 https://www.nbcnews.com/podcast/byers-market/transcript-facebook-s-sheryl-sandberg-n1145051

300 https://themargins.substack.com/p/tiktok-the-facebook-competitor

301 https://youtu.be/rW8mDQYrOnw?t=1877

302 https://creatormarketplace.tiktok.com/

303 https://newsroom.tiktok.com/en-us/creator-fund-first-recipients

304 https://www.toutiao.com/i6803294487876469251/?

305 Sources: company financial reports, SinaTech, Reuters, 36Kr, TMT post, Huxiuwang

306 https://medium.com/cheddar/tiktok-doubles-down-on-u-s-withhire-of-veteran-youtube-exec-91d5bd9353d9

307 https://youtu.be/MwMdTBvpZQw?t=123

308 https://www.cnbc.com/2019/10/14/tiktok-has-mountain-view-office-near-facebook-poaching-employees.html

309 https://therealdeal.com/2020/05/28/the-biggest-new-tenant-innew-york-city-is-tiktok/

310 https://assets.documentcloud.org/documents/7043165/TikTok-Trump-Complaint.pdf

311 Data source: Sensor Tower

312 https://turner.substack.com/p/the-rise-of-tiktok-and-understanding

313 https://www.theinformation.com/articles/the-10-ways-tiktokwill-change-social-product-design

314 https://www.hollywoodreporter.com/features/tiktok-boom-howexploding-social-media-app-is-going-hollywood-1293505

315 2020년 7월, 트럼프 재선 캠페인은 안티-틱톡 광고를 페이스북에 올린다. https://www.facebook.com/ads/library/?active_status=all&ad_type=political_and_issue_ads&country=ALL&impression_search_field=has_impressions_lifetime&q=tiktok&view_all_page_id=153080620724&sort_data[-direction]=desc&sort_data[mode]=relevancy_monthly_grouped